［ビジュアル図解］

# 物流のしくみ

日本ロジファクトリー
青木 正一

同文舘出版

# はじめに

今から約20数年前、バブル景気にわく日本経済、私はその時、大学の4回生でした。それまで色々なアルバイトをし、学生ビジネスなどに勤しんでいましたが、20才の時に将来、自分で事業をやると決めてからはその資金を貯めることができる仕事を探すようになりました。そしてある初春の日、大手物流会社のトラックターミナルでのアルバイトを始めたのでした。仕事の内容は大型トラックの荷物の手積みと手降しでした。この物流会社は当時、社員希望であってもこの手積み、手降しが入社試験のようなものでした。ヒトが積上げたとは到底思えないきれいな壁のように積み上がった荷物の固まりと悪戦苦闘する日々でした。これが私の物流の原点になりました。まさかこの日の私が将来、物流の仕事で食べていくなどとは考えてもいませんでした。ましてや2冊目の「物流本」を書くことになるなど、活字が嫌いな私にとってまったくの予想外な出来事でした。

このようなバックグランドを持つ私は今回、ご縁があって本書「物流のしくみ」を書かせていただくことになりました。

「物流」についてはすでに多くの書籍が世に出ています。本書はどちらかといえばアカデミックな内容ではなく、私の現場経験と泥臭い企業の現場改善がフィルターとなってまとめられています。本書を作成するにあたって私が注力したことは①できるだけ「物流」のあるべき全体像を浮かび出すこと②できるだけ「物流」を体系的に伝えること、ということでした。また表現方法としてⓐできるだけカタカナを使わないⓑできるだけ三文字英略語を使わないことでした。一般的にとっつきにくいと思われている「物流」をわかりやすくひらがなで伝えたいという想いからです。残念ながら「システム」や「グローバル」などはそのテーマの特性から使わざるを得ませんでした。

本書の前半部では「物流とはどのようなものであるのか」という特徴や構造、企業活動の身の回りにある物流を様々な視点で伝えています。中間部では物流改革や改善におけるノウハウや事例を中心にしており、後半部では環境、情報、グローバル化など物流が今後、注力していかなければならないテーマに触れています。

物流は「どこまでが物流の領域なのかがわかりづらい」などとよく耳にします。本書にもあるように物流は仕入、営業、生産との密接な関係があるだけでなく、システム、会計、貿易などとも深く関わってきます。それだけに確かにとらえづらいことは事実です。しかし中国を中心とした東南アジア、ロシア、インドなどの新興国とのビジネスの広がりやサプライチェーンの見直しなど企業活動における「物流」を把握しなければならず、その領域は確実に拡大しています。そういう意味では本書で、自社の物流全体像を理解し、改革などの対象領域を自社なりに定義づけできれば大きな収穫となるでしょう。

物流を制する者は業界を制する、物流の強弱は企業体質の強弱ともいわれており、企業トップに対する物流の重要性の認識が日本企業の競争力を左右すると私は認識しています。

本書の全１０１項目にはその詳細と現場での実務改善におけるトライ&エラーなどの付説がありますが、今回はそこまで書き切れていません。また本書は業界従事者に留まらず、むしろこれから物流に携わる方々に入門書として読んでいただくことを切に望んでいます。また、これは専門書ではなくビジネス書であると私は信じて疑いません。それは物流の改革、改善が経営のテコ入れにつながるからです。本書が経営幹部、物流関係者の皆様の一助となれば至福の想いであります。

今回の出版にあたり、同文館出版の古市部長様、津川様、誤字チェックを担当してくれた弊社の塩井さん、裏紙に書かれた手書きの膨大な原稿をテキストデータ化してくれた松浪さんには深くお礼を申し上げます。

２００９年７月

株式会社日本ロジファクトリー　青木　正一

Contents

# ビジュアル図解 物流のしくみ

## 2章 物流の役割と範囲



## 3章 これが物流コストだ

## 4章 物流サービスとは何か

## 5章 物流コストダウン10のポイント



## 6章 物流はどのような管理を行うのか

## 7章 物流センターのしくみ

## 8章 環境問題と物流



## 9章 情報で変わる物流

# 10章 グローバル化で変わる物流

# 1章

# 世の中の物流

❶「ロジスティクス」のルーツ
❷ 輸送方法のあれこれ
❸ モノづくりの物流
❹ 中間流通の物流
❺ 小売の物流
❻ カタログ通販の物流
❼ ネットショッピングの物流
❽ 医療、災害、行政の物流
❾ 少子高齢化時代の物流
❿ 宅配便の台頭
⓫ 派遣スタッフと物流

# 1 「ロジスティクス」のルーツ

## ロジスティクスの意味

〝ロジスティクス〟という言葉は本来、「兵站」（へいたん）という軍事用語に由来しており、戦時における武器、食糧、医療などの物資の移動、保管、搬送などを表します。そしてロジスティクスの考え方、重要性に関しては欧米の研究が日本より10年進んでいるといわれています。日本ではロジスティクスの概念が明確に企業に浸透しておらず、製造や販売等の活動よりも重要性の優先順位が低く位置づけられています。これは日本が狭い国土、島国であるということや専門的な教育体系がつくられていないということなどに起因しています。一方、欧米では多くの戦争の歴史から危機管理のノウハウ、大陸間でのモノの移動といった必要に迫られた環境から進化してきたのです。

日本の企業では外食や小売業の店舗数が１００店舗くらいになった時点でロジスティクスセンターの開発を行っていきますが、欧米ではまずロジスティクスセンターを開発し、その後に出店を行っていくというようにプロセスが日本とは反対になっています。欧米の企業活動ではまず、ロジスティクスありきなのです。

## 物流とロジスティクスは同じではない

現状、企業活動において物流とロジスティクスは同意語のように使われています。物流を掘り下げ、詳細に見ていくにはこれら２つの言葉を分ける必要があります。

「物流」とは輸配送、保管、在庫管理、検品、梱包、返品などの業務と受注を表しています。これに対して「ロジスティクス」は「物流」よりも更に対象が広がり、情報システムや物流の各業務の計画、管理、そして製造、購買、販売などの活動とも密接に連動しています。したがって物流はその現場の業務や組織を見ることで形が現われますが、ロジスティクスは企業活動全体の商取引の流れ、モノの流れ、情報・伝票類の流れの把握や関係部署の活動、業務内容を見なければ形が現われてきません。最近では日本でも物流の研究、改善活動が進み、ロジスティクスの上位概念であるサプライ・チェーン・マネジメントについて語られることが多くなってきています。

# 物流概念図

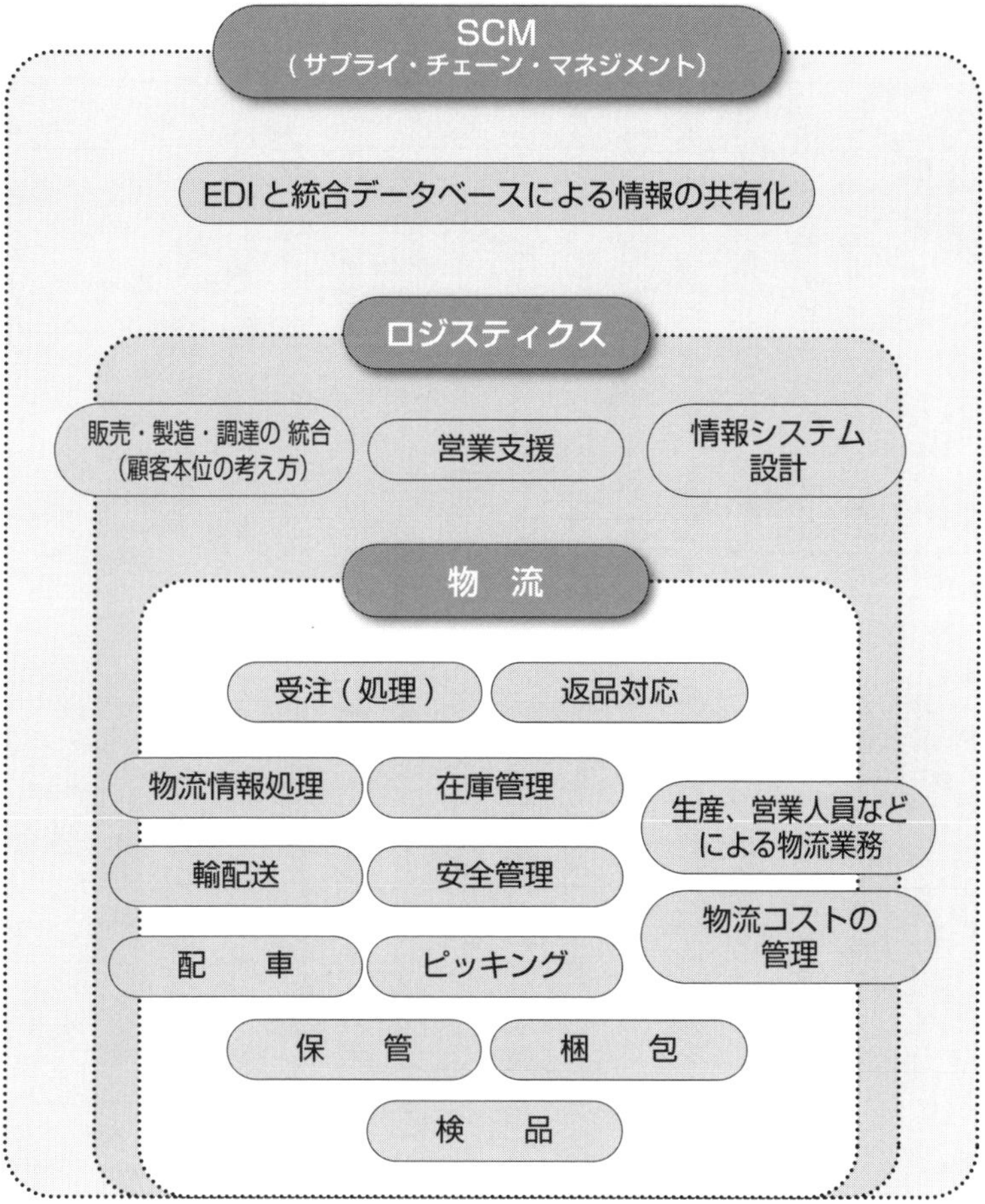
SCM
（サプライ・チェーン・マネジメント）
EDI と統合データベースによる情報の共有化
ロジスティクス
販売・製造・調達の 統合
（顧客本位の考え方）
営業支援
情報システム
設計
物　流
受注（処理）
返品対応
物流情報処理
在庫管理
生産、営業人員など
による物流業務
輸配送
安全管理
物流コストの
管理
配　　車
ピッキング
保　　管
梱　　包
検　　品

# 2 輸送方法のあれこれ

## 輸送方法の種類

モノの輸送方法には大きく分けて3種類あります。国内の約7割以上を占める陸送そして海運、空輸です。国内輸送では陸送が中心ですが、輸出入の際の輸送方法は海運と空輸によって輸送されています。

陸送ではトラック輸送と鉄道輸送があり、$CO_2$削減などの環境問題の取り組みの中で鉄道輸送への需要が期待されています。海運ではコンテナ船、RORO船、タンカー船など積載するモノの形状によって使い分けされています。また空輸では貨物専用機と国内での主流となっている一般旅客機への合い積みがあります。企業はコストとリードタイムを考え、輸送手段を決めていますが、実際には、輸送方法の見直しや組み合わせによるモーダルシフトによってコスト削減を図っています。近年は温暖化対策による$CO_2$削減問題が加わり、自動車メーカーや路線会社など大手企業の一部は鉄道輸送へのシフトを推し進めており、これは今後も拡がりを見せていくものと思われます。また陸送の中には主に首都圏でのオートバイや自転車による輸送も行われています。

## 輸送方法それぞれの特徴

陸送におけるトラック輸送の特徴として物流事業者の数が多く会社選択の幅があることや、輸送の発着時間に制限がなく早朝・深夜配送が実現できたり、物量に応じた車両サイズを設定できるという利点もありますが、一方で$CO_2$排出量が多いという問題もあります。

海運は空輸に比べ安価で運べますがリードタイムが長くかかります。したがって在庫余力が持てる場合や陸運や空輸では運ぶことのできない重量物や、中古車の輸出など海外に大量にモノを運ぶときなどに活用されます。

空輸は海運とは違いコスト高にはなりますが、リードタイムが短く、流通在庫を持たなくてもよいという利点があります。したがって輸送コストを吸収でき、売れる時期が限られる、また緊急性が高いアパレル、高級ブランド、精密部品などに使用されています。一方で空港での発着便数制限や天候の影響を受けやすいという面があります。

## 輸送方法の種類

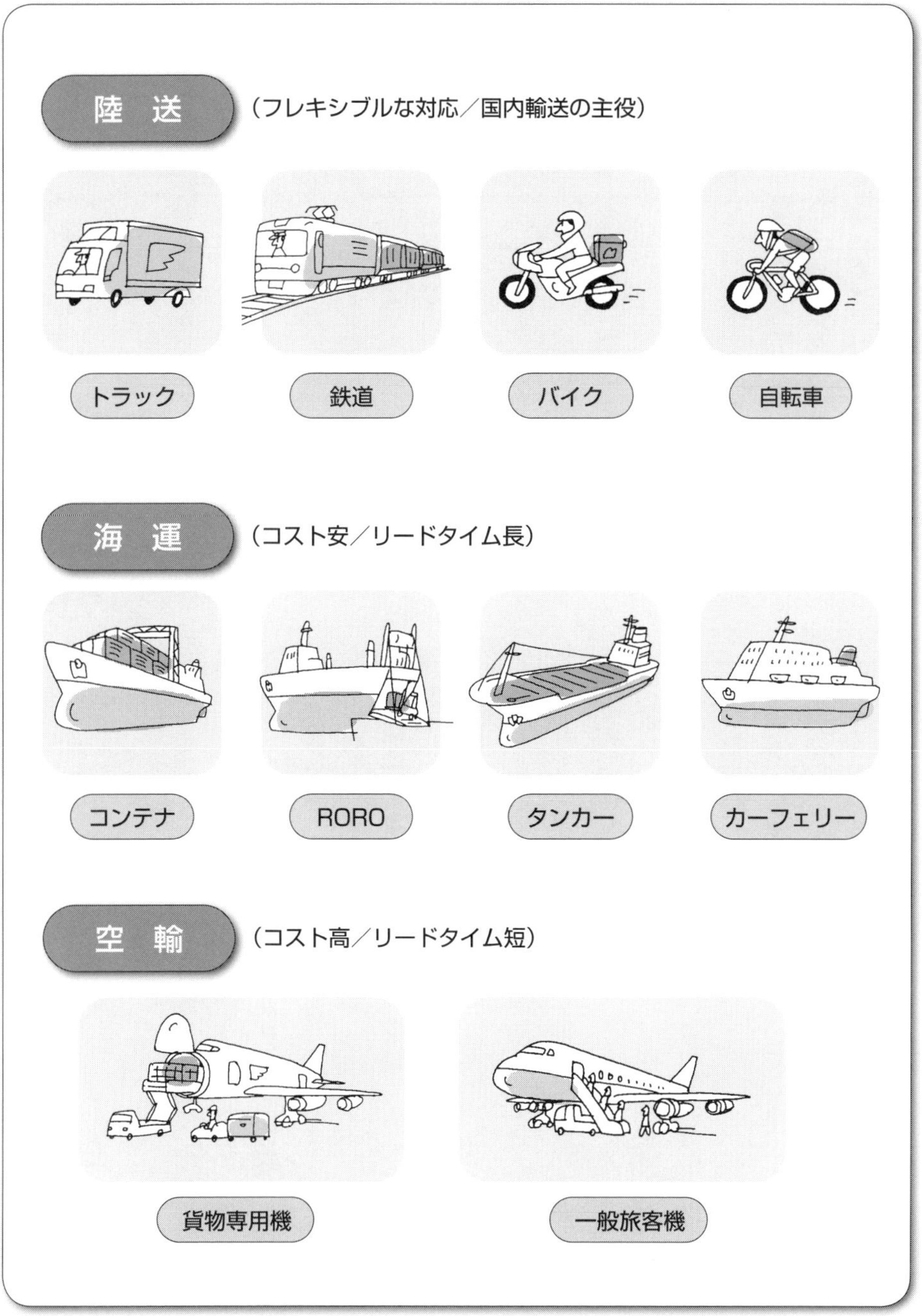
陸　送
（フレキシブルな対応／国内輸送の主役）
トラック
鉄道
バイク
自転車
海　運
（コスト安／リードタイム長）
コンテナ
RORO
タンカー
カーフェリー
空　輸
（コスト高／リードタイム短）
貨物専用機
一般旅客機

## 3 モノづくりの物流

### 直送化をどこまで実現できるかがポイント

メーカーにおける物流はいかに顧客が必要とする場所に直送できるかがコストダウンとリードタイム短縮のポイントとなります。したがって各エリアに在庫拠点を置くことでリードタイムを短縮することはできますが、在庫量を増やすことになり、つまりそれだけお金を寝かせることになります。また在庫拠点を設けることで賃借料や保管費、作業費などが伴います。もう一方で「できるだけ運ばない」ということも重要になってきます。これは長い距離を輸送せず、配送費をかけないということですが、食品や原料など単価の低い製品をつくるメーカーでは〝地産地消〟の考えのもと需要のあるエリア周辺に生産拠点を設けていることで配送費の増加を防いでいます。

### 技術力の高いモノづくりは日本国内が中心

「モノづくり」というと安価な人件費を求めて海外で生産を行っているというイメージが強いですが、高級国産車や精密機械、危険物、劇毒物などを原料とする製品などは技術力と検査、検品力に優れた日本国内で生産されています。そしてこれらは国内に留まらず海外へ多く輸出され、船便や航空便で輸送されます。また反対に人件費の安い東南アジアからの低コストを目的とした製品などは輸入され、輸出と同様に用途に合わせ、船便と航空便の輸送手段を使い分けています。

### 在庫負担によるメーカー物流の課題

「在庫を持つ」ことは企業の資金力を圧迫します。多くの企業が資金を寝かせる、売れ残りリスクが発生するということから在庫をできるだけ持たないようにしています。そのしわ寄せはメーカーに向けられ、必要なモノを必要な数だけ生産するということだけではなく、卸や小売からの注文に応えられるだけの在庫を持たなければなりません。こうして小口、緊急出荷の対応、需要予測に基づいた適正在庫の設定などに注力し在庫を持たない卸、小売業への対応に負荷がかかっているのが実状です。また複数の工場を持つ企業では輸配送の配車業務をそれぞれの工場で行っている場合が多いためトラックの積載率などの面でムダが発生しています。

## 直送化の推進がポイント

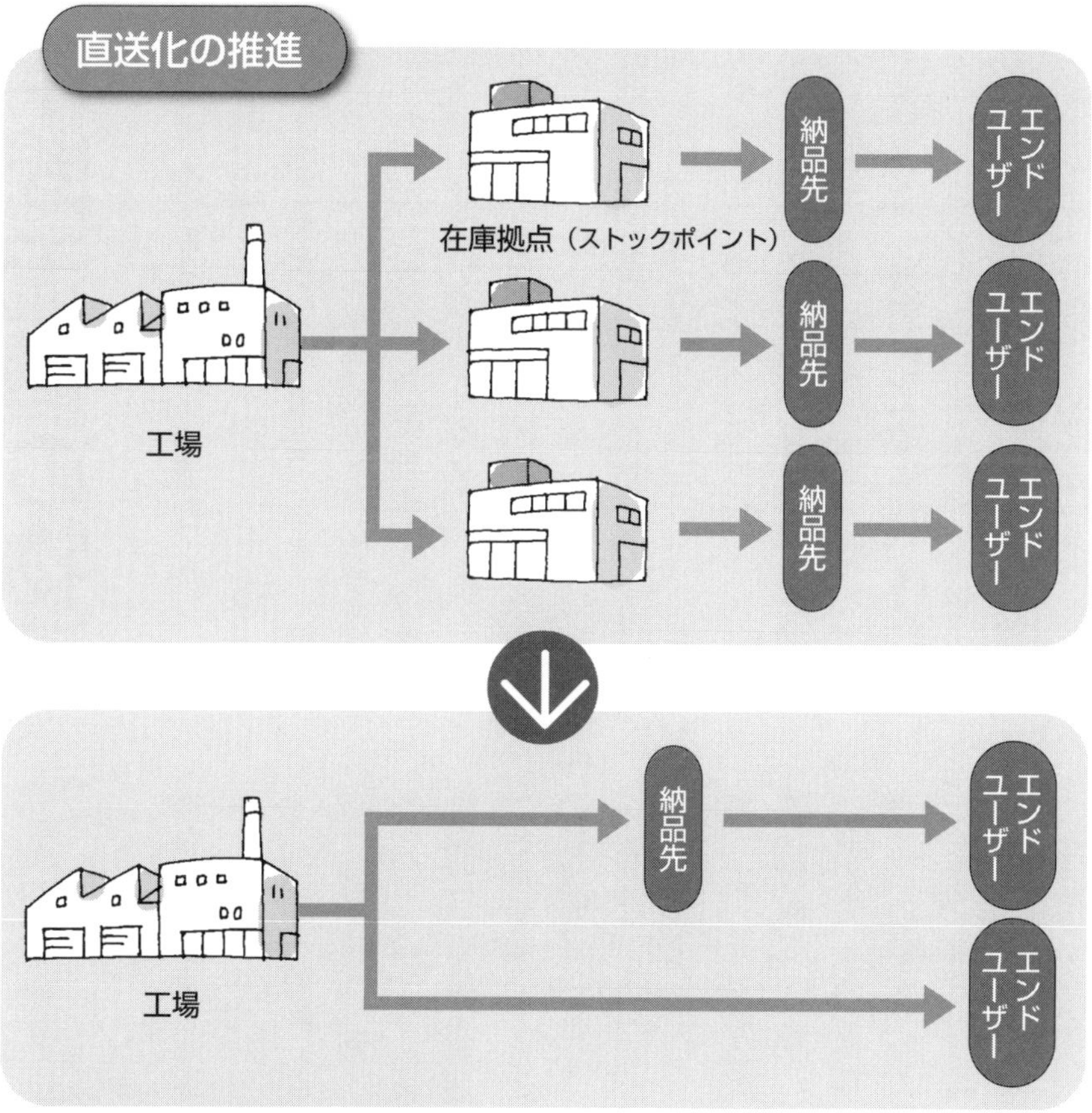


### 直送化の推進により

●配送コストのダウン
●リードタイムの短縮

を実現 !!

### 一方メーカーでは…

●小口出荷、緊急出荷の対応
●「どれだけつくればよいだろう」「どれだけの在庫を持っておけばいいだろう」
→需要予測の精度が重要となる

# 4 中間流通の物流

## 「中間」であるがゆえ求められる強い物流力

ここでいう中間流通とは卸売業や問屋のことを表しています。メーカーと小売業同士の直取引により、卸売や問屋ルートをカットすることで流通コスト削減を模索している中で多くの卸売、問屋が物流機能強化へ傾注しています。卸の機能には次のようなものがあります。①ロット調整（小分け）②品揃え③ファイナンス（決済）④リテールサポート（販売支援）⑤物流です。その中でも特に⑤物流機能の強弱が卸・問屋の存在意義に大きく影響します。当日受注、当日納品や緊急出荷といった限られた時間での配送業務や納品先での先入れ、先出しを含めた陳列業務、納品先の在庫管理、食品業界での早朝、夜間納品などの付加価値の高い業務が求められています。

## アイテムの多さはセンター運営ノウハウと比例する

付加価値の高い、きめ細かな物流業務という点では大手卸・問屋の物流はレベルが高いといえます。「品揃え」機能の面から顧客の注文に応えられるよう取扱いアイテム数が多くなり、それだけ管理・運営のノウハウも必要になってきます。これらは在庫管理力や物流倉庫・センターでのロケーション、棚割ノウハウなどに表れています。粗利率の低い卸・問屋にとっては在庫をできるだけ多く回転させ棚卸の回数と精度を高めながら在庫の差異をどれだけ少なくするかが生命線になっています。

## 納品だけでは生き残れない

付加価値を生み出そうとする卸・問屋にとって納品時の物流だけでは生き残れないといえるでしょう。業種、業界によってはキャッシュ&キャリーや〝引き取り〟といったユーザー自らが商品を取りに来る場合の対応も必要です。また仕入先が比較的近隣にある場合は納入後の空き車両などを使って商品を引き取りに行き、その分の運賃を差し引いた価格で仕入を行うという努力をしています。このような方法を〝調達物流の内製化〟と呼んでいます。また卸・問屋が業務拡大を図る上で最有力の展開軸はエリア展開ですが卸・問屋同士が非効率な納品エリアを共同配送などで補完し合うという中でM&A、合併と発展するケースがしばしばあります。

卸・問屋の物流

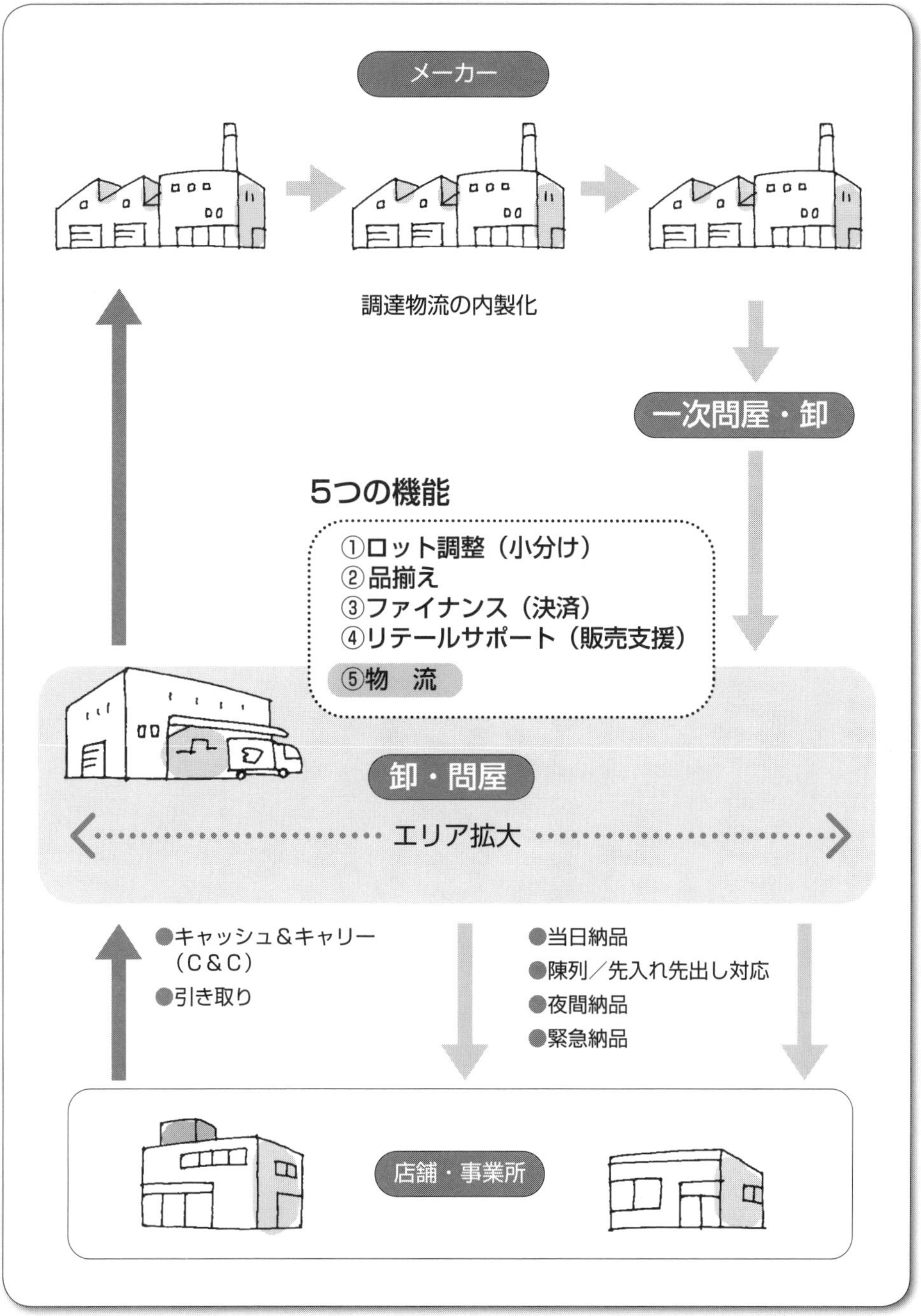
メーカー
調達物流の内製化
一次問屋・卸
5つの機能
①ロット調整（小分け）
②品揃え
③ファイナンス（決済）
④リテールサポート（販売支援）
⑤物　流
卸・問屋
エリア拡大
●キャッシュ＆キャリー（C＆C）
●引き取り
●当日納品
●陳列／先入れ先出し対応
●夜間納品
●緊急納品
店舗・事業所

# 5 小売の物流

## 卸物流か？ 自社物流か？

小売業の物流は店舗数の増加段階によって、卸の物流を使い店舗に納品する時期と物流センター開発による自社物流を行う時期があります。ドミナントの食品スーパーでは約30店舗、飲食・外食で約50店舗クラスになると物流センターによる自社物流を検討するようになります。

すべての商品・商材がセンターを通過するわけではなく、仕入先との力関係、コスト、鮮度維持、商品の容積、重さなどの点からそのアイテムが決まってきます。

## 大手小売業の物流センターは卸と同居している

大手小売業ではできるだけ在庫を持たずに、かつ欠品を起こさない取り組みとして仕入先である大手卸が同じ物流センター内に入居し、メーカーから納入されるロットと頻度を調整し、適正在庫を追求しながら小売業へ自動補充による納品、在庫管理を行っています。

## 物流センターは利益の源泉

物流センターを持つ小売、外食では納入先に対して〝センターフィー〟という物流業務委託費を徴収します。これは商品カテゴリー毎に設定され、仕入価格の何％という算式になっています（74ページ参照）。消費低迷から苦戦を強いられている小売・外食はこの物流センターの運営ノウハウを向上させ、プロフィットセンターとして機能させる努力を行っています。それに伴い物流センターを通過させるアイテムを増大させ、ＰＢ（プライベートブランド）商品や技術的に困難とされてきた農産物まで市場からの直納などにより実現し、センターフィー収入を増加させています。

## 店舗スタッフの物流業務軽減が課題

物流センターから納品される商品・商材を受け取る店側でも本来の接客や顧客サービスに集中できずに陳列やバックヤードからの搬入、空き箱の整理など多くの物流業務を行っており、あるドラッグストアチェーンでは全物流業務の約24％が店舗での業務であったという調査結果があります。このようなことから店側での、ノー検品、カゴ台車による納品、物流会社のドライバーによる陳列、納入車両の削減などの取り組みがなされています。

**物流センターを経由する小売の物流**

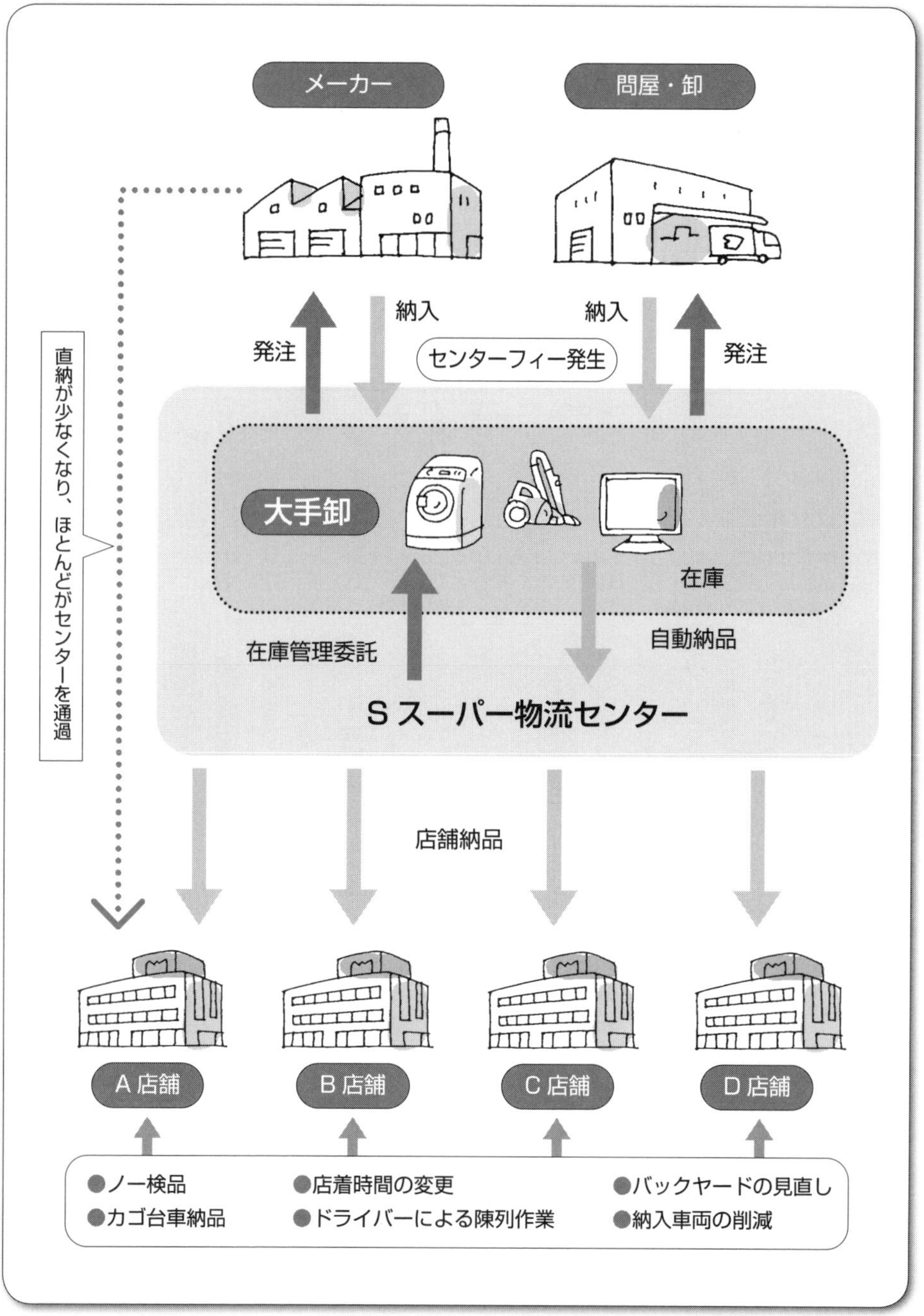

# ６ カタログ通販の物流

### 通販ビジネスは物流が商品

消費財、耐久消費財また事業所向け、個人向けにかかわらずカタログ通販のビジネスモデルは物流ノウハウなしに語ることはできません。受注処理、在庫引当て、発注業務、出荷指示、顧客管理といった一連の流れにはＥＲＰシステムなどの統合管理システムが駆使されています。物流センターにおける多品種小ロット対応の入出庫業務、在庫管理、輸配送管理などは高水準の運営力が不可欠となっています。

### 膨大な商品アイテム数

一般的にメーカーの取扱品目数は１５００～３０００、中小問屋・卸では３０００～５０００品目、小売業では食品スーパーで８０００品目ですが事業所向けカタログ通販では4万品目弱の商品を扱っています。この膨大な数の品目を単品管理し、死に筋の廃除、欠品防止、在庫量・発注点の決定、循環棚卸による在庫差異の削減などを行っています。これらはマンパワーでは限界があるためハンディターミナル（ＨＨＴ）を使用した入出庫管理などのシステムを多くの企業が導入しています。

### 出荷精度とリードタイム短縮でビジネスの成否が決まる

カタログ通販では他業態のように直送化によるリードタイムの短縮が図れません。基本的にひとつの注文に対して1回の納品がカタログ通販の前提であるため、すべての商品が物流センターに集約され、品合わせを行い、ひとつの注文分の商品をまとめ、出荷しています。「正しく届いたか」「届くまで何日かかるか」といったことがカタログ通販では基本サービスの評価になっています。これらを受けて物流現場では商品保管の見直し、棚番地の明確化、検品の強化、デジタルピッキングシステムの導入など受注から出荷指示、そして発送までの業務のスピード化と品質の向上に各社、躍起になっています。また事業所向けのカタログ通販では発注から納品までのリードタイムを重要視するユーザーが中心となるため配送インフラの構築にも力を入れています。例えば午前中にすべての顧客に納品できる体制づくりや大量消費地近隣への物流センターの増設などがそれにあたります。

## 高水準なカタログ通販の物流

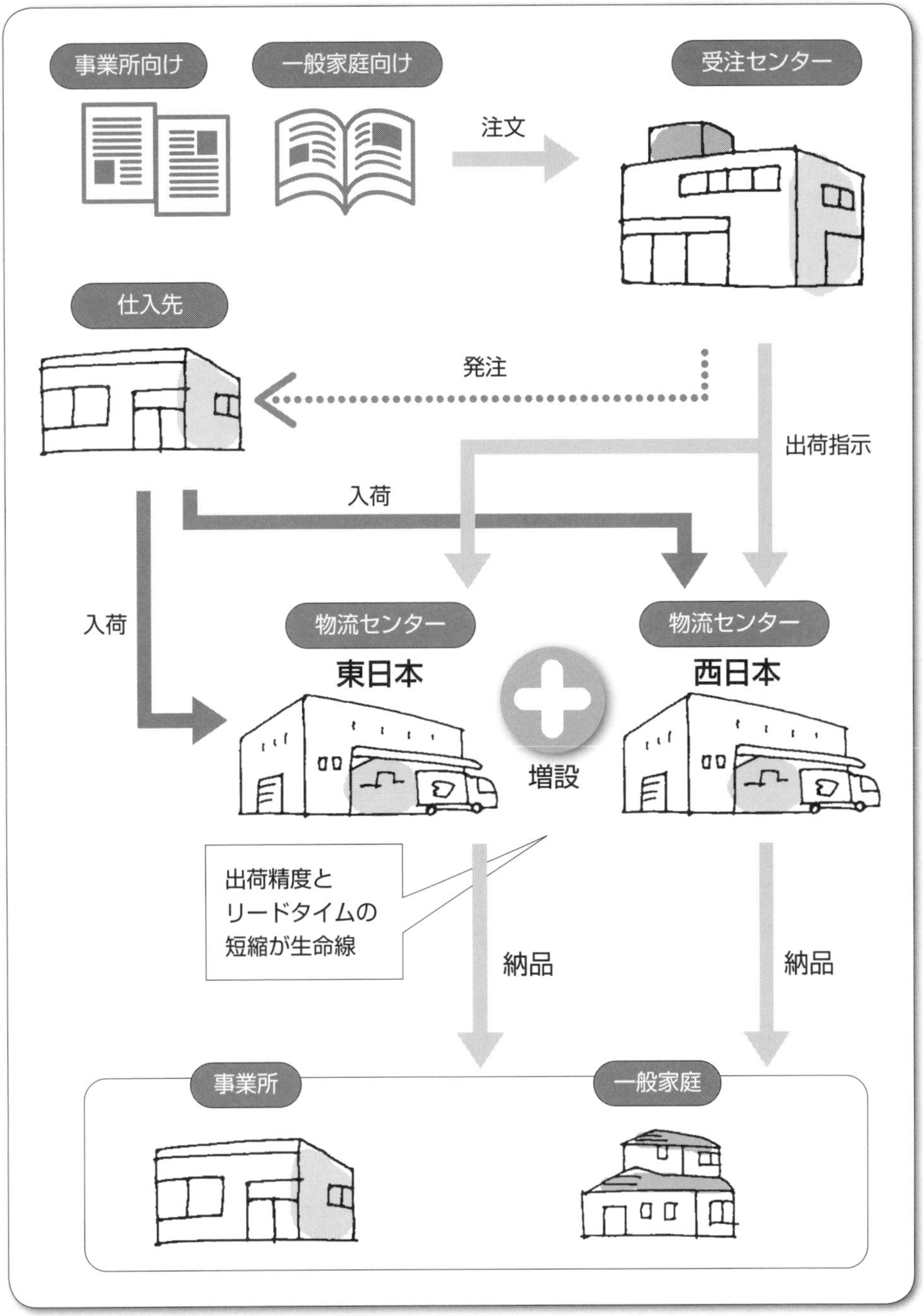

# 7 ネットショッピングの物流

## カタログ通販との違い

ネットショッピングはカタログ通販と同様に調達先からの商材を一度、物流センターに集約し、受注に基づき顧客別に出荷するという基本的な流れですが、違いのひとつに受注方法があります。カタログ通販ではＦＡＸもしくはインターネットでの発注が可能であるのに対して、ネットショッピングでは文字通りネット上での発注方法のみとなっています。物流スペックの90％が決まる受注業務ですから、いくらＦＡＸ注文がＯＣＲによって処理されるといってもネットショッピングはひとつの受注方法に絞られているという点で、手間＝コストと処理段階での人的ミスを抑えることになります。しかし商品メニューの作成、決済システム、在庫管理、発注システム、顧客管理など情報システムにおけるイニシャルコストや次々と打ち出されるサービスに対するランニングコストなどのシステム投資が大きいという点が特徴です。

## カタログ通販との物流の共通点

ネットショッピングと一部の通販では定番品という概念が強くないために、安価な時期に仕入を行うか、大量購入やメーカーの在庫処分品により仕入コストを抑えることが多いために〝売り切り御免〟となり、代替品が投入されることが多くあります。これは物流面では商品マスター、棚番号や保管ロケーションの変更につながり、効率的な運営が難しくなるため、仮の保管棚や二重保管による運営を強いられてきます。この対応として非正規社員による人海戦術で乗り切るのが現状です。もうひとつの共通点は物流センターの立地です。本来、緊急トラブルの対応や現場チェックのために本社もしくは営業や購買担当者が45～60分で到着できるところに位置している場合が多いのですが、これら2つの業態はシステムによる遠隔管理を重点に置いていることやコールセンターを併設する場合も多いので物流センターは賃借料の安い、より郊外へ位置しているという傾向が見られます。更には〝物流に関する問合せ窓口〟を専門に設置しているという点や顧客までの納品は宅配会社の配送によって支えられ、〝物流が商品〟である点も共通しています。

## 〝物流が商品〟となるネットショッピング

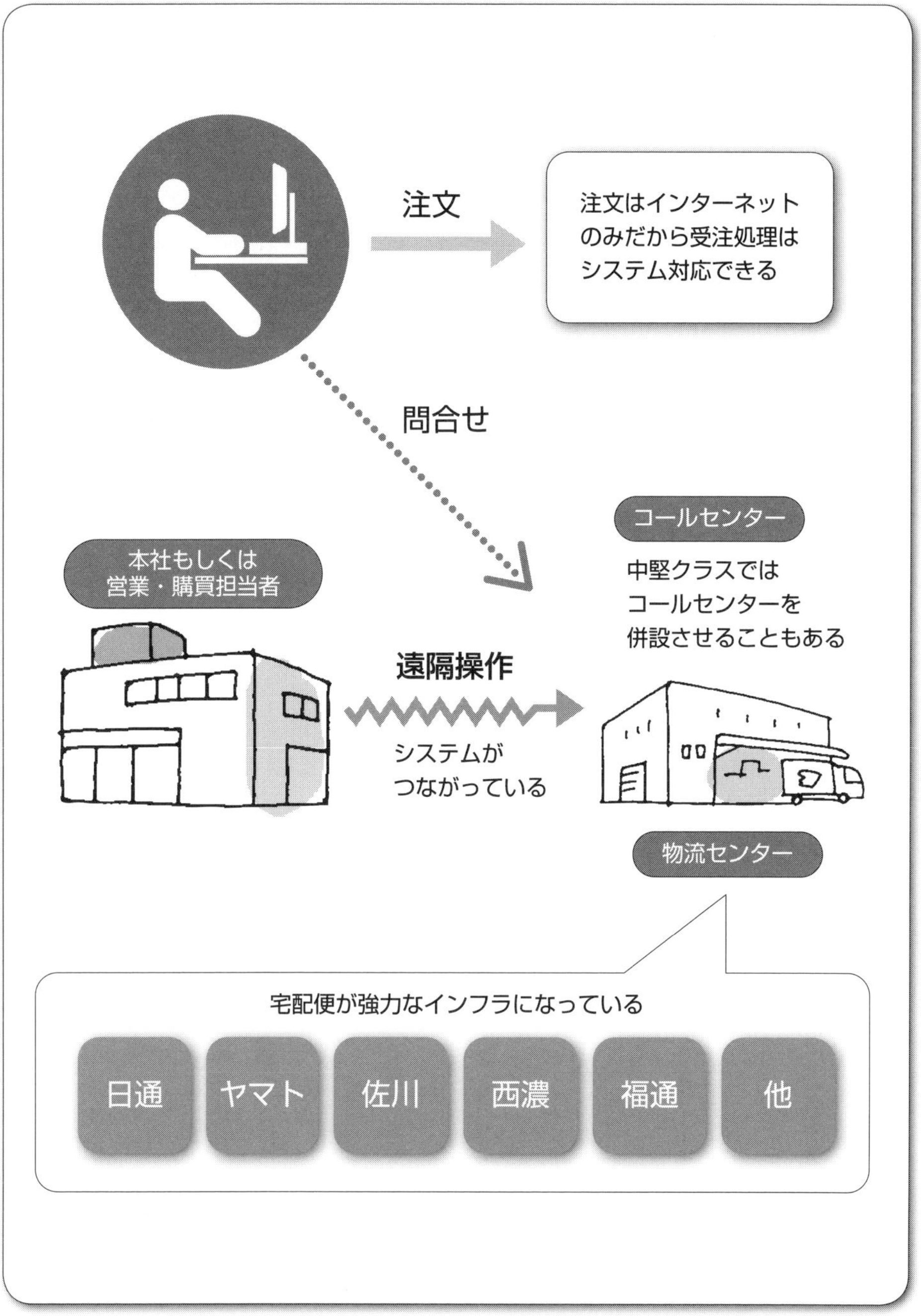

# 8 医療、災害、行政の物流

## 医療の物流は業務の品質がポイント

医療の物流はまず〝人命〟を最優先に考えなければなりませんのでコストよりも業務の〝品質〟が強く求められます。特に卸と物流会社の役割は大きく、医薬品の物流センターでは管理薬剤師による品質管理が義務づけられています。また物流会社における保管、輸送業務では温度管理による薬物の品質維持や毒物、劇物、危険物などの取扱いには届出が必要となっています。また病院のサポート業務としては薬物を中心とした在庫管理を卸が行っているケースが多く見られ、一部の大手卸と大学病院を除いては情報システム管理ではなく保管棚の補充といった目視によって行われ、システム化が遅れています。

## 災害時の物流はスピードと備蓄力がポイント

地球温暖化による局地的豪雨が発生したり、地震などが発生した直後は道路が遮断されたり、海上が荒れる場合が多く、陸上、海上輸送の手段が取れません。早急な対応が求められるため自衛隊による空輸が有効な輸送手段となります。災害時には医療関連品や食品の他、ブルーシート、土嚢などの防災物資などが輸送されます。これらは指定されている緊急物資備蓄倉庫から近くのヘリポートまたは飛行場にトラックで運ばれ、そこから被災地に向けてヘリコプターで輸送されます。しかし、ヘリコプターの発着拠点を早急に確保できるかどうかと、一度に大量の物資を運べないという問題があります。

## 行政の物流は〝紙〟の物流

行政及び官公庁はヒトと書類の職場環境といえます。したがって物流の視点からでは、〝紙〟の印刷から保管、出先機関への配送そして期限切れの書類保管、回収などの物流業務が発生します。特徴としては個人情報などの機密書類が多いため保管、配送時のセキュリティ管理に重点が置かれており、信頼と実績のある物流会社に業務が委託されています。運営現場では指紋認証による入退出管理や専用エレベーターの使用などにより情報の漏洩を防ぐ努力を行っています。また出先機関では使わなくなった廃棄対象の帳票類のデットストックが多く発生し、ムダな保管コストがかかっているのが実情です。

## 品質とスピードが問われる医療、災害、行政の物流

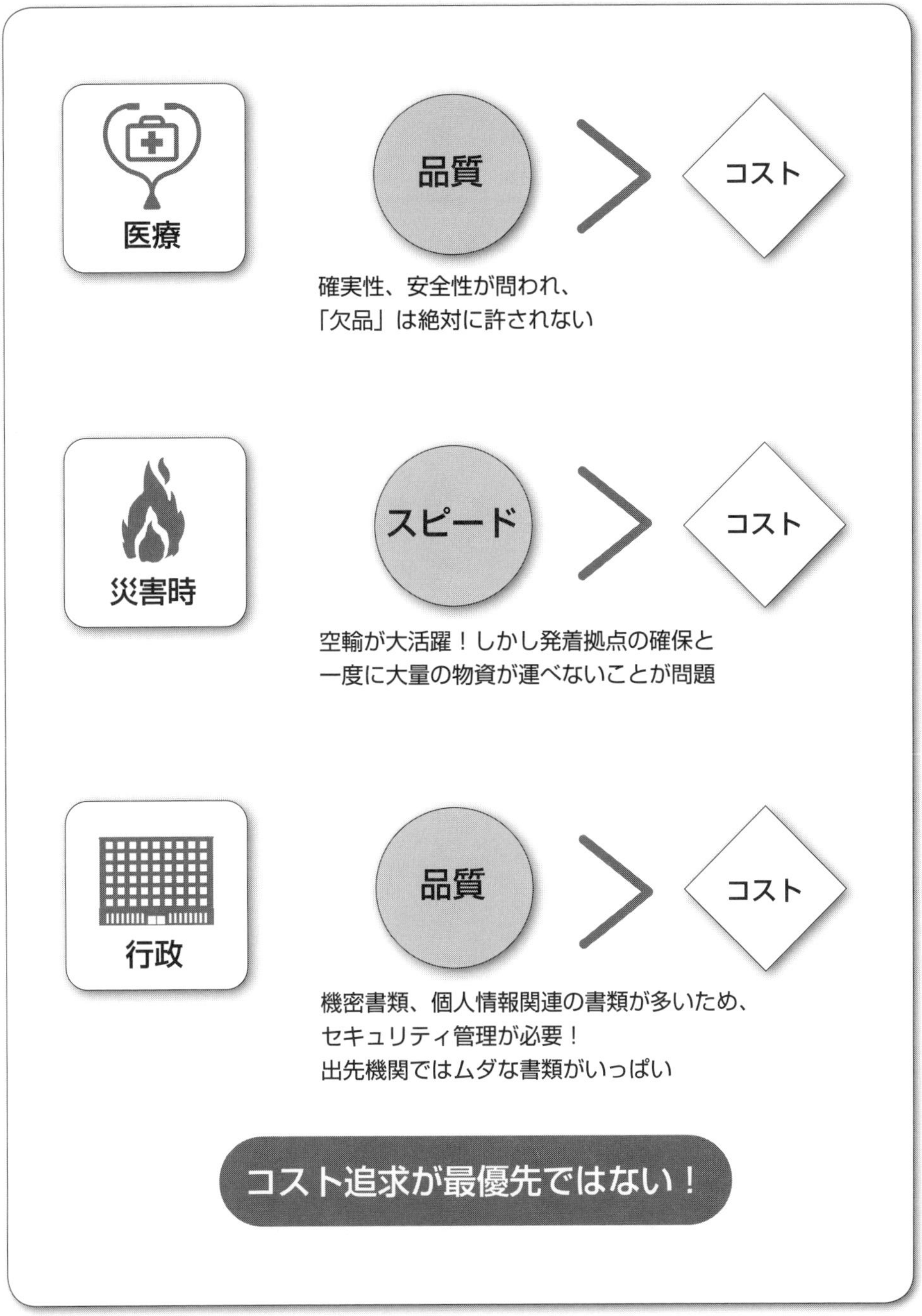
医療
品質
コスト
確実性、安全性が問われ、
「欠品」は絶対に許されない
災害時
スピード
コスト
空輸が大活躍！しかし発着拠点の確保と
一度に大量の物資が運べないことが問題
行政
品質
コスト
機密書類、個人情報関連の書類が多いため、
セキュリティ管理が必要！
出先機関ではムダな書類がいっぱい
コスト追求が最優先ではない！

# 9 少子高齢化時代の物流

## 人手不足が慢性化した物流現場

少子高齢化、団塊世代の大量定年により、物流現場では人材、人手不足が慢性化しつつあります。特に苛酷な労働となる乗務員、拠点や事業所をマネジメントする現場管理者の人材不足が深刻となっており、高齢者の再雇用や一人の現場管理者が複数の拠点、事業所のマネジメントを行うという状況になっています。現場管理者についてはアジアからの勤勉な人材が登用されていますが、このような動きはまだごく小数の企業に限られています。現場労働者については外国人の就労が日本では認められておらず、国内のパート・アルバイト、派遣スタッフを総動員しての対応に追われています。

## 流通加工などは東南アジアへシフト

このような国内の労働者不足を受けて国内での幹線輸送やエンドユーザーまでの納品など日本国内でしか対応できない業務を除く、パッケージングなどの流通加工、仕分け、そして国内のお家芸であった検品業務などの人手を要する物流付帯業務が、人手が豊富でかつ人件費の安価な中国を中心とする東南アジアへ発注をシフトしています。

## 人口減少化に向けて物流会社は新興国を視野に入れる

他の産業でも見られるように大手物流事業者は中国、ロシア、インドなどの新興国進出を狙っていますが、中国での赤字運営や軌道化の失敗経験があり、進出には慎重になっています。また新興国への進出となると現地の物流会社とはコスト面で厳しい競争を強いられますので本格的進出にはまだ時間を要することになりそうです。

## 少子高齢化時代の課題

昨今では看護士の獲得のため、カンボジアからの看護研修生が来日するなど、他の業界でも人手不足に頭を痛めています。そのような中、物流でも一部の作業内容に限り、外国人労働者を解禁するというような規制緩和を検討しなければ人員を補完することは困難でしょう。パート・アルバイト、高齢者の定着率向上のため、空調完備、自動機器の導入、送迎バスの導入、託児所の併設など快適な職場環境の提供が急務となっています。

## 物流現場の人手不足を補う動き

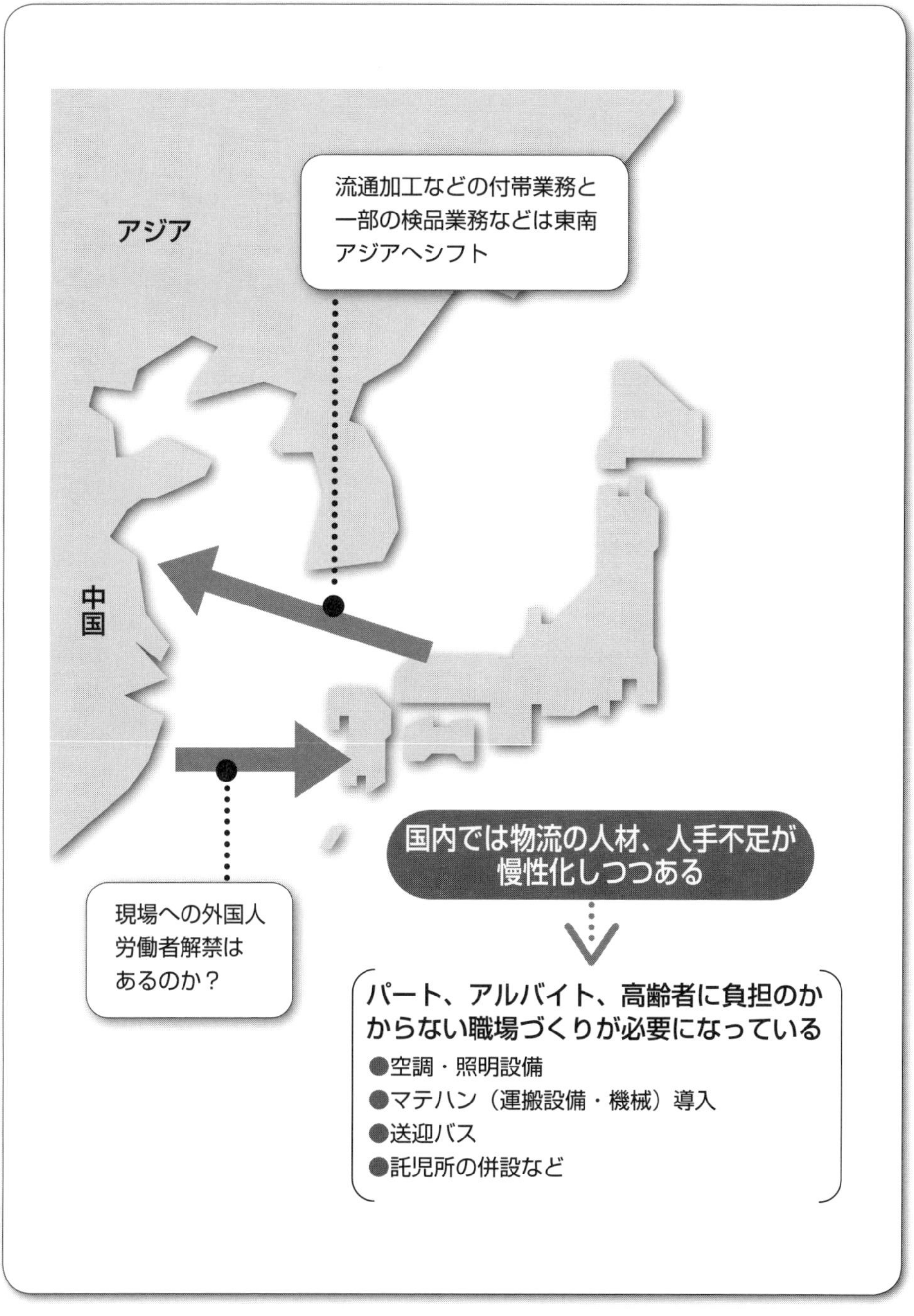

# 10 宅配便の台頭

## 通販・ネットショッピングの申し子

　通販の成長・普及により、宅配便市場は拡大し、宅配会社上位5社と郵政が中心となり、これらのビジネスモデルを物流インフラ面で支えています。また通販の細かなサービスに伴い最終個人ユーザーに対するサービスも多機能化が進み、これに対応できない宅配会社は〝指定〟物流会社から外されることになります。

　多岐にわたる通販・ネットショッピングのサービスにより宅配会社ではカードによるクレジット決済や代金回収、また返品の回収などにも対応し、日曜発送、届け時間においても時間指定は今や当り前のサービスとなり、ドライバーの業務も多機能化しています。

## 宅配会社の運営方法

　宅配会社は多機能化に伴うコストアップをどのようにして採算を取っているのでしょうか。宅配会社は小口が主な荷物ですので、配達するエリアがまとまっていなければコストがかかり採算が取れません。バブル期にこぞって参入した物流会社の宅配事業も大半の会社は採算が取れなくなり、その事業から撤退を余儀なくされました。残った数社はどのような運営を行っているかですが商業荷物と混載をしたり、集荷時にはコンビニなどの取扱店に荷物をまとめることで手間とコストのバランスを図っています。またクレジット決済や代金回収のサービスに対応することで代金の数%が宅配会社の別途売上となります。また不在時における再配防止にも力を入れています。配達前の在宅確認や不在届けによる在宅連絡の定着化を各社が推し進めてきました。また配達先がまとまらない過疎地や郊外では一部協力会社に宅配業務を委託し、1個または1件数百円という変動費型の料金体系を適用し固定費の削減に努めています。

## 普及したショップ型取次所

　宅配上位の会社では競争が激化し、宅配荷物に限らず、商業荷物の獲得にも必死の状況になっています。そこでＢｔｏＣの個人向け宅配はコンビニを中心に、商業荷物は事業所密集地にショップ型取次所を設置し、より地域密着の対応を図っています。

## 宅配事業の多機能化

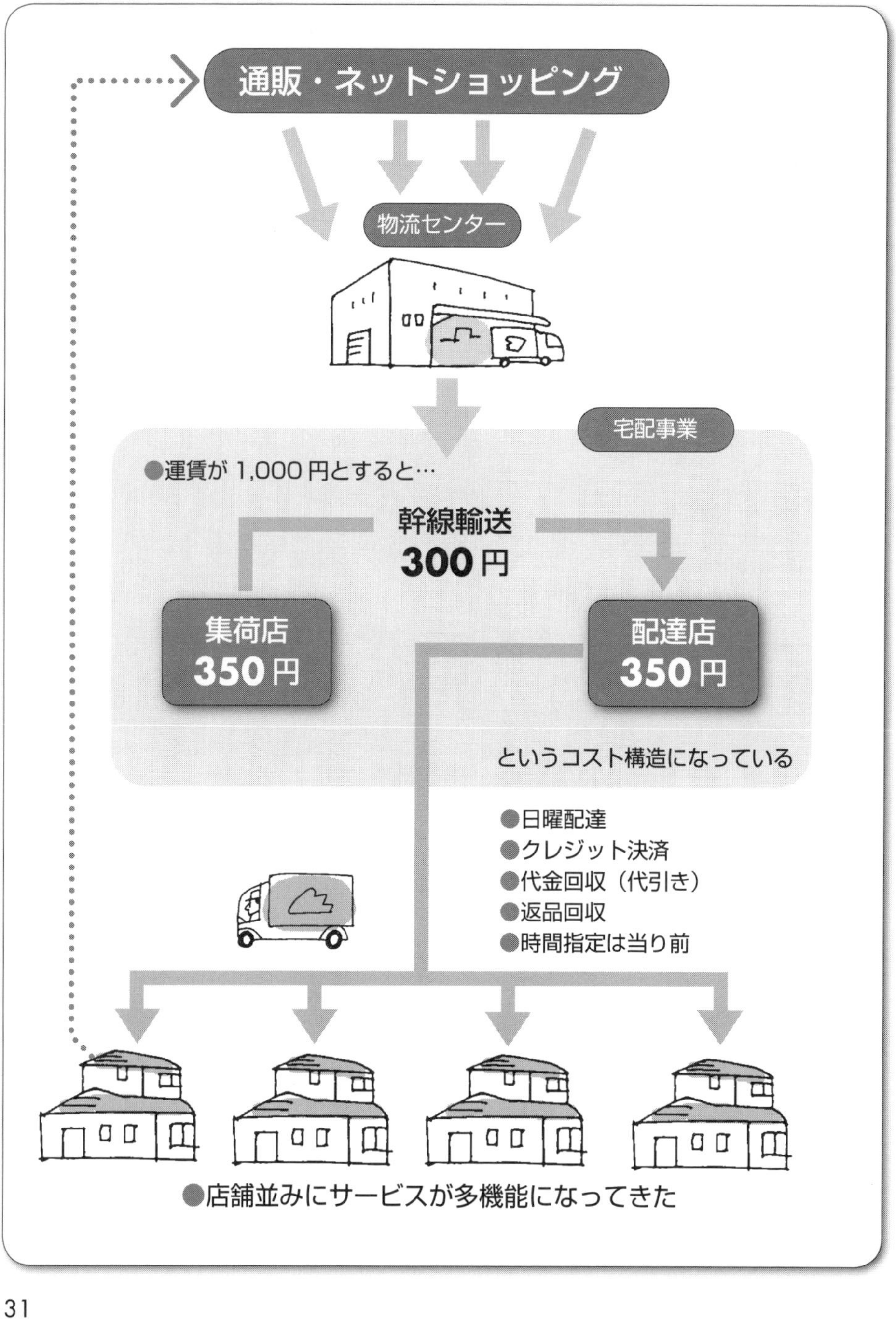
通販・ネットショッピング
物流センター
宅配事業
●運賃が 1,000 円とすると…
幹線輸送
300 円
集荷店
350 円
配達店
350 円
というコスト構造になっている
●日曜配達
●クレジット決済
●代金回収（代引き）
●返品回収
●時間指定は当り前
●店舗並みにサービスが多機能になってきた

# 11 派遣スタッフと物流

## 派遣スタッフは波動吸収の救世主

物流コストを上げる要素に物量の〝波動〟があります。これは月や季節、曜日などで物量が大きく変化することです。卸や小売業における繁忙期と閑散期の波動は約4倍くらいになり、人員、車両計画の精度が問われることになります。繁忙期にこれらを合わせると閑散期に人余りや休車を出すことになり、逆に閑散期に人員、車両計画を合わせると繁忙期に人手不足、車両不足になり現場運営に支障をきたします。このような人手不足の状況では、派遣スタッフが現場運営の救世主となるのです。

## 採用力を派遣スタッフでカバーする

パート・アルバイトの戦力化はコストダウンに大きくつながりますが、派遣スタッフの導入は決してコストダウンの一環になるとはいえません。しかし、大型物流センターの立ち上げやパート・アルバイトの採用競争が激化している地域では派遣スタッフによって不足人員を補うことが一般的です。好景気、不景気における雇用のバランスの問題がありますが、このように〝人手〟という面で派遣スタッフは物流現場になくてはならない労働力なのです。また一方で時間給設定のために生産性向上に限界があることや、ようやく仕事に慣れたスタッフが他の現場に移ってしまうなど依頼側の不安と課題もあります。

## 日雇い派遣禁止で大きな影響を受ける物流

グッドウィルの違法派遣や日雇い派遣で生計を立てているフリーター問題などが社会問題に波及したことを受けて厚生労働省は日雇い派遣を禁止し、期間設定による雇用の安定化を図る動きが出ています。しかし、先述のように物流現場では波動に対する臨時労働力が欠かせない状況で〝日雇い派遣〟が全面禁止となると、物流センターの運営や流通加工を行っている物流会社は大きなダメージを受ける恐れがあります。またパート・アルバイトを広域な範囲で募集すると、送迎バスの導入や多額の通勤費などのコスト増加につながります。また募集、採用ができたとしても、受け入れるための教育体制や労務管理などを自社でできる体制も必要となってくるため、その手間と時間を惜しむ会社があるのも実情です。

## 物流業務の波動と派遣スタッフ

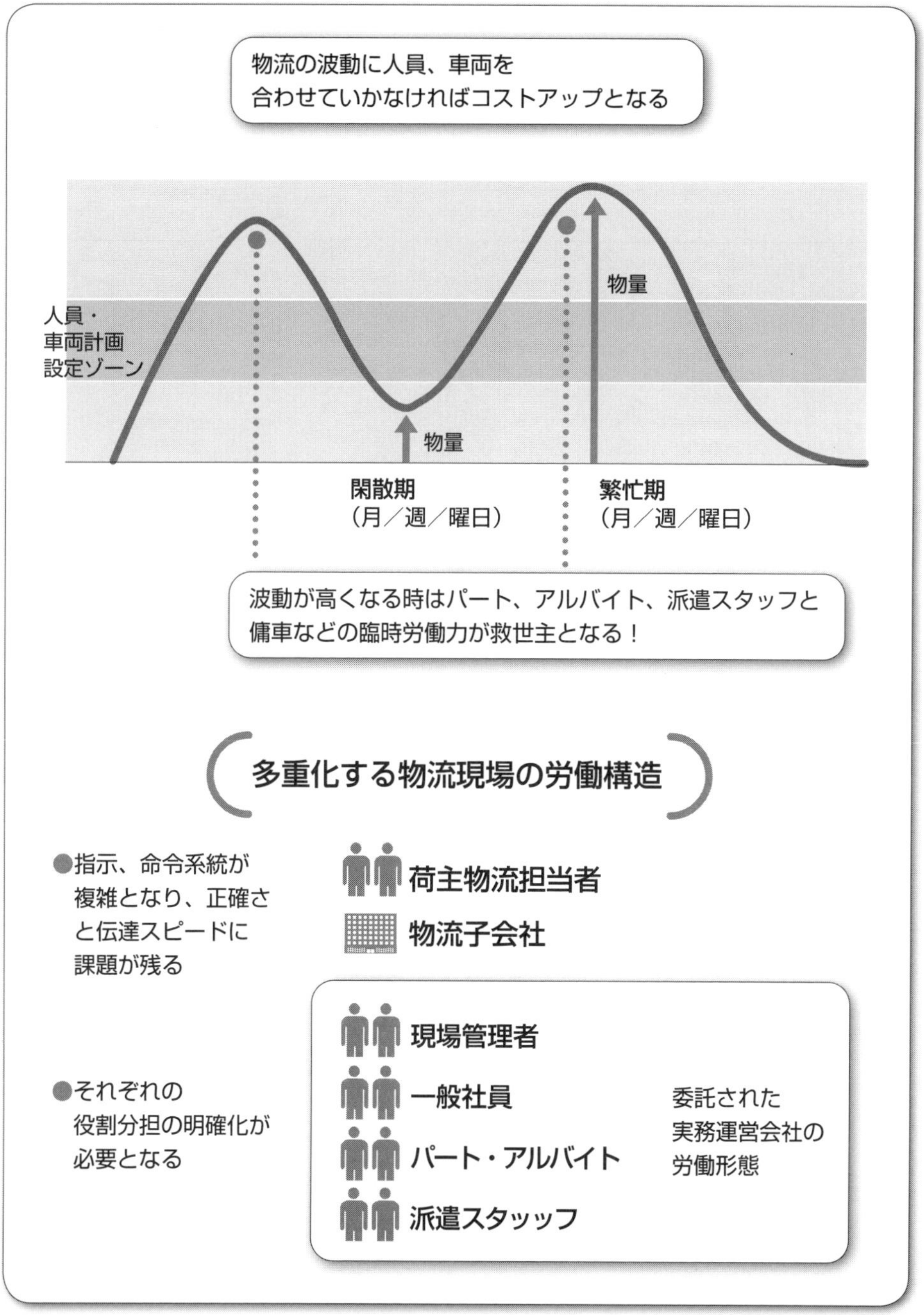

物流の波動に人員、車両を
合わせていかなければコストアップとなる
人員・
車両計画
設定ゾーン
物量
物量
閑散期
（月／週／曜日）
繁忙期
（月／週／曜日）
波動が高くなる時はパート、アルバイト、派遣スタッフと
傭車などの臨時労働力が救世主となる！
多重化する物流現場の労働構造
●指示、命令系統が
複雑となり、正確さ
と伝達スピードに
課題が残る
●それぞれの
役割分担の明確化が
必要となる
荷主物流担当者
物流子会社
現場管理者
一般社員
パート・アルバイト
派遣スタッフ
委託された
実務運営会社の
労働形態

# 2章

# 物流の役割と範囲

# 1 企業における物流の役割

## 後処理ではなく後方支援部隊

物流は営業やシステムのような花形業務ではありませんが、どのような会社にも発生します。モノを商品としていない会社でもカタログや販促物などを郵便や路線会社のメール便で送ったりしています。またどんなに良質な製品ができても、どんなに優秀な営業が製品を販売しても、最終的にその製品が顧客に届かなければビジネスは成立しません。それも必要な時間に、必要な数だけ、必要な場所に届けられなければ顧客からその製品の代金を支払ってもらえないと考えるのが一般的でしょう。このように当り前のことが当り前のように行われて業務が成立することが物流の特徴のひとつといえます。

しかし、この物流の仕組みづくりや現場の運営には多くの人々が関わり、最適なコストと業務品質のために改善と工夫が繰り返されています。また本来、物流は営業部門に対し「締切時間外の受注は現場の残業が発生するためにコストが10％上がる」とか、製造部門に対して「Ａ製品はつくり過ぎのため在庫が20％増えている」など他部門に「物申す存在」であることが求められています。

## 物流は企業サービスの最終アンカー

物流は製造や営業、仕入・購買活動の〝後づけ〟〝後処理〟のように位置づけられている企業を多く見受けます。しかし縁の下の力持ちとしてなくてはならない存在であり、物流は企業サービスの最終アンカーとして大きな役割を果たしています。そういう意味では仕入・購買、製造から営業・販売活動までの各プロセスを効率的につなぎ様々な支援を行う「後方支援部隊」といえます。「物流を制する者は業界を制する」ともいわれています。また反対に物流の重要性を認識していない企業ではせっかくの開発力、営業力などの強みを台無しにしてしまっている企業が多いことも事実です。

物流の仕組みをつくれなかったがために市場からの退場をつきつけられたＦＣチェーンやメーカーが多いことも、いかに物流が重要であるかを物語っています。物流はその業務の幅が広く、かつ深いことから片手間では対処できない専門性の高い業務といえます。

## 物流はすべての部門の後方支援部隊

### 物流と生産、調達、営業の関係

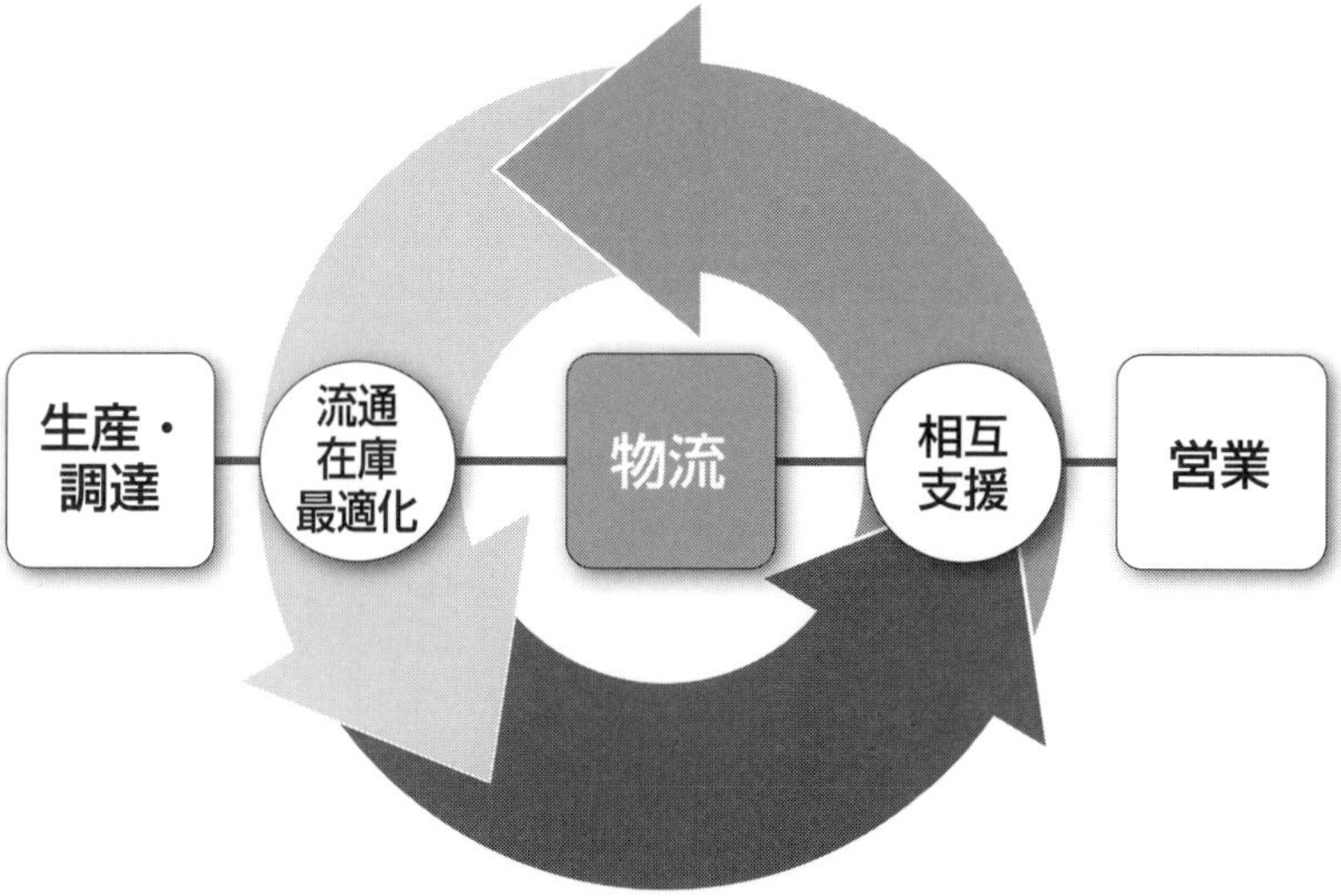


物流は後処理ではなく、**後方支援部隊**

**物流の役割**

生産から営業・販売活動までの各プロセスを
効率的につなぐ様々な支援を行う

# 2 物流で企業の強さがわかる

## 物流の強さは企業の強さ

企業における経営活動には一般的に営業、生産または仕入、企画、商品開発、情報システムや経理・財務、そして必ず物流があります。物流はこれらの活動における最終工程という位置づけになるため、商品がよくても、営業力があったとしても、最終アンカーといえる経営活動の締めくくりである物流がしっかりしていないとすべて台無しになります。また物流はその企業の検査紙のようなもので物流を見れば経営活動のどの活動が強くてどの組織が弱いといったことが見事にわかります。それは強い部分、弱い部分の要因が多少ならずとも最終工程となる物流に組み込まれ、反映しているからなのです。

## 営業力の弱さは物流コストを押し上げる

経営活動において物流と密接な関係にある部署のひとつに営業があります。顧客の要望を聞き過ぎるあまり、締切り時間が過ぎていても仕方なく出荷を承諾する対応をしてしまうと、物流現場では出荷業務にイレギュラーな仕事が増え、段取りが狂ってしまったり、残業時間が発生したり、追加のトラックを用意するなどのコストを上げることにつながります。受注締切り時間の他には納期の確定や緊急出荷の依頼などが物流コストを押し上げます。したがって「ＮＯ」といえない営業を抱える企業では総じて物流コストが高くなっているのが実情です。

## 強い企業が物流が強いとはいい切れない

何を持って〝強い〟というのかは問題はありますが「物流の強い会社は企業体質も強い」といえますが、「企業体質が強いからといって物流が強いとは限らない」のが実情です。日本のセブン-イレブン、トヨタ、花王、アメリカのウォルマート、デルなどは物流が強く、企業体質も強いといわれている企業の例です。また物流を制する者は業界を制するともいわれていることから、いかに最終工程である物流が企業活動において重要であるかがわかると思います。店舗展開を行う小売業やＦＣチェーン、外食産業なども最終的には物流力が同業他社との力の差となることが多いことも事実です。また物流力の差は企業実力の差といっても過言ではありません。

## 物流の強さは企業の強さ

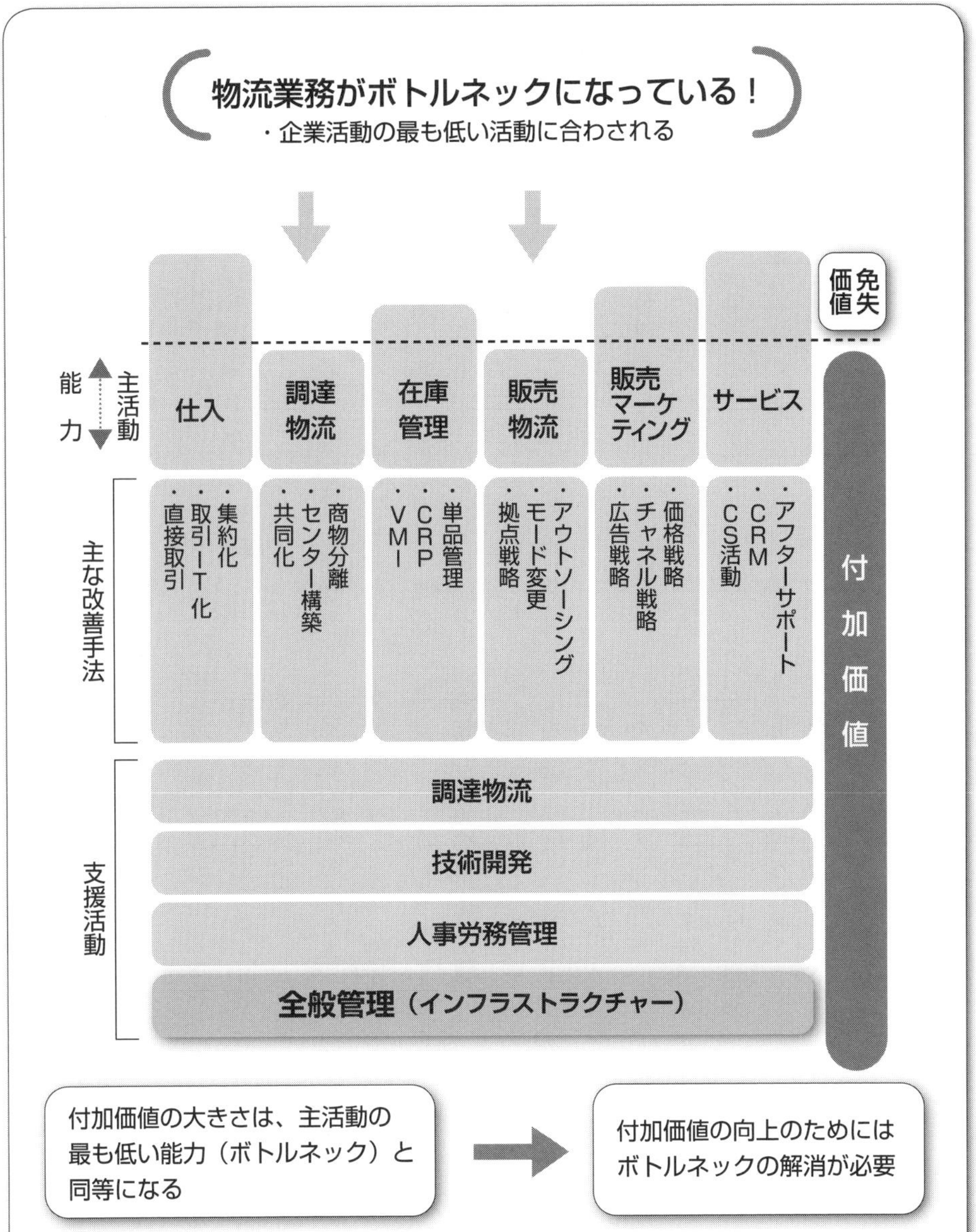


出典:M.E. ポーター「競争優位の戦略」より
『価値連鎖(Value Chain)』を抜粋、一部加筆

# 3 物流はどこからの業務を指すのか

## 「受注」が物流のスタートライン

物流はどこからの業務をいうのでしょうか。それは「受注」の業務からを指します。意外と思われる方も多いでしょう。出荷の指示や物流現場での業務開始部分を物流のスタートという方が多いのですが、実際にはその前工程の「受注」から物流が始まり、返品の回収や処理までのモノの流れと情報システム、伝票の流れまでが物流の業務範囲になります。このように物流が「受注」から始まるという物流の始点を理解することで、問題点の発見や改善の方法を決める大きなヒントになります。

## 「受注」段階で物流の90％が決まる

物流改善などを行う場合、問題点の多くが現場の運営やシステムやレイアウト、業務の委託先などにその原因があると思われている企業が多いのですが、実際、現場に入り調べてみると「受注」段階にその原因があるというケースが大半です。それは「受注」段階で物流のスペックの90％が決まってしまうからなのです。具体的にはいつ、どこに、だれが、だれに、なぜ、またはどのような理由で、どのような状態で、どんな方法で、いくつという物流の５Ｗ２Ｈを注文を受けた段階で確定させてしまっているからです。したがって受注段階での５Ｗ２Ｈの情報が曖昧であると、後の行程での現場運営に大きな影響を及ぼします。例えば納品先の間違い、納品時間を確認していないことによる納期遅れなどです。

## 営業の本来の業務は何か

このように受注業務からが物流の範囲であり、５Ｗ２Ｈの情報の精度が物流運営に大きな影響を与えるとすればその前行程での営業の仕事とは本来、何を示すのでしょうか。まず、〝物流〟の始まりが「注文を受ける」（受注）であることから営業は「創注」いわゆる「注文を創る」ことになります。営業には様々な手法があります。そして、最適なコストと品質による物流サービスを提供するためには５Ｗ２Ｈの交渉による確定とその精度が求められます。そういう意味では「ＮＯ」といえない営業、安請け合い営業を行う企業では物流が混乱し、コストアップになってしまいます。

## 受注から始まる物流業務

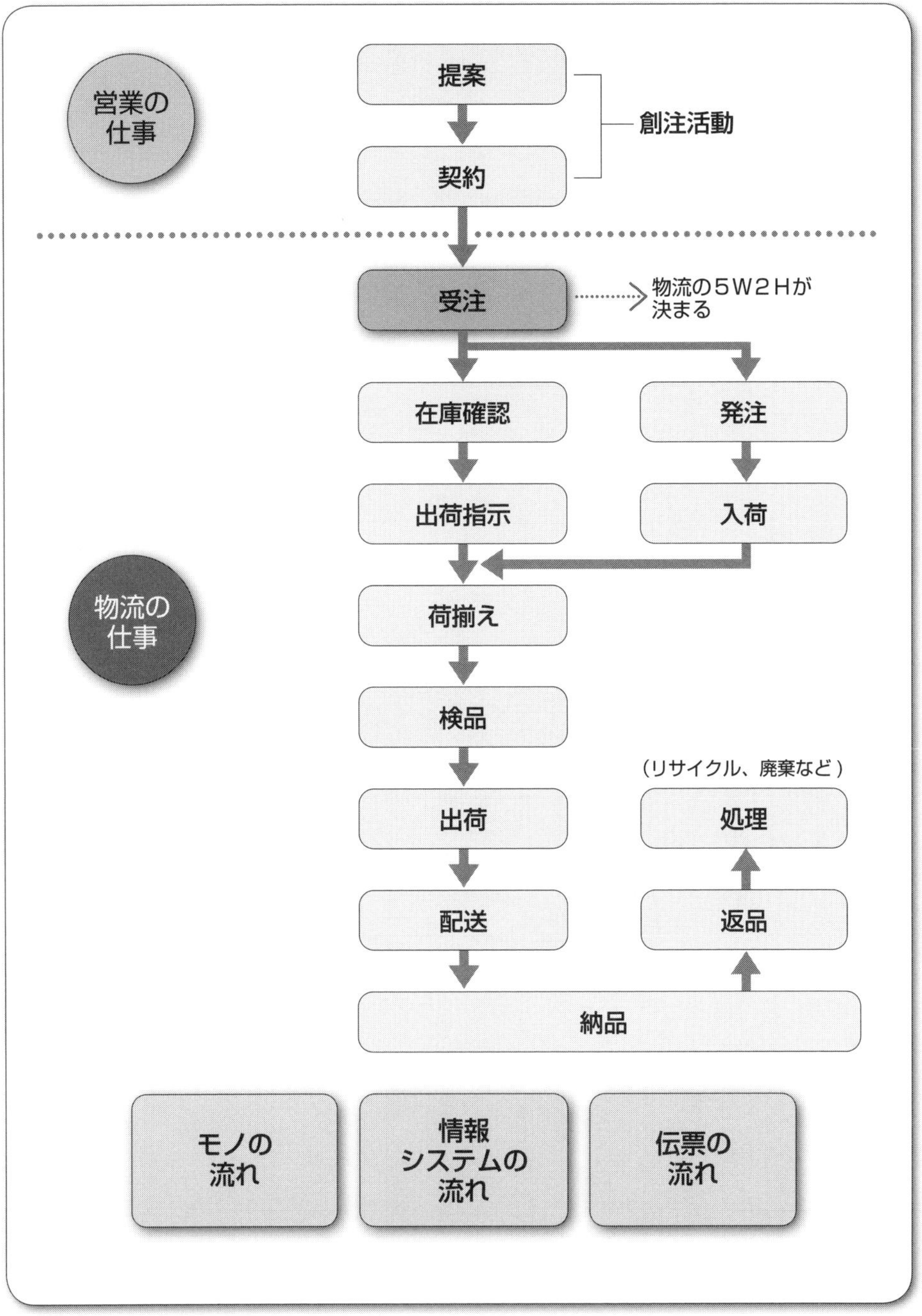

# 4 物流の重要性と見える化

## 地味だけど縁の下の力持ち

物流の特徴は、企業の経営を地味ながらも、ほぼ各部署での活動を支え、それらが最終的に集約される〝縁の下の力持ち〟の存在であることです。物流の重要性を認識している企業では物流部などの専門部署をつくり、独立した組織として優秀な人材を責任者として登用しています。それはある程度の会社規模になると物流の守備範囲の広さとその深さから片手間ではできない業務となってくるためです。物流は企業活動の最終工程を担うアンカーでもあり、営業、生産、仕入・調達、システムと密接な関係にある重要な業務のひとつなのです。

## 物流の見える化

物流は重要な業務でありながら、その姿をとらえづらい〝無形の活動〟ともいえます。また営業などフロント業務ではなくバックサポート業務という特性から経営活動の優先順位が低くなりがちです。したがって数値による〝見える化〟（可視化）でその姿を浮き彫りにする必要があります。大きくはＱＵＡＬＩＴＹ（品質）、ＳＥＲＶＩＣＥ（サービス）、ＣＯＳＴ（コスト）に分類します。例えば品質面では誤出荷率、在庫差異率、サービスでは発注から納期までの時間を示すリードタイム、コストでは売上対（支払）物流比率、一人当り出荷数量、1ヶ月当り残業時間などが代表的な例です。〝数値の見える化〟の他には業務フロー図や入出庫、在庫管理システムなどと社内基幹システムの組み合わせによる〝情報による見える化〟、物流業務を外部にアウトソーシングすることによる〝コストの見える化〟などがあります。

## 物流の重要度を高め、維持するためには

物流の重要度を高めるためには以下の3点があります。①トップが物流の重要性を理解すること②仕入先、販売先に自社の物流ルールと取り組みを理解してもらうこと③物流及び業務を数値化し、社内、社外を説明、説得することです。更にその重要度を維持していくためには次の5点が必要となります。①スペシャリストの育成または採用②情報システムの駆使③数値によるベンチマーキング④他社事例の収集⑤継続的な改善活動です。

## 物流は縁の下の力持ち

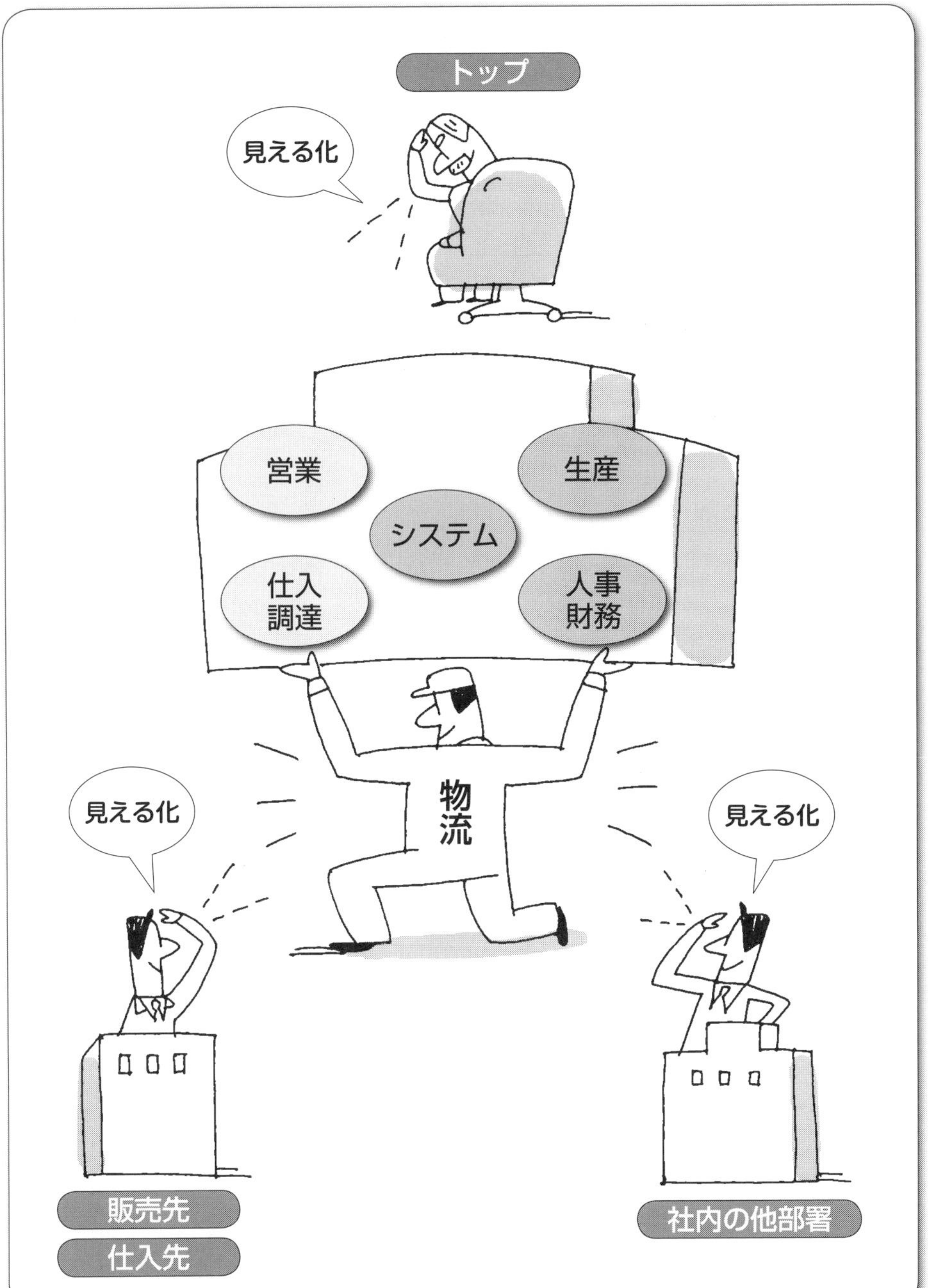

# 5 サプライチェーンとしての物流

## サプライチェーンとしての物流

素材メーカー↓資材メーカー↓部品メーカー↓組み立て完成品メーカーから一次卸、二次卸そして一次・二次代理店または小売、最後にエンドユーザーと実に多数の工程と拠点を経てそれぞれにモノの流れが発生しています。またこの物流には〝行き〟と〝帰り〟があります。返品や回収が発生すると〝帰り〟の物流が発生するのです。また商取引の伝票の流れと違って物流の特徴のひとつである「直送」という納品方法は多くの企業が行っており、商品や製品は納品する得意先の更に顧客側へ直接届けるというものです。いずれにせよこのような多岐多工程に渡る流れを全体的に見て、サプライチェーンという形で可視化する動きが大企業を中心に行われています。

## 単独では完成しない物流

物流は仕入先や販売先とリードタイムや納品ロット、受発注の方法などを協議し、決定、実行することで成り立っています。このように企業単独ではなく、仕入先、販売先と一緒になって、生産、受注情報などを共有化し、在庫の削減をはじめ、最適かつ効率的な物流管理を行っていくことをサプライチェーンマネジメント（ＳＣＭ）と呼ばれています。大企業の多くが取り組んでおり、特にＳＰＡ（製造小売）のビジネスモデルは大きな成果を出していますが、大半の企業では複数の企業との利害調整が必要であるため多くの課題を抱えています。

## 利害の一致をどこで見い出せるか

もともと単独企業の物流ではブツ切れになって部分最適で終わってしまうものを、企業間を結ぶ全体での最適化を図るわけですから仕入先、販売先の個々の利害、またはメリットが一致しなければＳＣＭは成立しません。更に利害、メリットを一致させるということは非常に困難なことですから、対象企業との十分な話し合いとメリットの提示が必要となってきます。そういう意味では総論賛成、各論反対となりやすいテーマともいえます。うまくＳＣＭが機能している例としては①系列企業間での取り組み②自社に対する売上依存度の高い企業との取り組みがあげられます。

## 物流全体を可視化するサプライチェーン

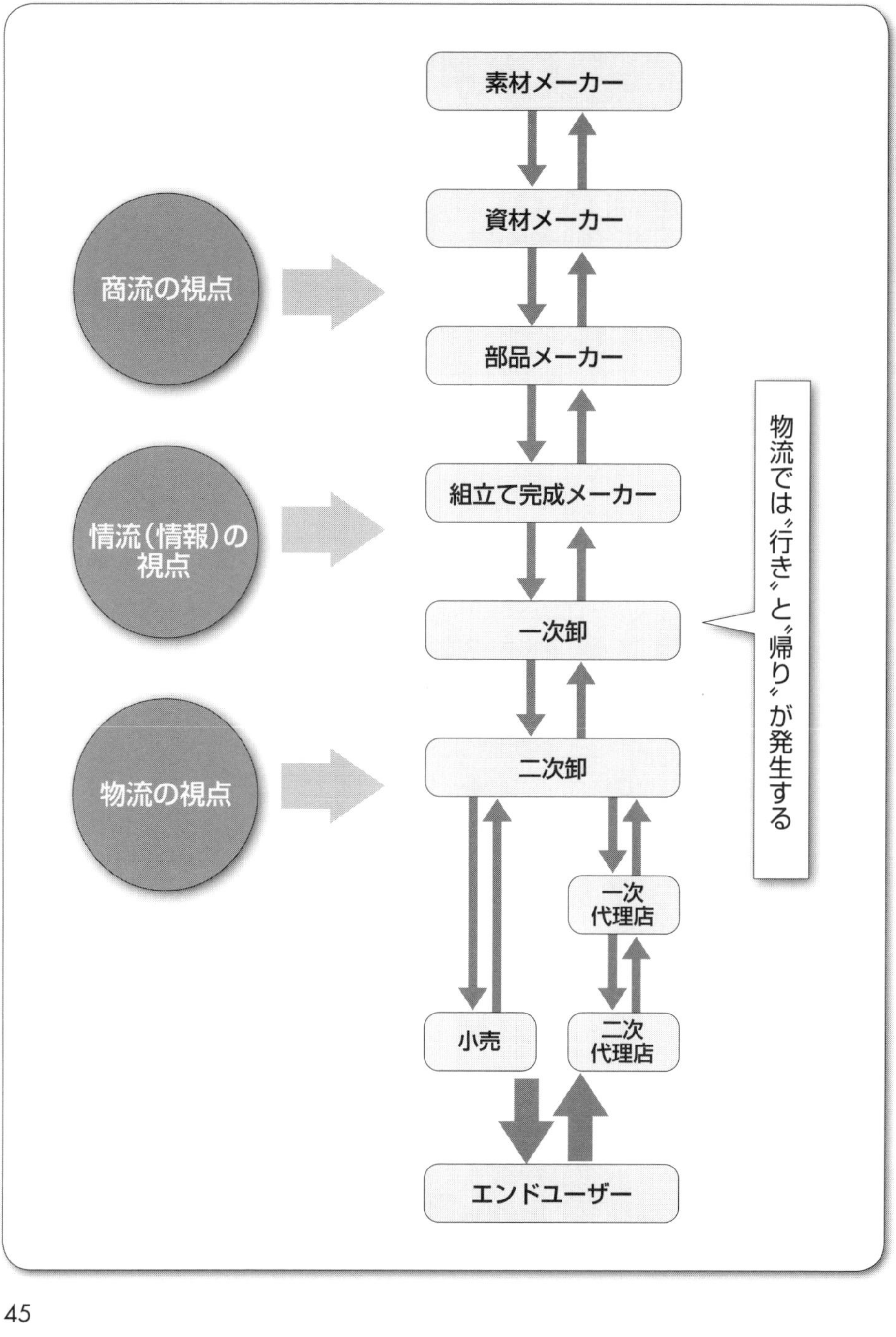

# 6 仕入に伴う物流

### 仕入先〝任せ〟の物流

仕入・調達においての物流は基本的に仕入先、調達先が組み立てた配送方法や物流事業者によって納入されています。〝相手先の物流〟と割り切っている企業も多いのですが自社の経営活動を左右する重要な物流のひとつです。ジャストインタイムに代表されるトヨタ式の調達方法は必要なモノを、必要なときに、必要な数だけ、必要な場所に納めることで、在庫を持たず、保管する場所を不要とするムダのないものです。しかしこのような例は大手企業の一部にとどまっており、多くの企業はある程度の在庫を抱えています。購入する企業規模が大きい場合や取引量が多い場合は要望に合わせて納品回数を増やしたり、小ロットに対応するなどのケースが多く見受けられます。

### 仕入物流の種類

各仕入先が独自の物流で納品を行う場合が一般的ですが、その他には次のような種類があります。①納品代行型。アパレル業界などで多くの仕入先があり、納品にかかる時間や多くの納入車輌を集約するために一旦、納品代行会社に持ち込み、そこから一括納品をすることです。②ミルクラン型。牛乳業者が酪農家を巡回して牛乳を集めるように空き車輌などを使用し、仕入先を回って自ら商材を引き取りにいく形態であり、主に自動車部品業界で行われています。③自動補充型（ＶＭＩ）。自動車・機械部品、卸、小売業などで行われている欠品や作業の停滞を防ぐ適時適量の在庫補充に重点が置かれている仕入物流の形態です。完成品メーカーや小売業の物流センターの近隣もしくは敷地内に各仕入先からの部材、商材を集約する拠点を設け、リアルタイムに納入先の在庫状況を把握しながら補充のための輸送を行っています。

### 物流コストは仕入金額にも含まれている

企業間における大半の取引では仕入金額の中に物流費（運賃）が含まれています。したがって、仕入金額は製品代金と運賃から構成されているのです。ですから仕入に伴う物流費を把握したい場合は仕入先から製品代金と運賃を分けた金額明細を出してもらいます。

## 仕入物流の種類

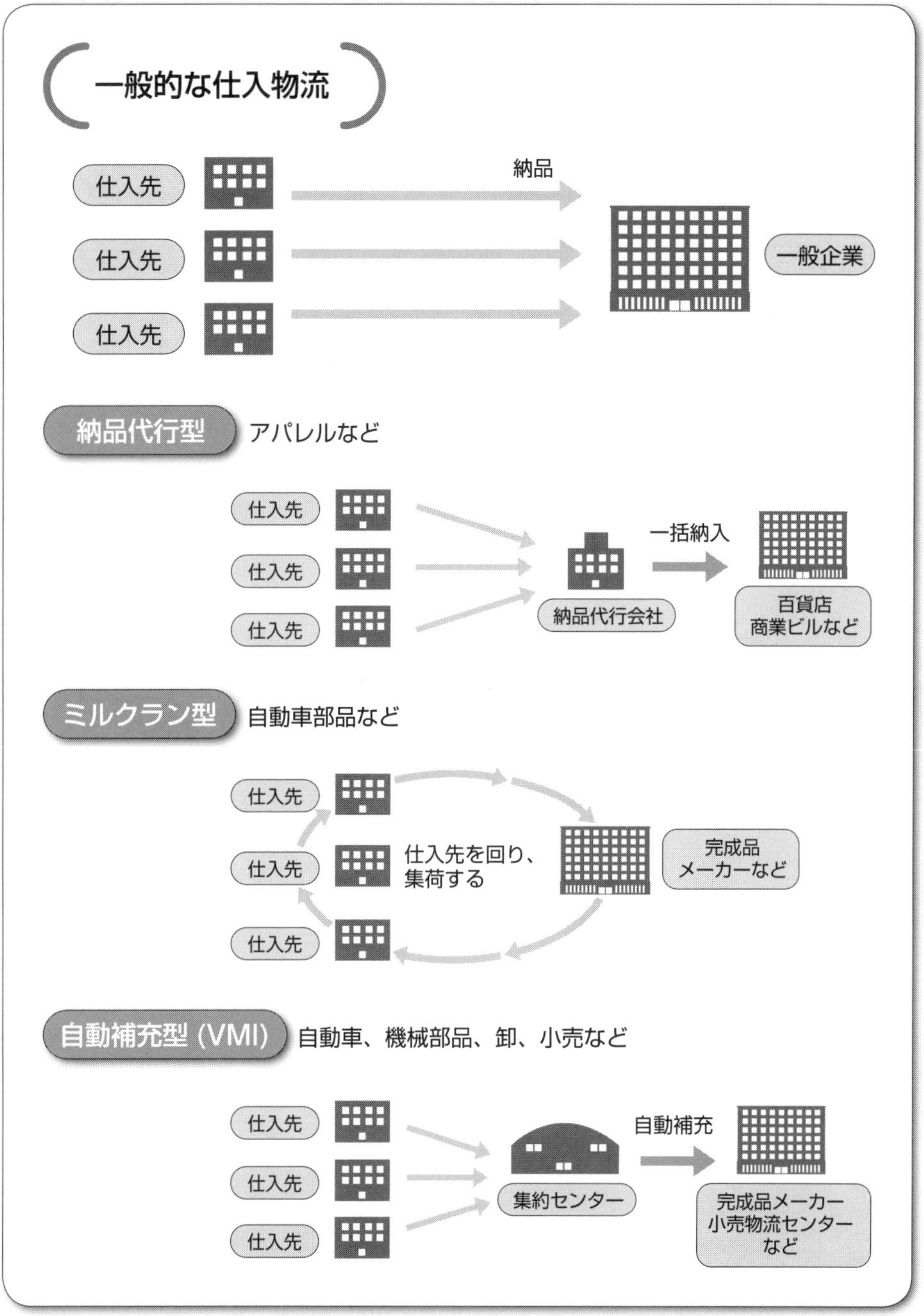

一般的な仕入物流
仕入先
仕入先
仕入先
納品
一般企業
納品代行型
アパレルなど
仕入先
仕入先
仕入先
納品代行会社
一括納入
百貨店
商業ビルなど
ミルクラン型
自動車部品など
仕入先
仕入先
仕入先
仕入先を回り、
集荷する
完成品
メーカーなど
自動補充型（VMI）
自動車、機械部品、卸、小売など
仕入先
仕入先
仕入先
集約センター
自動補充
完成品メーカー
小売物流センター
など

# 7 社内の拠点間で多くの物が動いている

## 予想外に多い拠点間輸送

社内間での物流は〝横持ち〟といわれます。例えば東日本の工場から西日本の工場に部材や製品を移動させる場合や物流センター間の輸配送などもそれに当ります。メーカーでの横持ちはその工場では生産していないが出荷に必要な製品を送ってもらったり、また各工場で同じ製品をつくっているにもかかわらず繁忙時の生産能力の限界や機械のトラブルなどで生産予定数量をつくれない場合、他の工場で応援生産を行い、生産数量が不足している工場に送るなどの理由により発生しています。

## 物流センター、店舗、事業所での横持ち

横持ち輸送は工場間に限らず物流センター間、店舗もしくは事業所間でも発生します。物流センター間での横持ちは主に注文を受けた商品がその物流センターで在庫していない、または欠品などにより、他の物流センターから送ってもらうことによる〝荷合わせ〟と呼ばれ、ひとつの注文をとりまとめるために発生しています。生産が間に合わない場合や特に仕入製品に対してこのような対応が多く見られます。また店舗もしくは事業所間での横持ちは「物流センターから送られて来るより近隣の店舗、事業所から製品を借りた方が早く手に入る」といった緊急オーダーへの対応や店舗、事業所での発注ミス、在庫管理不足による欠品など極めて現場の問題によるケースが多いのが実情です。またこの店舗、事業所間の横持ちに似た輸送を戦略的に行っている企業もあります。ある店舗・事業所に保管できるスペースが余分にあり、物流センターからの納品に時間やコストがかかるような場合はそのスペースを地域センター、いわゆる〝デポ〟として活用しているケースもあります。

## 横持ち輸送が物流コストを押し上げる

基本的には横持ち輸送は生産や物流管理、または在庫管理の甘さから発生している場合が多く、これが常態化している場合はムダな物流としてコストを押し上げてしまうことになります。輸配送ルートがひとつ増えるだけではなく、納入先での積み降し、積み替えなどの人件費も余分にかかってしまいます。

## 各拠点間で〝横持ち〟が多く行われている

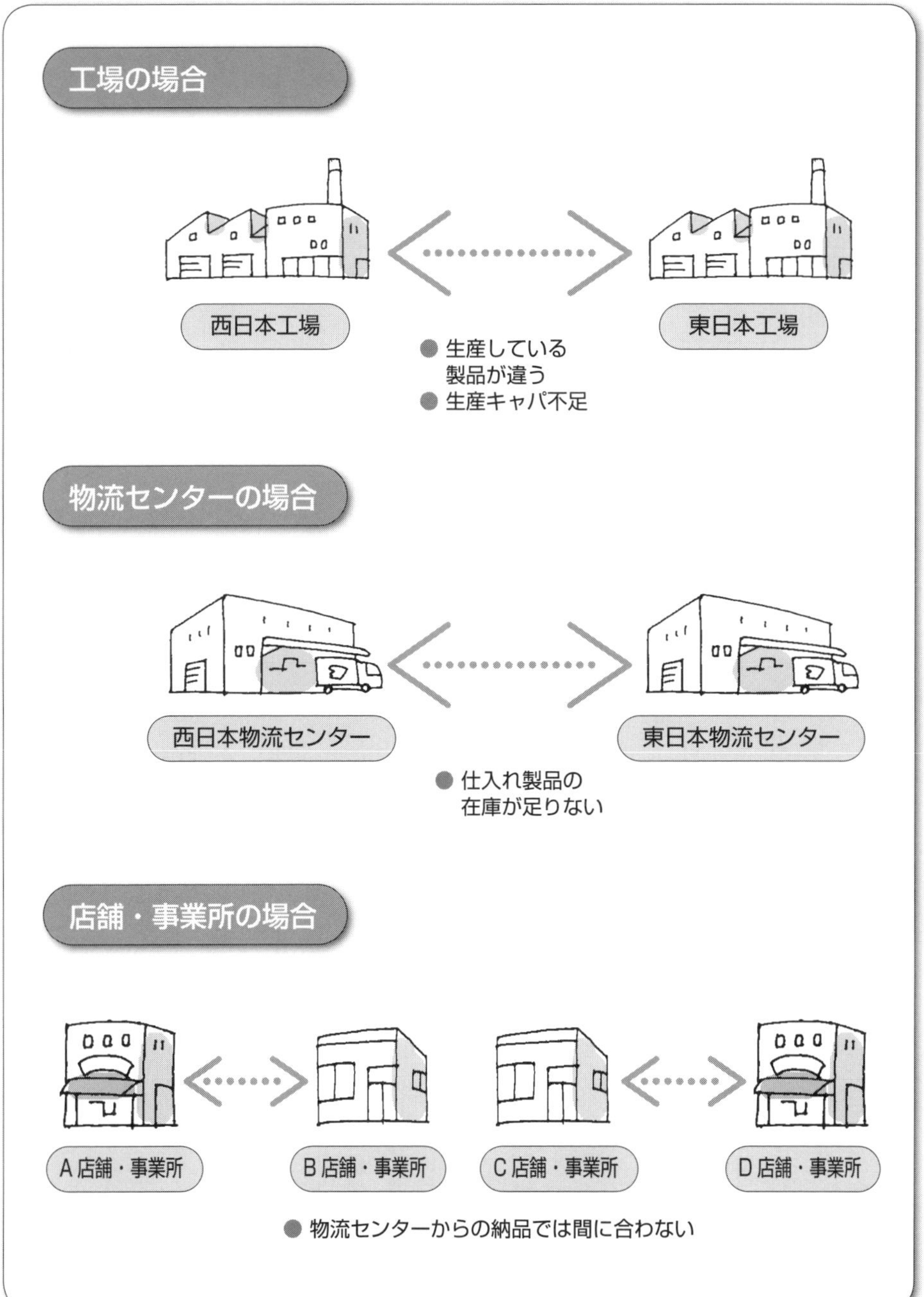

# 8 店舗に商品が並ぶまでの物流

## 販売物流の概要

店舗に商品が並ぶまでの物流には二段階の物流が発生します。一段階目は卸やメーカーの物流センターから店舗に納品されるまでの物流。二段階目は納品された商品を段ボールやオリコンと呼ばれる箱状の通い箱などから商品を取り出し、保管棚や売り場に陳列するまでの物流です。前者は主に物流を委託された物流事業者が行いますが、後者は基本的に店舗スタッフが行います。

しかし最近では店舗側の物流業務の負担軽減と中小物流事業者のサービス向上から食品、日用雑貨などの業界を中心に陳列と先入れ先出しを考慮した保管棚や冷蔵庫内までの納品を物流業者が担うようになってきています。

また店舗に商品が届くまでには2つのルートがあります。ひとつは店舗数の少ない企業の場合、主に卸、問屋が店舗へ納品します。もうひとつは店舗数が70店舗クラスになるとメーカーからの商品や卸、問屋からの商品が一旦物流センターに集約され、そこから店舗へ納品される場合です。

## 店舗での物流をなくし、〝売り〟に徹する

ある小売業では全物流業務の約24％が店舗での開梱やラベル貼り、陳列、返品処理などの物流業務という統計でした。店舗での物流業務を軽減し、売りに徹する、余計な人員を抱えないという考えの元、販売物流は日々進化しています。今まで店舗で行っていた物流業務を前工程である物流センターで工夫するようになっています。商品ラベル貼り、検品、売り場什器のレイアウトに合わせた出荷などです。大手ＳＰＡ（製造小売）ではこの作業を生産を行っている東南アジアなどの現地で行い、日本の港に到着したコンテナからはすでに店別に仕分けされた状態で商品が届くという方法をとっています。このように店舗物流は小売業の生命線となっており、改善が繰り返されています。特に店舗でのノー検品や海外での検品作業の実現は画期的な進歩といえます。同時に店舗物流でも返品、回収の物流が発生し、オリコン、カゴテナーなどの通い箱の回収や返品、開梱された廃棄ダンボールなどが引き取られています。

## 店舗・売場までの商品の流れ

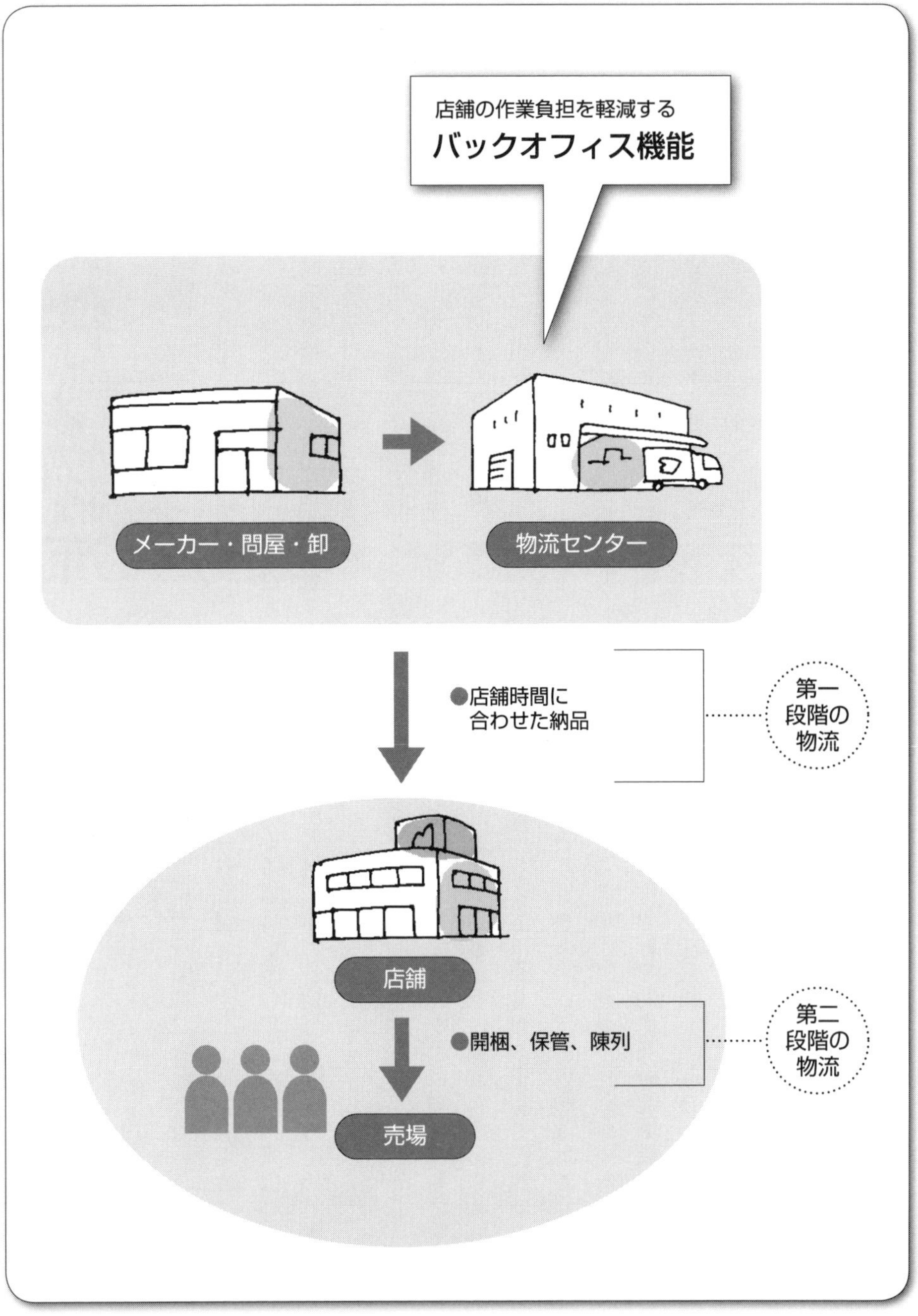

# 9 返品に伴う物流

## どこにでもある〝返品〟と〝回収〟

返品、回収に伴う物流はほぼすべての企業に発生しています。それは〝静脈物流〟や〝リバースロジスティクス〟などと呼ばれ、この物流の最終工程を重要視する企業が増えています。返品は発送元の理由で起こるもの、受け手である納品先で起こるもの、物流事業者によって起こるものの3つに大別されます。発送元の理由によるものでは①送り先間違い②商品間違い③数量間違い④納期遅れなどです。また納品先の理由によるものは①キャンセル②変更③納品されたものに対するクレームによる返品などです。物流事業者によるものは①納品間違い②輸送途中での破損や汚損、濡損などが主な理由になります。循環するという違いがあるものの〝返品〟とよく似たモノの流れに〝回収〟があります。それはパレットやカゴテナー、オリコンなどの通い箱、資材の引き取りや修理などによる機械などの引き取りなどです。今までは返品の多くは回収後の送り先や保管方法、処分方法などのルールが曖昧でしたが、今では環境問題の視点から処分方法が整備されてきています。物流に関心のない企業では営業担当者が引き取ってきた返品を事業所に放置したままになっている場合が多いですが、本来は一旦、物流センターに戻され、本社や担当部署からその処理方法を仰ぐ形になっています。

## 返品、回収がビジネスのコアになる

物流というと〝送る〟ことを中心に考えがちですが、返品、回収の〝戻す〟物流がその企業のビジネスモデルになっている場合も非常に多くあります。例えば衣類や自動車などの中古ビジネス、古紙や鉄製品など資源ゴミのリサイクルビジネスなどは返品・回収が主な物流となっています。また医療分野でも血液検査や成分検査は小型自動車で病院を回って検査物を回収し、航空便によって検査機関に送られ、分析結果をデータ送信しています。このように〝行き〟の物流と同様に〝帰り〟の物流にも大きな経済価値が発生しており、ビジネスモデルのコアともなっています。エコ社会に向けて返品、回収物流はさらに研究されていくものと思われます。

## 返品と回収の流れ

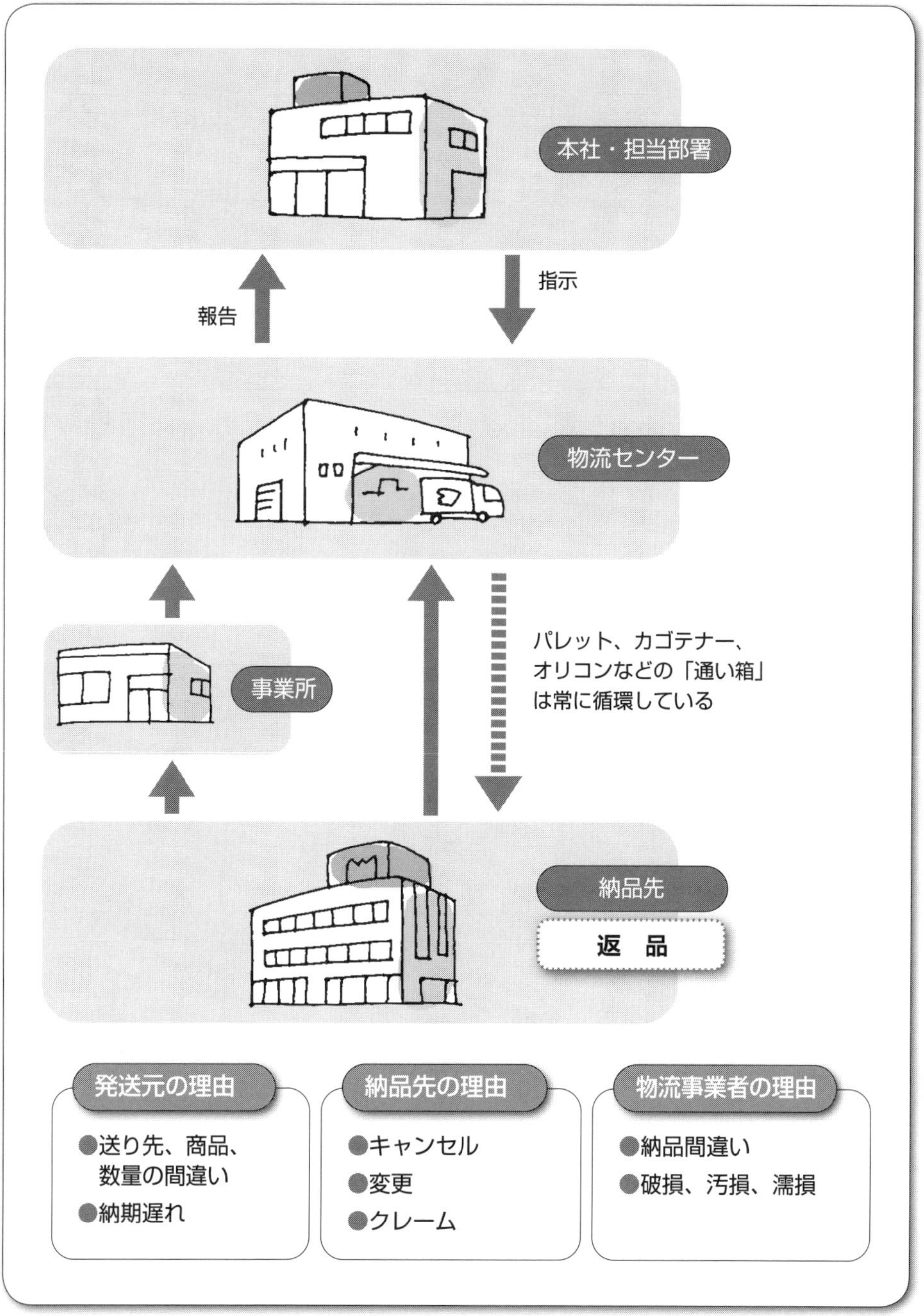
本社・担当部署
報告
指示
物流センター
事業所
パレット、カゴテナー、
オリコンなどの「通い箱」
は常に循環している
納品先
返　品
発送元の理由
●送り先、商品、
数量の間違い
●納期遅れ
納品先の理由
●キャンセル
●変更
●クレーム
物流事業者の理由
●納品間違い
●破損、汚損、濡損

# 10 大規模工場の中の物流

## 大きなスペースの経済活動には物流が発生する

大規模な工場や商業・オフィスビル、病院、レジャー施設などでは移動距離の長さと納品先が多くあることから〝場内物流〟や〝館内物流〟といった呼び方で物流が発生しています。例えば大規模な工場の場合では、生産ラインがある主施設以外に資材庫や保管庫などが敷地内に点在しています。これに対し納品は工場で定められた場所にまとめて納品するケースとそれぞれの専用棟に納品するケースがあります。また自動車メーカーや電機、精密機械メーカーなどでは必要な物を、必要なときに、必要な数だけ、必要な場所に運ぶことで、在庫を持たず、またその分のスペースを必要としない効率的なモノづくりを行っています。生産ラインでは〝水すまし〟と呼ばれる場内スタッフがライン側（そく）まで必要な部品を届け、そのラインで完成したモノを次の生産ラインに届ける作業をし、モノづくりの流れを止めずにスムースなものにしています。また〝タテ持ち〟と呼ばれる業務もあり、これは工場の上下、いわゆるリフトやエレベーターによる別階層への搬入、搬出です。これらには一般的にハンドリフトやカゴ台車などのマテリアルハンドリングが使われています。その他にも棟から棟へ製品や資材などを移動させる物流があります。

## 効率的なモノづくりを支える多回納品と自動補充システム

工場での効率的なモノづくりには部品、資材の多回納品と自動補充システムが欠かせません。ジャストインタイムに部品、資材を供給するには、近隣（約１００ｍ未満）に必要なモノを必要な数だけ必要なときに納品する準備を行う物流センター機能があり、工場での生産ラインでの作業の進捗状況をモニターやリアルタイムのシステム情報を駆使した工程管理に合わせて準備作業が進められています。そうして一日数十台ものトラックが工場と物流センターを行き来する多回納品を行って、工場もしくは専用棟に納品され、その後、検査を受けてライン側まで部品、資材が届くという仕組みになっており、一分一秒単位で物流業務が管理されています。

## 大規模工場内では物流が発生する

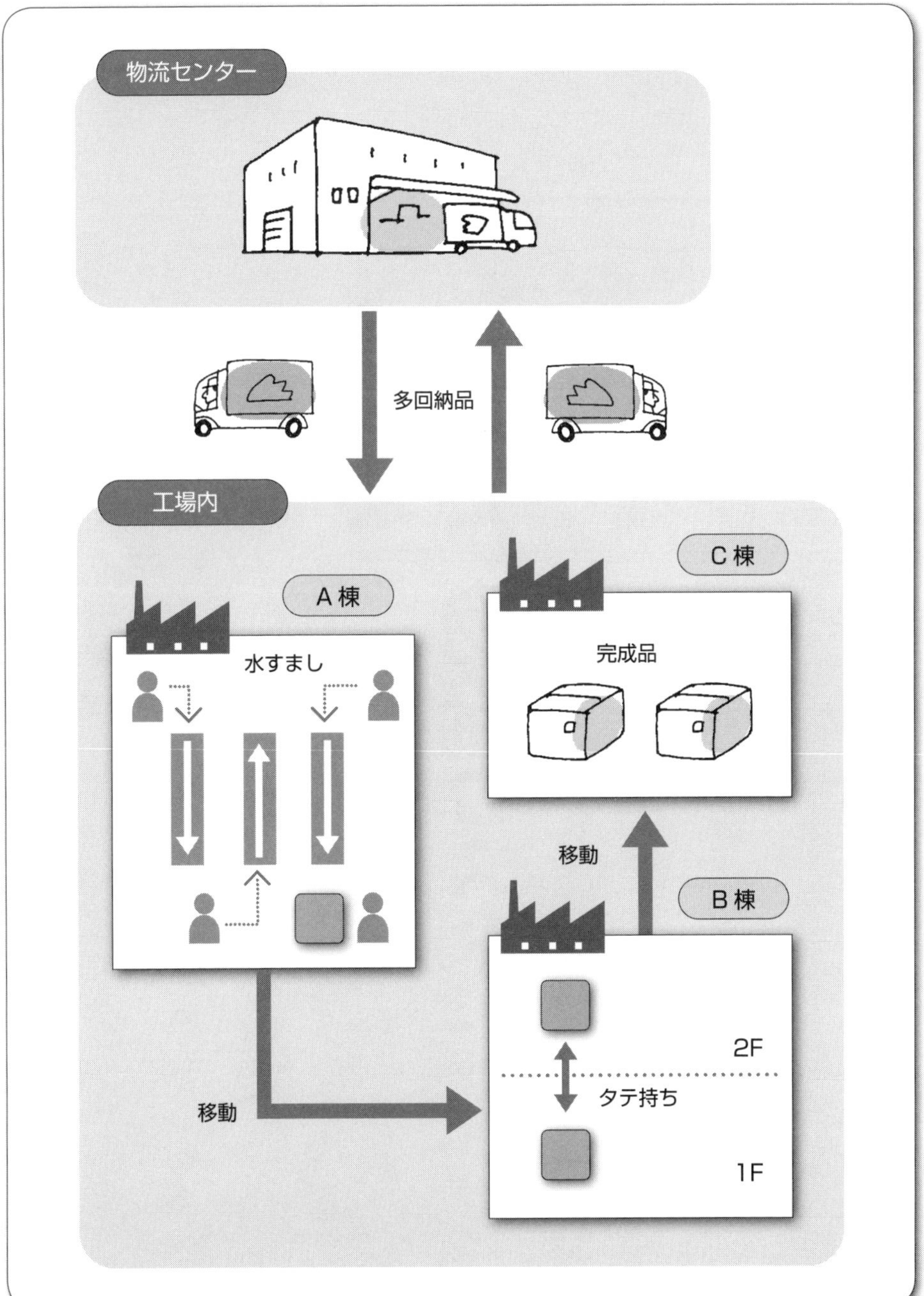

# 3章

# これが物流コストだ

# 1 支払コストだけが物流コストではない

## 物流コストの算出によって見える化を実現

物流を可視化する最も有効な方法として、物流コスト算出があります。これは多くの企業では外部に支払っている運送料や保管料などの支払物流コストを指しています。しかし本来の物流コストには、外部に支払っているコスト以外に社内におけるコストが存在します。この支払物流コストと社内物流コストを合わせて本来の物流コストが判明します。これをトータル物流コストと呼びます。

## 予想外に多い社内物流コスト

支払物流コストは外注の輸配送や借りている倉庫などの費用が中心であり、経理、財務の数字から導き出すことができます。一方、社内物流コストは物流責任者の人件費や受注入力を行うアルバイトの臨時雇用費、営業マンが緊急発注に対して顧客に届ける時間などの人件費、また製品を工場からリフトで出荷場に運び、トラックに積み込む時間などの人件費があり、これらは携わる人員がどれだけの時間を物流業務に費やしたのかという管理（会計）による算出、按分によって分かるのです。手間はかかりますが、いざ算出してみると支払物流コストと社内物流コストが同じくらいの割合で発生していることが判明する場合が多くあります。

## 社内の物流コストは宝の山

業務を外部委託し、アウトソーシングを強く推し進めている企業では支払物流コストが限りなくトータル物流コストに近づいていきます。アウトソーシングを推し進めていない企業の社内物流コストの内容を見ると他の業務と兼務している場合が多く、物流を専門としていないためのスキル不足や業務の生産性が低下、ムダが発生します。

また社内物流コストを算出しない限り、兼務している別の部門の人件費として計算されますのでムダは発覚しません。特に営業マンの物流業務、工場人員の物流業務、事務所での受注処理業務は多くの改善が残されている代表的な業務です。これらを理解している企業は本業特化としてこの業務をアウトソーシングし、支払物流コストとして見える化し、効率を追求しています。

## 物流コストとは支払物流コストと社内物流コストを合わせたコスト

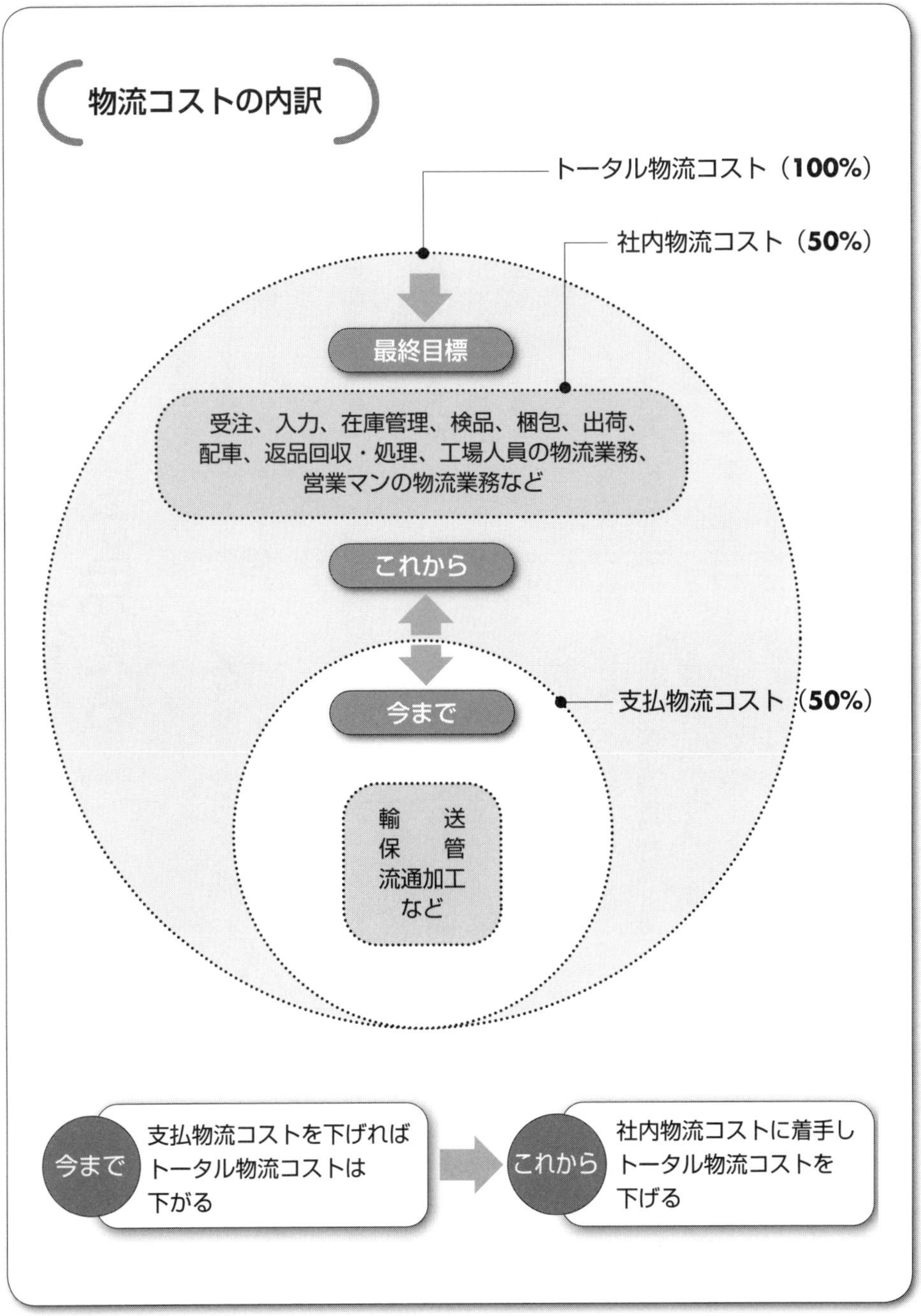

# 2 トータル物流コストが見えてはじめて全体像が見える

## 物流の把握はトータル物流コストの算出から

支払物流コストと社内物流コストを合わせたトータル物流コストを算出することが物流を知る第一歩といえます。特に埋没していた社内物流コストが見える化されることは企業にとって大きな財産となります。多くの企業がその金額の大きさに驚かされることになります。

## トータル物流コストから何が見えてくるのか

トータル物流コストの算出によって何が見えてくるのでしょうか。基本として人件費、配送費、保管費、流通加工費、情報処理費などの金額が見えてきます。更に重要なポイントとしてトータルコストに対して各項目の占める構成比、月々や季節毎による季節波動、支払物流コストと社内物流コストの割合などが見えてきます。

こうしてコスト構成比の高い人件費、配送費の見直しから行い、売上（物量）が変動していても臨時雇用費は一定である場合は人員の見直し、勤務シフトの変更、社内物流業務を外注することなどによるコストの軽減、社員が本業へ特化できるなどの課題、問題点が浮き彫りになり、具体的な見直しへとつながっていきます。

## 算出の方法と注意点

支払物流コストの項目については請求書を基に算出していきます。社内物流コストの人件費は該当人員の人件費に対して物流業務に従事している時間の割合を按分し、算出します。自社で配送している場合は運転手の給料は人件費に振り分け、車両についてはリース料や減価償却費、燃料代保険料、修理代、高速道路使用料などを調べて算出します。その他では倉庫を自社で所有している場合は倉庫建物の償却額を、償却が終わっている建物は他に貸した場合、どれだけの賃料価値となるかとして、保管料の周辺相場料金を用います。その他では物流に関する通信費、システム費、伝票やラベルの印刷代、ガムテープ、ダンボール代などの資材費などが含まれます。これらの算出で大切な事は経理部門と連携を取り、数字を出してもらうことや精度を求めて時間をかけるより、まずは概算レベルで算出し、トータル物流コスト算出表を作成してみることが重要となります。

# トータル物流コストを構成するもの

## トータル物流コスト算出例

（単位：千円）

| | | 基礎データ | 4月 | 5月 | 6月 | 7月 | 12月 | 1月 | 2月 | 3月 | 合計 | 月平均 | 構成比率 |
|---|---|---|---|---|---|---|---|---|---|---|---|---|---|
| | | 物流業務構成比 | | | | | | | | | | | |
| 人件費 | 稼働人数/日 | | | | | | | | | | | | |
| | 管理者 | | 408 | 410 | 406 | 1,055 | 498 | 309 | 838 | 309 | 5,592 | 466 | |
| | 男子社員 | | 434 | 391 | 328 | 341 | 306 | 339 | 269 | 344 | 3,901 | 325 | |
| | 女子社員 | | 302 | 263 | 290 | 340 | 301 | 331 | 272 | 270 | 3,541 | 295 | |
| | パート・アルバイト | | 502 | 452 | 447 | 455 | 645 | 647 | 551 | 587 | 6,161 | 513 | |
| | 小計 | | 1,646 | 1,516 | 1,471 | 2,191 | 1,750 | 1,626 | 1,930 | 1,510 | 19,195 | 1,600 | 34.55% |
| 配送費 | 支払運賃（チャーター） | | | | | | | 55 | | | 55 | 5 | |
| | 支払運賃（路線便） | | 204 | 361 | 401 | 389 | 714 | 601 | 771 | 655 | 6,307 | 526 | |
| | 支払運賃（メール） | | | 16 | 23 | 23 | 32 | 145 | 160 | 87 | 582 | 49 | |
| | 支払運賃（立替） | 加工先請求分 | 23 | 28 | | | | | | | 307 | 26 | |
| | 小計 | | 227 | 405 | 424 | 412 | 746 | 801 | 931 | 742 | 7,251 | 604 | 13.05% |
| 加工費 | 外注加工費（A商品） | | 141 | 300 | | | 4 | 618 | 544 | 524 | 3,905 | 325 | |
| | 外注加工費（B商品） | | 182 | 172 | 163 | 149 | 129 | 149 | 66 | 69 | 1,570 | 131 | |
| | 外注加工費（C商品） | | | | 500 | | 157 | 322 | 223 | 145 | 1,612 | 134 | |
| | 材料費（社内） | | 275 | 310 | 300 | 286 | 779 | | | | 3,714 | 310 | |
| | 材料費（社外） | 梱包・包装・資材 | 44 | 14 | | | 14 | 47 | | | 119 | 10 | |
| | 小計 | | 642 | 796 | 963 | 435 | 1,083 | 1,136 | 833 | 738 | 10,920 | 910 | 19.65% |
| 保管費 | 支払保管料 | | 100 | 100 | 100 | 100 | 100 | 348 | 248 | 248 | 1,744 | 145 | |
| | 自社倉庫費 | | 513 | 513 | 513 | 513 | 513 | 513 | 513 | 513 | 6,156 | 513 | |
| | 倉庫内機器費 | | 488 | 488 | 488 | 488 | 488 | 488 | 488 | 488 | 5,856 | 488 | |
| | リース料 | | 54 | 54 | 54 | 54 | 54 | 54 | 54 | 54 | 648 | 54 | |
| | 在庫金利 | 0.15% | 70 | 76 | 67 | 83 | 179 | 210 | 185 | 150 | 1,622 | 135 | |
| | 小計 | | 1,225 | 1,231 | 1,222 | 1,238 | 1,334 | 1,613 | 1,488 | 1,453 | 16,026 | 1,336 | 28.84% |
| 情報処理費 | 情報処理費 | | | | | | | | | | 0 | 0 | |
| | 事務消耗品費 | | | | | | | | | | 0 | 0 | |
| | 通信費 | 固定電話＋PHS | 21 | 14 | 14 | 19 | 17 | 20 | 19 | 16 | 221 | 18 | |
| | 小計 | | 21 | 14 | 14 | 19 | 17 | 20 | 19 | 16 | 221 | 18 | 0.40% |
| その他 | 水道光熱費 | | 103 | 108 | 77 | 86 | 100 | 75 | 103 | 99 | 1,166 | 97 | |
| | その他雑費 | | | | | | | | | | 0 | 0 | |
| | 廃棄物処理料 | | 226 | 67 | | 67 | | 178 | | 178 | 783 | 65 | 1.41% |
| | 小計 | | 329 | 175 | 77 | 153 | 100 | 253 | 103 | 277 | 1,949 | 162 | 9.42% |
| 合計 | | | 4,090 | 4,137 | 4,171 | 4,448 | 5,030 | 5,449 | 5,304 | 4,736 | 55,562 | 4,630 | 100.00% |
| トータル物流費比率 | | | 10.4% | 10.1% | 11.3% | 9.2% | 12.7% | 6.8% | 9.2% | 6.9% | 8.8% | 8.8% | |
| 売上高 | 売上高 （A商品） | | 30,059 | 27,306 | 24,196 | 31,602 | 28,065 | 26,646 | 31,023 | 34,459 | 336,611 | 28,051 | |
| | 売上高 （B商品） | | 9,369 | 13,760 | 12,586 | 16,652 | 11,595 | 54,014 | 26,540 | 33,982 | 294,032 | 24,503 | |
| | 合計 | | 39,428 | 41,066 | 36,782 | 48,254 | 39,660 | 80,660 | 57,563 | 68,441 | 630,643 | 52,554 | |
| 在庫高 | 在庫高 （A商品） | | 39,834 | 41,754 | 35,584 | 30,636 | 80,659 | 106,155 | 93,356 | 75,531 | 766,626 | 63,886 | |
| | 在庫高 （B商品） | | 6,730 | 8,750 | 9,179 | 24,465 | 38,952 | 33,524 | 29,887 | 24,756 | 314,819 | 26,235 | |
| | 合計 | | 46,564 | 50,504 | 44,763 | 55,101 | 119,611 | 139,679 | 123,243 | 100,287 | ### | 90,120 | |
| 在庫比率 | A商品在庫/売上比 | | | 1.53 | 1.47 | 0.97 | 2.87 | 3.98 | 3.01 | 2.19 | 2.28 | 2.28 | |
| | B商品在庫/売上比 | | 0.72 | 0.64 | 0.73 | 1.47 | 3.36 | 0.62 | 1.13 | 0.73 | 1.07 | 1.07 | |
| | 合計 | | 1.18 | 1.23 | 1.22 | 1.14 | 3.02 | 1.73 | 2.14 | 1.47 | 1.79 | 0.15 | |
| 季節波動 | A商品 | | 1.07 | 0.97 | 0.86 | 1.13 | 1.00 | 0.95 | 1.11 | 1.23 | 12.00 | | |
| | B商品 | | 0.38 | 0.56 | 0.51 | 0.68 | 0.47 | 2.20 | 1.08 | 1.39 | 12.00 | | |
| | 合計 | | 0.75 | 0.78 | 0.70 | 0.92 | 0.75 | 1.53 | 1.10 | 1.30 | 12.00 | | |

| | | 4月 | 5月 | 6月 | 7月 | 12月 | 1月 | 2月 | 3月 | 合計 |
|---|---|---|---|---|---|---|---|---|---|---|
| 支払物流費合計 | | 1,195 | 1,368 | 1,487 | 1,014 | 1,929 | 2,463 | 2,012 | 1,906 | 20,698 |
| 支払物流費比率 | | 3.0% | 3.3% | 4.0% | 2.1% | 4.9% | 3.1% | 3.5% | 2.8% | 3.3% |
| 支払物流費変動指数 | | 0.69 | 0.79 | 0.86 | 0.59 | 1.12 | 1.43 | 1.17 | 1.11 | 12.00 |

**① 人件費**

- ●受注から配送にかかわる人件費の総額
- ●物流部署社員、パート、アルバイト、派遣社員 など
- ●物流部署以外人員の物流業務に従事したコスト
  (例)一般女子社員Ａさんが勤務時間の60％を物流業務(受注入力)に費やしている→(総支給額×0.6＝人件費)
- ●営業マンの配送業務も上記Ａさんの例と同様に物流コストに含む

**② 配送費**

- ●支払運賃：運賃、傭車、宅配便、メール便など請求が出る運賃すべて
- ●センターフィー：販売先等のセンターを使用した際、「使用料」などを支払っている場合
- ●車両費：物流業務に使用する車両などがある場合、その減価償却費、リース料など
- ●車両維持費：「車両費」に該当する車両における保険料・ガソリン代・タイヤ交換料等の維持費

**③ 加工費**

- ●流通加工費：ラベル貼り、パッケージングなどの支払作業費と材料費または自社パート・アルバイトの人件費

**④ 保管費**

- ●自社倉庫費：自社物件における減価償却費
- ●支払保管料：外部賃借倉庫を借りている場合、倉庫料金
- ●支払作業費：入庫料、出庫料、梱包料、仕分け料など
- ●梱包資材費：ダンボール、バック、テープなど梱包材料に関する費用
- ●倉庫内機器費：物流作業に使用するフォークリフト、パレットなどの費用

**⑤ 情報処理費**

- ●物流情報機器費：物流業務に使用するパソコンや受注専用端末、FAXなどの月間リース料など
- ●消耗品費：伝票類、文具類、トナーなどの事務処理にかかる費用
- ●通信費：電話代、郵便代など

**⑥ その他**

- ●事務所費：事務所内総人員÷月間家賃×物流業務を行う人員数にて算出
- ●その他費用：水道光熱費、廃棄物処理料など

# 3 物流コストを上げる三大要因

## 物流コストを上げる三大要因

物流コストを押し上げてしまう3つの要因があります。それは物流の特性である〝ハンドリング〟〝波動〟〝イレギュラー〟と称するものです。〝ハンドリング〟とは、製品などを持ち出したり、収納したり、その他ラベル貼りや積み込み、そして納品など、顧客に届くまでの物流の流れの中で何回その製品を〝触る〟ことになるかで、触れる回数が多ければそれだけの人的作業が発生しており、人件費がかかっているということになります。したがって、手間のかからない簡易梱包や大手小売業の店舗でのノー検品などの取り組みが行われています。また同じ人件費でも国内より中国を中心とした発展途上国の方が安価となるため食品、アパレル業界を中心に流通加工などの人手のかかる業務の海外シフトが増えています。

## 「波動」と「イレギュラー」

物流コストを上げる要因の残りの2つは〝波動〟と〝イレギュラー〟があります。〝波動〟というのは曜日や週、月などによって変動する物量の波のことです。週末や連休に売上が増加する小売業などは木曜日、金曜日に店舗に向けた物量が増加しますし、またアパレル業界では春夏物と秋冬物といった季節商品の入れ替え期になると物流センターでは物量が増加します。また営業政策としての月末納品や期末納品などは、物流現場での増員やトラックの増車などにつながりコストを押し上げてしまいます。特に人員については繁忙期を想定した人数を設定してしまう場合があり、物量が少ないときに人員が余りコストが上がるケースもしばしばあります。

次に〝イレギュラー〟についてですが、通常取り決めているルールに基づいて運営されている業務をレギュラー業務と位置づけるとすると、時間外受注や出荷、緊急出荷、キャンセル、送り先の変更などを〝イレギュラー〟業務として分類します。このイレギュラー業務は作業の手間を増やすことになり、残業時間の発生、増加や割高な緊急便を用意するなどのコストアップにつながります。

このように物流の特性における3つの要因がコストを押し上げることにつながっているのです。

## 物流コストを上げるイレギュラー業務

### イレギュラー業務の要因分析フォーマット（例）

| 処理内容 | 要因 | 責任の所在 | 補足 |
|---|---|---|---|
| 欠品対応 | 在庫数量が合わない | | 棚卸誤差 |
| | 納品遅れ | | |
| | 商品不良 | | |
| | 納品モレ | | |
| | 別商品振替 | | |
| | 紛失 | | |
| | 商品破損 | | |
| 誤出荷対応 | 入力ミス | | |
| | ピッキングミス（作業ミス） | | ピッキングと検品人員が同じ場合 |
| | 検品モレ | | ピッキングと検品人員が別の場合 |
| 事故品（不良品）対応 | 入荷時不良 | | |
| | 破損 | | |
| 作業のやり直し | ピッキングミス（作業ミス） | | |
| | 作業案件違い | | |
| | 作業方法の変更 | | 実施前 |
| | 規定外の指示ルート | | |
| 荷崩れ対応 | コンテナの積み方 | | |
| 追加発注 | 規定外の発注方法 | | 時間外・方法 |
| | 規定数量の超過 | | |
| 作業開始待ち | （指示）データ未着 | | |
| | 入荷遅れ | | |
| | 伝票作成遅れ | | |
| | 指示変更 | | |
| | マテハン機器の故障 | | |
| | 商品破損 | | |
| 梱包商品の棚戻し・仮置き | 出荷指示 | | |
| | 出庫数量が合わない | | |
| | 納入遅れ | | |
| 再入力業務 | 出荷行き先変更 | | 旧出荷削除後再入力 |
| | 出荷数量変更 | | 個数入力変更 |
| | 出荷キャンセル | | EDI 入力削除作業 |
| 予定数量格差対応 | （変更）データ未着 | | |
| その他規定外対応 | 規定外報告 | | 頻繁時の電話対応など（度合は担当者判断） |

# 4 ヒトにかかるコスト

## 輸配送における人件費

輸配送業務における人件費はほぼドライバーの人件費といえます。輸配送を物流会社に委託している場合は支払運賃に含まれますが、自社で配送を行っている場合では給料の他に賞与、法定福利費、労働保険料、福利厚生費、交通費などが含まれます。目安として自社配送にかかる他の燃料費やリース及び減価償却費、車検を含む修理費、高速道路代などの総コストに対して人件費を50％未満に抑えることができるかが採算が合うか合わないかのポイントになります。また物流会社の場合でも総コストの50％未満の人件費であれば黒字、50％以上となっていれば赤字という傾向が強くなっています。

## 物流センターなどの現場作業における人件費

物流センターにおける入荷作業やピッキング、梱包やラベル貼り、検品、出荷作業における人件費はコストダウンの取り組みが進んでおり、センター長と管理者を除く人員はパート・アルバイトが中心となって作業を行っています。物流センターにおける理想の非正規社員比率（派遣含む）は80～90％といわれており、勤務シフトの調整や採用、募集、キャリアプランの作成や空調などの環境対策、教育制度などがパート・アルバイトを戦力化する鍵となっています。センター運営以外にもリフト作業、返品処理作業、物流機器などの設備、施設のメンテナンス作業などにも人件費がかかっています。

## 事務などにおける人件費

予想外にかかっている人件費が事務作業の人件費です。受注対応を行っている人員や伝票作成などのパソコン入力を行っている人数の割合が大きく、ここでもパート・アルバイトや派遣、外注化などによるコストダウンの取り組みが進んでいます。更にシステム化による業務の簡素化や手書き・転写作業の削減により、人件費の削減と同時に記入ミスの撲滅も図ることができるのですが、経営において物流へのシステム投資の優先順位が低いため旧態依然という場合も多くあります。このように物流は機械化やシステム化が進んでいても、いまだヒトが多く介在しなければならない労働集約産業といえます。

## 人件費の種類

### 輸配送における人件費

- 総コストの
約50%未満に抑える
ことがポイント

### 物流センターなどの現場作業における人件費

- 利益を出すには
非正規社員比率が
80～90%と
なることが理想

### 事務などにおける人件費

- 受注入力スタッフの
人件費を抑えることが重要

# 5 運ぶことにかかるコスト

## 貸切り、ルート配送などの配送費

配送費の中で大きな構成比を占めるものが地場の区域物流会社による4t車、10t車、増トン車などの中型、大型車両で拠点間を輸送する幹線運賃と、2t車、3t車などの小型車で一定の配送コースを回るルート運賃があります。またこれらの運賃設定には月額の運賃、重量当り運賃、個当て、商品単価当り何%という従価運賃の決め方があり、その他にはドライバー派遣などによる時間当り運賃などがあり、物量と輸送距離、荷姿と重量もしくは容積、納品件数と走行時間などによってその設定方法を物流会社と話し合い決定します。

## 宅配便などの小口配送費

通販業や小口での納品が多い企業では通称〝宅配便〟などと呼ばれている路線会社（特積会社ともいう）への配送費が最も大きな構成比を占めています。これらは一般消費者に届ける場合や代金引換が発生する場合、企業向けの物流で物量がまとまらなかったり、遠隔地に納品先がある場合に多く用いられます。運賃設定は重量と輸送距離の2つの要素でつくられたタリフと呼ばれる運賃表があり、これを基にして決定されています。物量が多い一部の企業ではどの地域でも同じ料金という一律料金制を導入しているところもあります。これらの〝配送費〟は人件費と並んでトータル物流コスト全体の中で構成比を大きく占めており、割合の多い企業では50%以上、小さな企業でも約35%くらいになっています。

## 特性別に見た配送費

販売にかかる配送費はおおよそ全配送費の80%弱を占め、引き取りや納品側運賃負担（着払いなど）が同じく5%、拠点間の移動、いわゆる横持ちと呼ばれる配送が10%強を占めています。また最近、注目されるようになったリサイクルや廃棄などの回収にかかるコストは3～5%を占めており、増加していく傾向です。これらの特性別に見た配送では拠点間（横持ち）配送にかかるコストと回収にかかるコストの一部は付加価値を生んでいない物流、または未然に防ぐことができた物流があり、これらを見直し、改善することで配送費を削減できます。

## 配送コストはモノの動きと同時に発生する

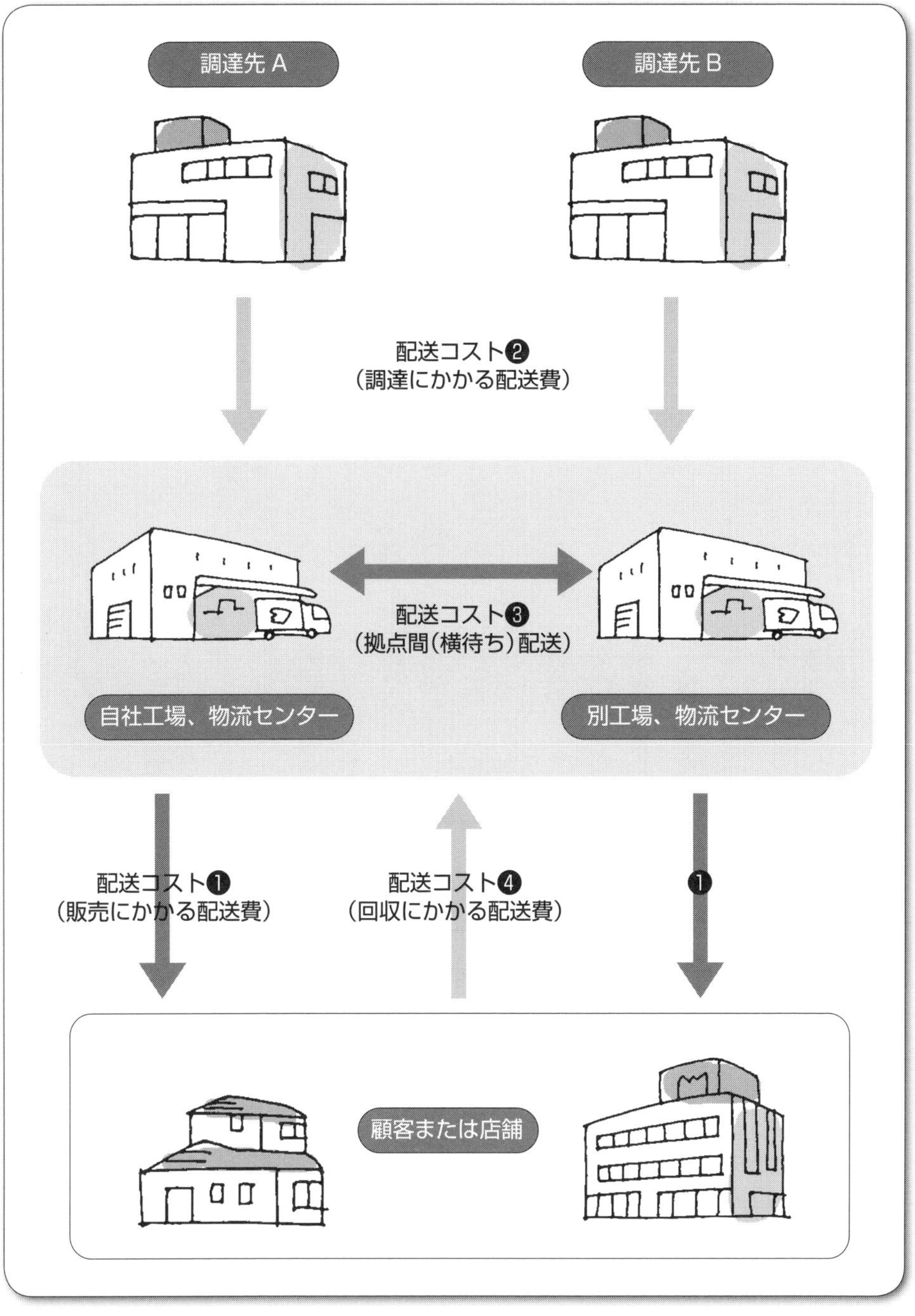

# 6 置いておくことにかかるコスト

## 保管にかかわるコスト

一般的に人件費、配送費と並んでコスト構成比の高いものに「保管費」があります。これは大きく2つに分かれ、ひとつは外部の物流会社の倉庫を借りている場合に発生する賃借料で、支払保管費として計上します。もうひとつは自社の土地、または親会社などの土地を賃借して倉庫や物流センターなどを建てている場合で、建物の減価償却費と賃借料を自社保管費として計上します。減価償却が終了した場合、自社保管費をゼロとするケースもありますが、厳密には土地、建物の有効利用の視点から〝貸した場合の賃料〟として周辺相場の賃貸料を計上しておくと、よりコスト競争力強化につながります。

## 在庫型センター・倉庫におけるコスト

在庫を持つ場合の保管費は製品などのモノそのものを保管する面積と入庫や出庫などの作業に必要な通路面積などを合算する場合が一般的です。通常、月間当りの使用面積（坪数）で料金が設定されていますが、それ以外ではパレット当り料金、重量当り料金、ロールボックスやカゴテナーなど収納機器1個当り料金などがあります。

支払保管費には入庫料、出庫料そして流通加工費など在庫するモノにかかる作業コストも含まれています。

## 通過型センター・倉庫におけるコスト

食品の日配品や輸入品の仕分けなど物流センターや倉庫を使用するものは、入庫したものを在庫せずそのまま出庫させるので保管料は発生しませんが、仕分けやピッキング、値札づけの作業料は発生します。また宅配便などの路線物流会社はハブ構造の輸送インフラにおいて通過型センターを輸送インフラの核としていますが、方面別仕分けのコストは支払運賃の中に含まれています。

## 保管コストを押し上げるもの

保管期間が一定期間以上経過しているデッドストック（死に筋在庫）やスリーピングストック（時々動く在庫）、高さを有効活用できていない積みつけ、そして返品の処理を行っていない物の保管がコストを押し上げており、これらは需要予測や適正在庫量と発注点の設定など在庫管理の仕組みとも大きく関連しています。

## 保管コストと押し上げる要因

### 在庫型センター・倉庫

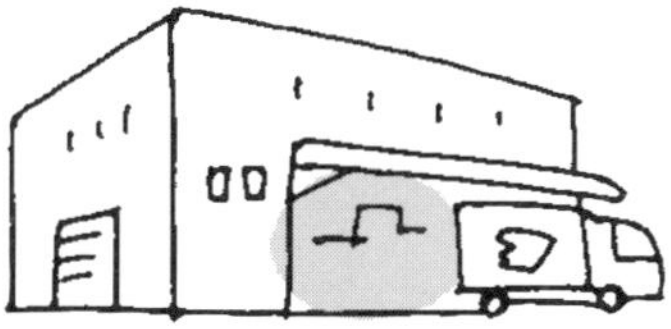

- 保管料
- 入・出庫料
- その他作業料

### 通過型センター・倉庫

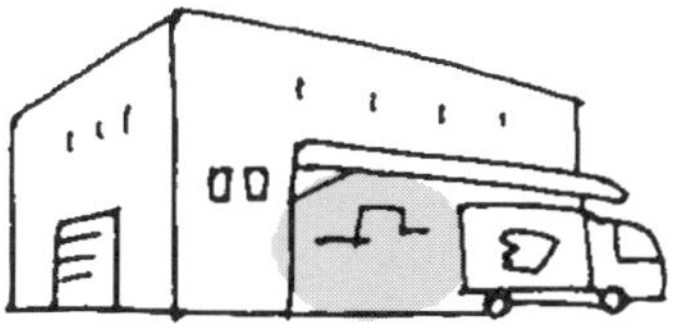

- 仕分け、ピッキング、値札づけなどの作業料

### 保管コストを押し上げるもの

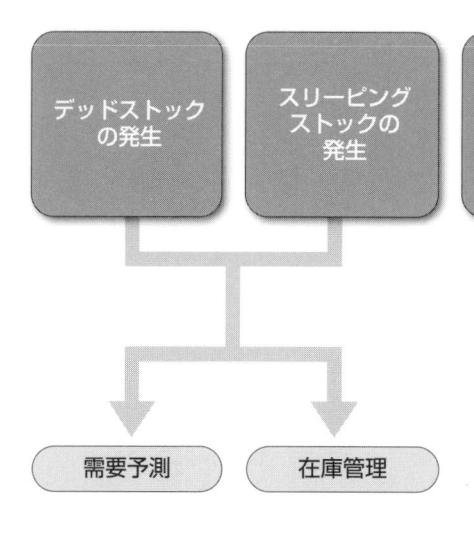

- デッドストックの発生
- スリーピングストックの発生
- 保管効率（高さの活用）の悪い積みつけ
- 返品の処理遅れ

デッドストックの発生・スリーピングストックの発生 → 需要予測、在庫管理

# 7 情報にかかるコスト

## 情報にかかるコストとは?

トータル物流コストに占める情報処理費は大半の場合、全体の数%とわずかですが、その範囲は多岐にわたります。例えば電話・FAXなどの通信費からADSL、光回線などの回線料、取引先とのEOS、EDIなどのオンラインコスト、伝票・ラベル作成にかかる紙、インク、トナー代なども含まれ、物流に使用しているパソコンやプリンターなどのリース料なども情報処理費となります。また受発注システム、在庫管理システムの導入コスト、ASPサービス利用額も情報処理費に含まれます。

## 情報処理費の分担

大手企業を中心に出荷指示、伝票発行などはオンラインが中心となっており、これら基本的な情報システムにかかるコストは一般的に取引をはじめる物流会社などが負担をします。しかし物流会社側からの提案や業務改善のための新たな導入による在庫管理、倉庫管理システムなどは荷主企業側が一部負担する場合もあります。

## 情報コストの割合が示すもの

最近では大手、中小をはじめ多くの企業が物流分野での情報システムやツールを開発しており、安価で品質の高い製品を市場に投入しています。しかしながら情報処理費がトータル物流コストの中で占める割合は数%にも満たない企業が多く、これは物流が労働集約型の業務であり、作業の平準化が難しいことを示しています。また情報システムを導入しても長期的な効果を見い出せず、業務を受託する物流会社側が導入する場合でもその投資コストが受託料金・契約期間から回収できるかがわからないという理由から情報システムの導入を控える場合が多くありません。その反面、IT化が進み、ASPサービスなどの初期投資のかからないものや、開発コストを抑えた安価な情報システムが手に入るようになっており、物流の高度化には欠かせない情報システムの導入は今後、徐々に進んでいくものと思われます。いずれにせよ情報処理費の割合の小ささはシステム化が難しい業務であるという特性があるという反面、IT化が遅れているという課題を浮き彫りにしているといえるでしょう。

## 情報にかかるコストは広範囲

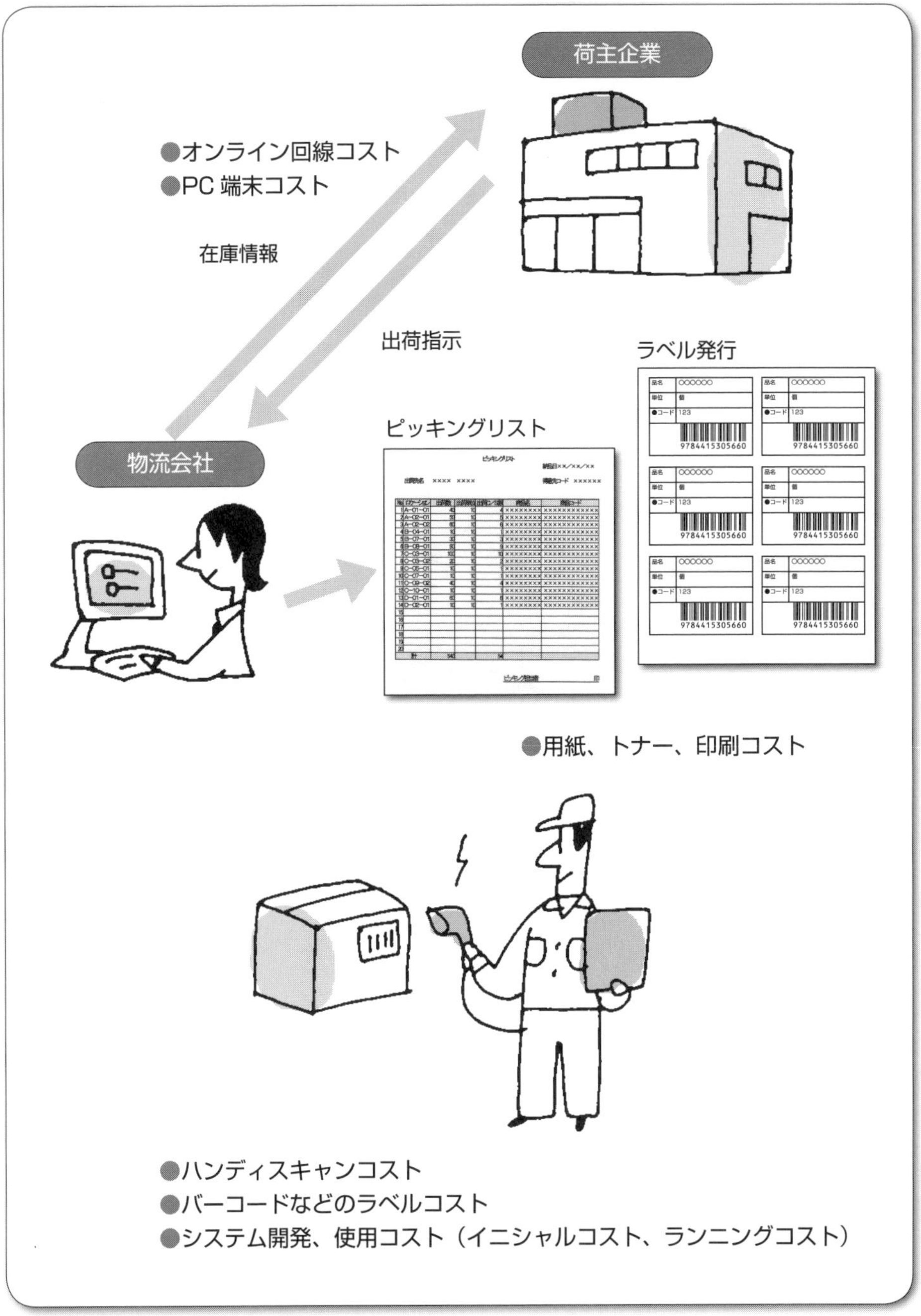

# 8 組み立てたり、貼りつけたりする作業にかかるコスト

## 流通加工にかかわるコスト

物流における〝流通加工〞の作業範囲は広く、高い技術を必要としない簡単な部品の組み立てやラベル、値札の貼りつけ、段ボールケースから小口パッケージへの詰め替え、輸入品の品質検査や出荷品の検品など多岐にわたっています。また最近では生産の過程で行われていた後工程の作業が物流に移管される場合もあります。流通業における卸や大手食品スーパーなどではプロセスセンターと呼ばれる鮮魚の解凍、解体や盛りつけ、惣菜の調理、パッキングなどの加工を物流センターと併設して行っています。またアパレル業界での流通加工は検針、染み抜き、ハンガー掛けなど流通加工の工程の数が他の業界と比較して多く発生しています。精密機械、通販などの業界でもいくつもの検査工程や小口仕分け、ラベル作成など多くの作業が発生する業種であり、結果的に流通加工費が多くかかっています。

## 流通加工費の割合

〝流通加工〞の示す作業範囲が広いことから業種・業態、企業でその割合はまちまちです。また流通加工費が発生しない企業もあり、多くの流通加工が発生する企業では更に物流会社から内職などの外部に再委託している場合もあります。流通加工が多く発生する企業ではトータル物流コストのおおよそ10～15％を占めています。

## 流通加工は外部委託と非正規社員対応が中心

流通加工の作業はパート・アルバイト、派遣などの非正規社員が中心となって対応する場合と外部に委託される場合があり、その際は外注費として計上されています。またこれらの業務を受託している請負会社や物流会社では、かかるコストの約90％はパート・アルバイトによる人件費となっており、残りの約10％は設備における減価償却費とシールや梱材などの資材費となっています。また委託費の料金設定は1個当り、1ケース当りのように個建て料金で設定されており、依頼側は物量や仕事量に応じた変動費ととらえています。一方、受託側の物流会社などは作業品質を維持しながら、いかに人員の生産性を上げるかが利益化のポイントになっています。

## 流通加工にかかるコスト

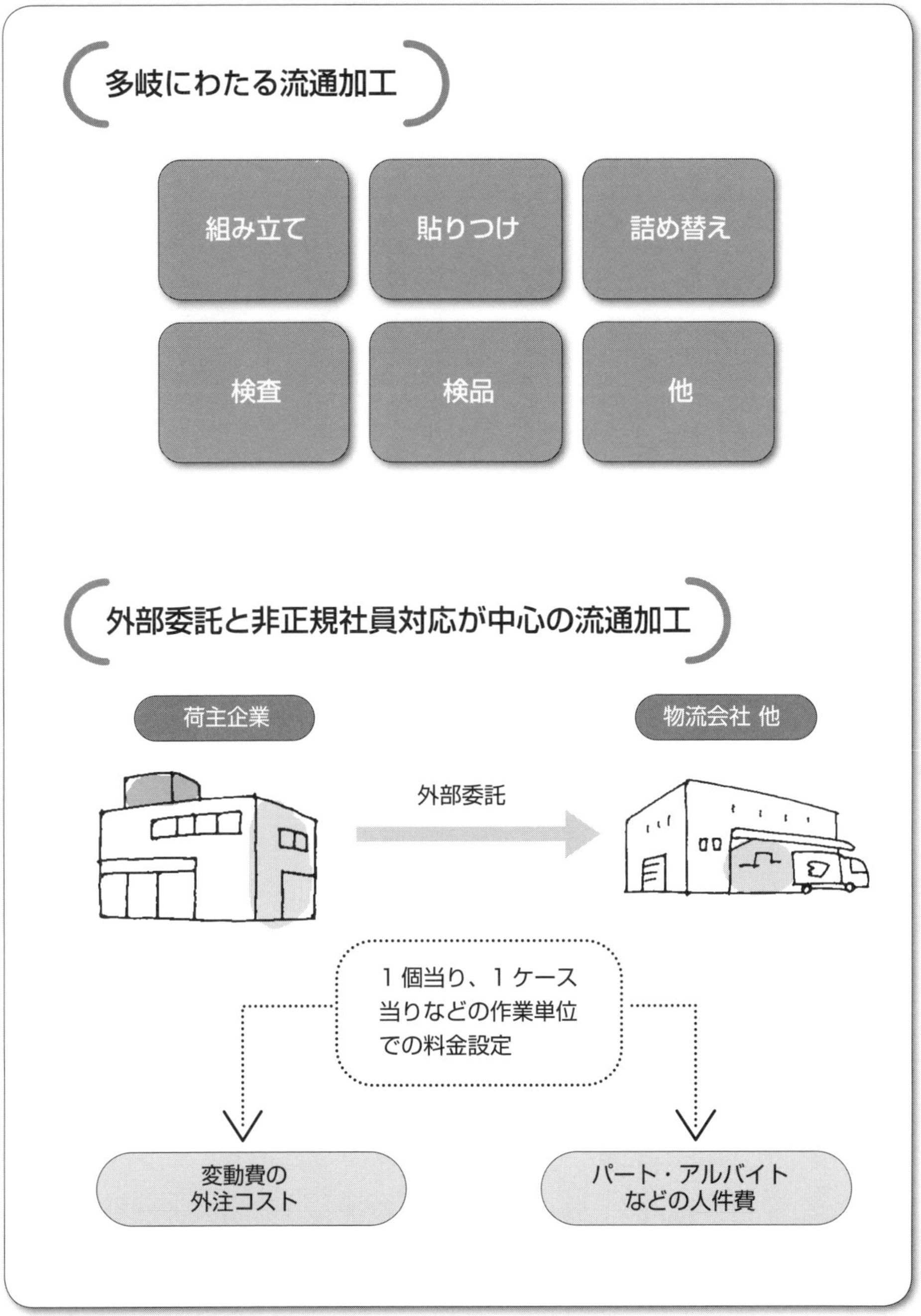
多岐にわたる流通加工
組み立て
貼りつけ
詰め替え
検査
検品
他
外部委託と非正規社員対応が中心の流通加工
荷主企業
物流会社 他
外部委託
1個当り、1ケース当りなどの作業単位での料金設定
変動費の外注コスト
パート・アルバイトなどの人件費

# 9 顧客の物流センターを使用するときにかかるコスト

## センターフィーと呼ばれる物流コスト

センターフィーとは小売業の物流センターにメーカー、問屋が納品する際の小売業に対して支払う物流業務委託費のことで各メーカーや問屋がそれぞれ店舗に納品していた配送を物流センターから小売業側が配送を行うというものです。一般的には納品する側のメーカーや卸では物流コストとしては顕在化しておらず、値引きや販促費、支払手数料として処理されています。それは取引を行うためには納品する得意先の物流センターを使用しなければならないという取引条件となっているからです。

## センターフィーの設定基準

センターフィーの設定基準には大きく2つあり、ひとつは単品毎に対する納品回数や荷姿などからセンター内の作業コストと保管コスト、配送コストがどれくらいかかるかを算出し、単品の仕入価格にパーセンテージを反映させるというアプローチと、もうひとつは今まで各店舗に納品していた配送コストが一括納品でどれくらいのコストダウンとなるのかというアプローチがあります。

前者があるべき姿ではありますが、算出に手間がかかるため後者のアプローチを行う企業が多いようです。更に納品する製品の状態によっても料率が異なります。それは店別仕分け済みか否かや、流通加工済みか否かによって物流センター内での作業量が変化することによるためです。また広範囲エリアをカバーする物流センターではそれだけ料率が高く設定されることになりますが、実際はメーカー、卸との力関係、交渉によって決められており、企業秘密として一般には口外されていません。

## センターフィーの使い道

大手小売企業などでは徴収したセンターフィーをセンター内の作業人件費や委託費そして配送に伴う運賃、土地、建物の賃借料などの運営費全般にあてられます。また大手小売業などは物流センターをコストセンターではなくプロフィットセンターとして位置づけており、センター通過品を増加させるなどの取り組みを積極的に行っており、物流の集約化による利益化が多店舗展開企業の最重要テーマとなっています。

## 物流業務委託で発生するセンターフィー

### センターフィーとは

一般に小売業の物流センターにメーカー、問屋が納品する際の小売業に対して支払う物流業務委託費のこと。

下代（仕入）総額に対しての比率で決定される。

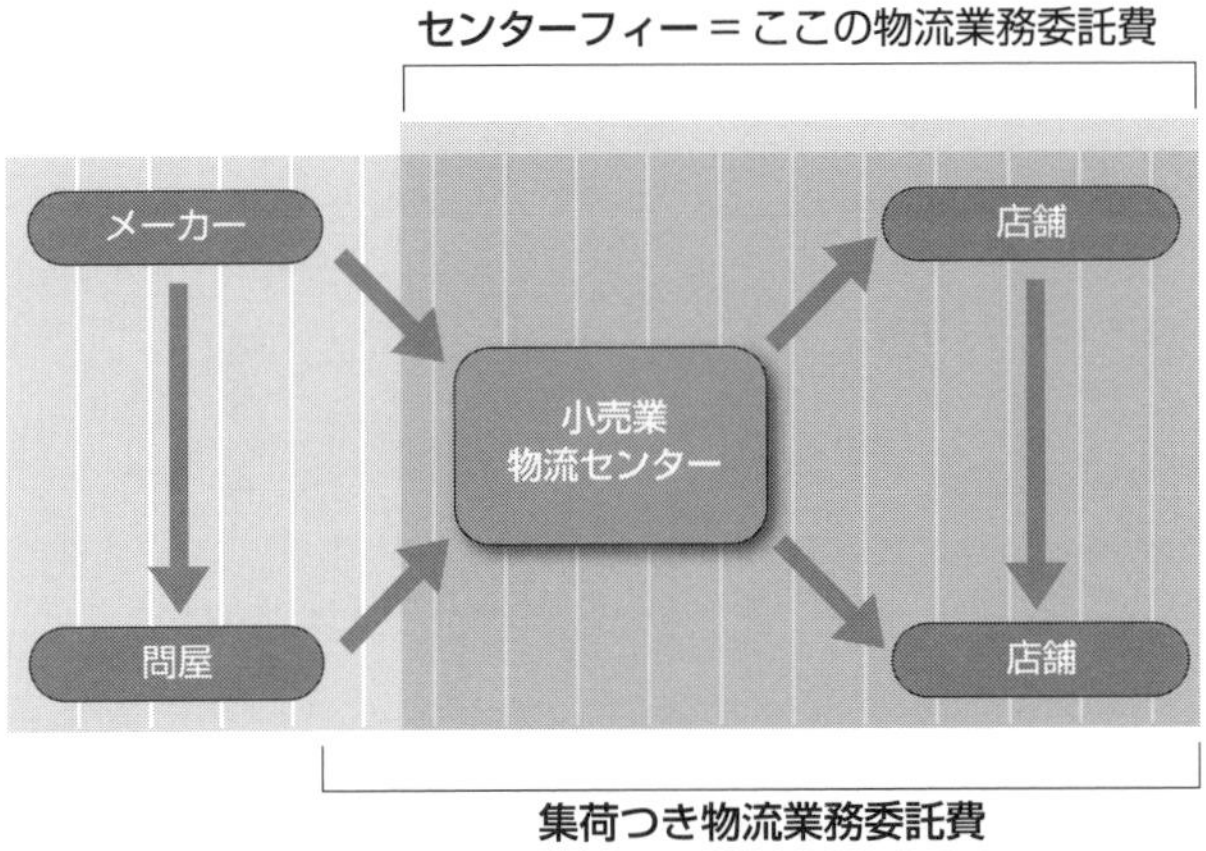


| 業種及び企業名 | | センターフィー | | 荷姿 |
|---|---|---|---|---|
| 食品 | D社 | パン | 10%+盤重使用量 | 方面別仕分け済み<br>(問屋及びメーカー担当) |
| | | グロサリー | 6〜8% | |
| | | コカ・コーラ | 8% | |
| | I社 | | 4〜6% | 〃 |
| | F社 | メーカー品 | 10〜12% | 〃 |
| 衣料品 | D社 | シャツ | 5% | 〃 |
| | | 子供服 | 4.6% | 〃 |
| | | アウター | 5%以上 | 〃 |
| 住関連 | D社 | ハードライン | 3.7% | 〃 |
| | K社 | | 4% | 〃 |
| | D社 | | 5〜6% | 〃 |
| その他 | T社 | | 2.3%（集荷つき4%） | 〃 |
| | M社 | | 4%（交渉中） | 〃 |
| | 物流企業 | | 問屋→小売までの共配フィー<br>仕分けなし<br>仕分けあり | 左記 |
| | 食品商社 | | 3〜4% | 方面別仕分け済み |
| | 医薬品卸 | | 3.5〜3.8% | 〃 |

# 10 物流コストの展開とその活用

## 改善の優先順位となる〝構成比〟

トータル物流コストにおける三大コストは人件費、配送費、加工費と合わせた保管費です。したがってコストダウンの取り組みにおいてもこの三大コストを優先することが、時間対効果、費用対効果においても正攻法といえます。全体の約80％強を占める三大コストは構成比が大きいことから第一期、第二期というように一定の期間を空けながらも継続して見直し、改善を進める企業が多いのが実情です。

## 人件費などの波動吸収が必要となる季節変動

コスト項目の構成比のチェックと同様に重要なコスト管理としては季節毎、月毎の売上と物流コストのバランスがあります。繁忙期と閑散期という大きな見方より、更に詳しく月単位でコストの変動を見ていくことが必要です。よく見受けられるのが人件費、配送費、保管料（加工費含む）の三大コストが売上の多い月でも少ない月でもあまり変化がないという企業です。これは売上の多い月、物量の多い月に人員や車両、保管などの運営のキャパシティを設定しており、売上、物量減少の月にはそれらを余らせてしまっているということです。売上、物量が減少しても固定した社員数で運営している場合は物流コストが高くなります。また売上が減少しても配送ルートや車両台数、仕入量の見直しを行わない場合、配送料、保管料が変化しないという現象がよく起こります。このように月別の売上変動が多い企業では三大コストを固定費から変動費に変えることが必要であり、繁忙期に設定している人数、車両台数、保管面積などの値を見直す日別、週別、月別の適正規模の設定が不可欠です。

## その他の展開と活用

トータル物流コスト表に月々の在庫高を加えることで在庫回転率や売上に対して在庫が多い、少ないなどの判断ができるようになります。また株式公開企業では有価証券報告書をホームページなどで閲覧することができるため、トータル物流コストの中の〝支払物流コスト〟に関しては自社と比較することが可能であり、同業他社やモデル企業とのベンチマークを行うことができます。

## 物流コスト表の例

### 構成比

| | | 合計 | 月平均 | 構成比率 |
|---|---|---|---|---|
| 人件費 | 稼働日数／日 | | | |
| | 管理者 | 5,592 | 466 | |
| | 男子社員 | 3,901 | 325 | |
| | 女子社員 | 3,541 | 295 | |
| | パート・アルバイト | 6,161 | 513 | |
| | 小計 | 19,195 | 1,600 | 34.55% |
| 配送費 | 支払運賃（チャーター） | 55 | 5 | |
| | 支払運賃（路線便） | 6,307 | 526 | |
| | 支払運賃（メール） | 582 | 49 | |
| | 支払運賃（立替） | 307 | 25 | |
| | 小計 | 7,251 | 604 | 13.05% |
| 加工費 | 外注加工費（A 商品） | 3,906 | 325 | |
| | 外注加工費（B 商品） | 1,570 | 131 | |
| | 外注加工費（C 商品） | 1,612 | 134 | |
| | 材料費（社内） | 3,714 | 310 | |
| | 材料費（社外） | 119 | 10 | |
| | 小計 | 10,920 | 910 | 19.65% |
| 保管費 | 支払保管料 | 1,744 | 145 | |
| | 自社倉庫費 | 6,156 | 513 | |
| | 倉庫内機器費 | 5,856 | 488 | |
| | リース料 | 648 | 54 | |
| | 在庫金利 | 1,622 | 135 | |
| | 小計 | 16,026 | 1336 | 28.86% |
| 情報処理費 | 情報処理費 | 0 | 0 | |
| | 事務消耗品費 | 0 | 0 | |
| | 通信費 | 221 | 18 | |
| | 小計 | 221 | 18 | 0.39% |
| その他 | 水道光熱費 | 1,166 | 97 | |
| | その他雑費 | 0 | 0 | |
| | 廃棄物処理料 | 783 | 65 | |
| | 小計 | 1,949 | 162 | 3.50% |
| 合計 | | 55,562 | 4,630 | 100.00% |

### 季節変動

| | 基礎データ | 4月 | 5月 | 6月 | 7月 | 8月 | 9月 | 10月 | 11月 | 12月 | 1月 | 2月 | 3月 | 合計 |
|---|---|---|---|---|---|---|---|---|---|---|---|---|---|---|
| | 物流素材構成比 | 物流コスト | | | | | | | | | | | | |
| 季節波動 | A 商品 | 1.07 | 0.97 | 0.86 | 1.13 | 0.64 | 1.49 | 0.52 | 1.03 | 1.00 | 0.95 | 1.11 | 1.23 | 12.00 |
| | B 商品 | 0.38 | 0.56 | 0.51 | 0.68 | 0.35 | 2.33 | 1.13 | 0.91 | 0.47 | 2.20 | 1.08 | 1.39 | 12.00 |
| | 合計 | 0.75 | 0.78 | 0.70 | 0.92 | 0.50 | 1.88 | 0.81 | 0.97 | 0.75 | 1.53 | 1.10 | 1.30 | 12.00 |

### 在庫

| | | 合計 | 月平均 |
|---|---|---|---|
| 売上高 | 売上高（A 商品） | 336.611 | 28,051 |
| | 売上高（B 商品） | 294,032 | 24,503 |
| | 合計 | 630,643 | 52,554 |
| 在庫高 | 在庫高（A 商品） | 766,626 | 63,886 |
| | 在庫高（B 商品） | 314,819 | 26,235 |
| | 合計 | 1,081,445 | 90,120 |
| 在庫比率 | A 商品在庫／売上比 | 2.28 | 2.28 |
| | B 商品在庫／売上比 | 1.07 | 1.07 |
| | 合計 | 1.71 | 1.71 |

# 4章

# 物流サービスとは何か

# 1 物流サービスの特徴と種類

## 物流サービスは無形のサービス

一般的に〝商品〟というと形がありますが〝サービス〟となるとその多くは形のないものが大半であり、物流サービスも同様です。物流サービスには「時間」や「人手、手間」における利便性を追求したものが多く見受けられます。ＢｔｏＢにおけるサービスでは〝代行〟に対するマーケットや需要に対応していることが特徴といえるでしょう。ＢｔｏＣにおける物流サービスでは付加価値としてその多くは料金に転化されていますが、ＢｔｏＢにおける物流サービスでは同業他社との差別化という意味合いなどから既存料金に含まれていたり、明確に料金に転化されていない場合があります。

## BtoCの物流サービス

ヤマト、佐川急便などの大手特積会社（または路線会社）などは宅配便といわれる一般ユーザーへの物流サービスを強化しています。ヤマトは時間指定サービスやゴルフなどのレジャーにおける宅配サービスを行っているのに対して、佐川急便では通販など代金回収でのクレジットカードサービスなどを行っています。大手特積会社各社が共通して行っているサービスには常温、冷蔵、冷凍の三温度帯サービス、引越しサービス、海外物流企業との提携による海外宅配サービスなどがあります。

## BtoBの物流サービス

法人向け物流サービスに関しては、大手特積会社が提供するパッケージ化されたサービスと地場、区域物流会社が提供する荷主の細かな要望、ニーズに合わせた運営方法を組み立てるオーダーメイドのサービスがあります。大手特積会社のパッケージサービスでは資源ゴミの回収サービス、重要機密書類などの輸送、保管するセキュリティサービスなどがあります。また地場、区域物流会社のオーダーメイドのサービスでは保管している在庫製品の棚卸、配送時における納品店舗での陳列、冷凍庫、保管棚への先入れ先出し対応、メーカー販社などからの納品物の組み立て、据つけなど本来、荷主や納品先のスタッフが行っている業務の〝代行〟サービスとなっている場合が多いといえるでしょう。

## 物流サービスの多様化

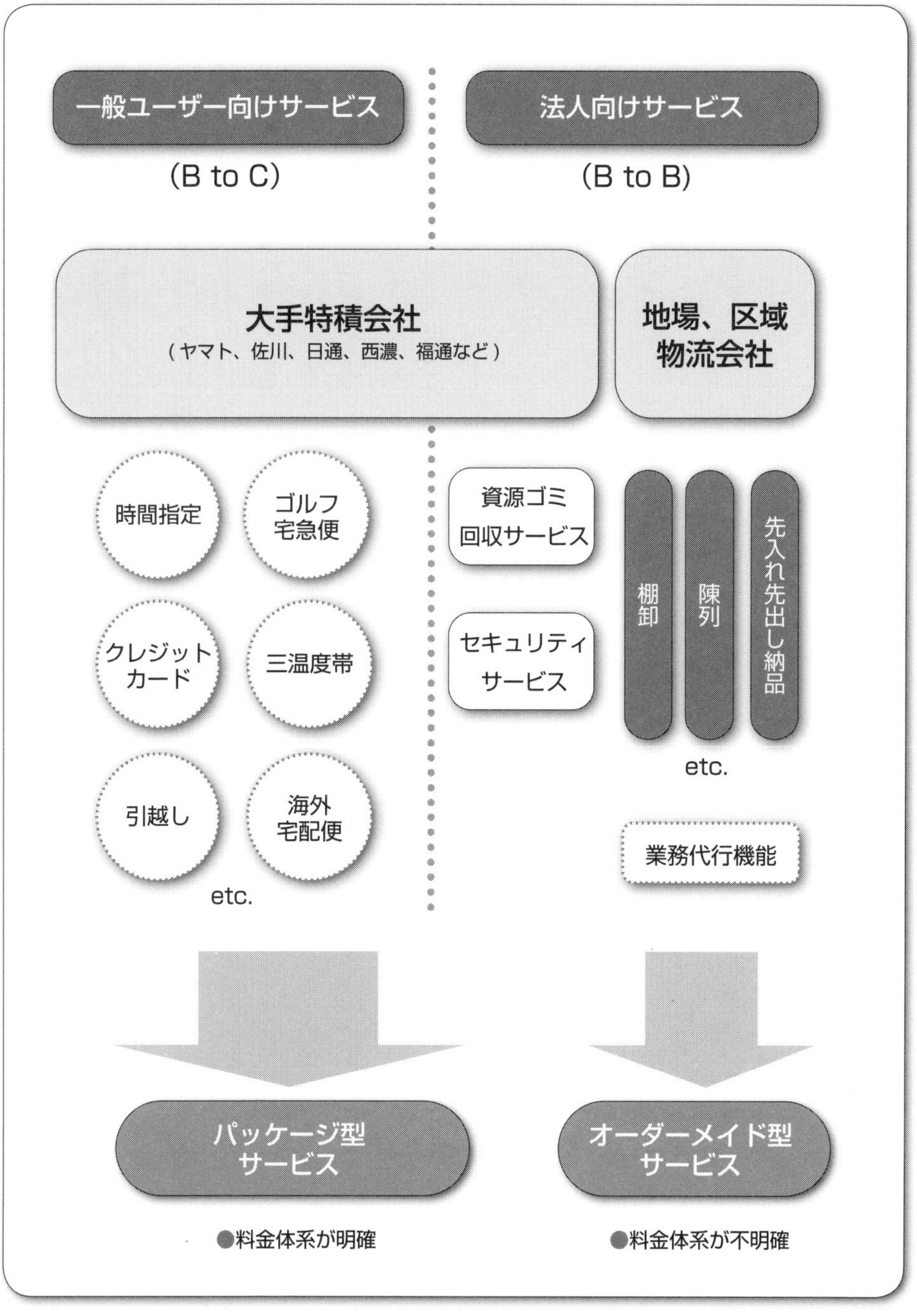

一般ユーザー向けサービス
(B to C)
法人向けサービス
(B to B)
大手特積会社
(ヤマト、佐川、日通、西濃、福通など)
地場、区域
物流会社
時間指定
ゴルフ
宅急便
クレジット
カード
三温度帯
引越し
海外
宅配便
etc.
資源ゴミ
回収サービス
セキュリティ
サービス
棚卸
陳列
先入れ先出し納品
etc.
業務代行機能
パッケージ型
サービス
●料金体系が明確
オーダーメイド型
サービス
●料金体系が不明確

# 2 すでに〝基本〟となった宅配各社の物流サービス

## 短い期限でいかに付加価値をつけるかが勝負！

物流は総じて顧客からの依頼を受けてその業務が完了するまでの納期が短く、他の業界と比べてサービスをつくり出す時間的な占有率が少ないために、付加価値をつけることが短期決戦の勝負となります。したがって「商品破損がない」「指定日に届く」といった当り前のことを当り前に対応できるだけでは、物流事業者にとっては輸送方法やルート設定、現場での荷扱い指導などの大きな努力が払われていても利用者側からは〝よいサービス〟〝付加価値のあるサービス〟と見られていない場合も少なくありません。そこで大手特積会社（路線会社）は時間厳守、利便性、宅配便の多様化などの視点でサービスの開発に努めています。

## 突出するヤマトのサービス開発

「宅急便」が宅配の代名詞となったヤマトは次々と新しいサービスを開発しており、ゴルフ宅急便やコレクトコール（代引き）、また送り状発行サービスなど一般ユーザーの視点で利用者のニーズを調査、研究し、マーケティングを駆使しながら顧客サービスを向上させています。

## 当り前になった〝時間指定〟

今でも「時間帯別お届けサービス」のようなきめ細かな時間指定サービスを行っているのはヤマトだけですが、午前中着といった広義での時間指定は物流業界全体に広がり、現在では大手特積会社のみならず、法人向け対応としての地場、区域物流会社も基本的なサービス、対応と位置づけられるようになりました。その他、ネット通販、ＴＶショッピングなどの普及により、決済代行を行うクレジットサービス、常温以外の冷蔵、冷凍品を届ける三温度帯サービスなども大手特積会社各社、郵政などが参入しています。更に独身者向けや法人向け引越しサービス、海外宅配便、最近では法人向けを中心とした回収、リサイクルサービス、セキュリティサービスなどの対応が進んでいます。このように宅配便はライフスタイルの変化、企業の新しいビジネスモデルに対応しており、商品開発により充実した物流サービスを揃えながら、熾烈な競争に凌ぎを削っている状況です。

## 基本のサービスとサービス開発力の差

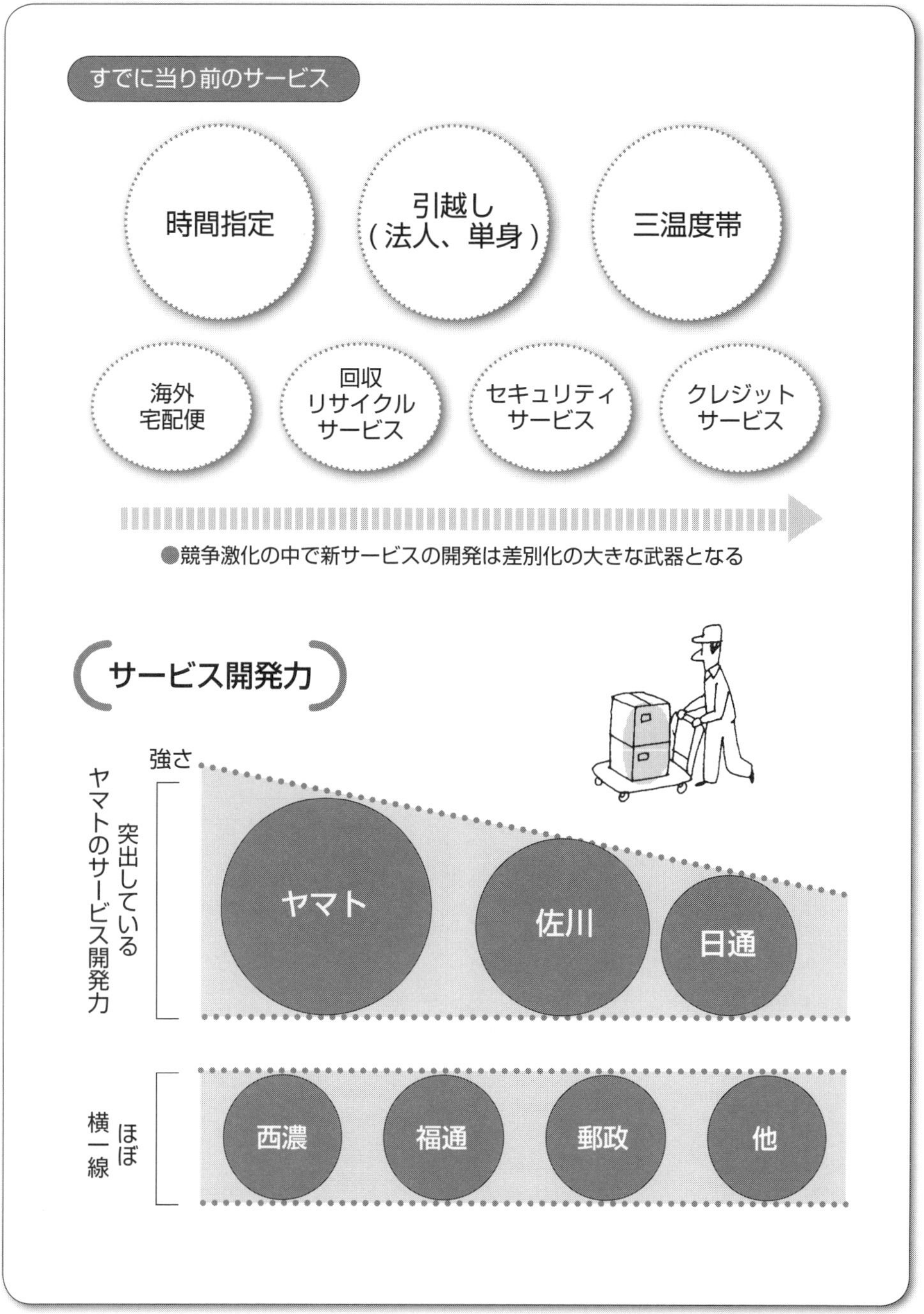

# 3 温度管理

## 三温度帯から五温度帯管理へ

温度管理については物流にとって最も高度な技術を必要とする管理のひとつといえます。消費者やユーザー側の食品に対する〝品質〟志向の向上に伴い、温度管理は更に重要視されていく方向にあります。現在、「常温」または「ドライ」と呼ばれる特別な温度管理を必要としない製品、肉や魚などの生鮮食品を維持する「チルド」（0〜5℃）、牛乳や豆腐などを管理する「冷蔵」（10℃以下）、冷凍品やアイスクリームなどを管理する「冷凍」（マイナス18℃以下）、そして農産物を中心とする野菜の他、パンや寿司などを管理する「中間温度帯」（15〜18℃）の5つの温度管理が対応されています。

## 食品だけではない温度管理

前述のような内容から温度管理は食品が対象と思われがちですが実際は幅広い業界、分野で行われています。医薬品、医療業界や化学業界、そして精密機械、電機業界における電池の保管、輸送などにおいても外気温度に対する保冷、定温機能が不可欠とされています。

## 一般ユーザー、消費者が受けられる温度管理サービス

五温度帯管理は食品・流通業界をはじめ、産業全体の中で行われている高度な管理ですが、一般ユーザー、消費者はこの中でも「常温・ドライ」「冷蔵」（10℃以下）「冷凍」（マイナス18℃以下）の3つの温度帯に関しては大手特積会社が対応しており、通販やＴＶショッピング、中元、歳暮の宅配便において多く利用されています。

## 「チルド」「中温」に求められる厳しい現場運営

食品・流通業界において最も温度管理が厳しく、物流力が問われる商品に肉と野菜があります。肉はチルド（0〜5℃）による管理を四季を通じて行わなければならず、野菜も同様に中温度帯（15〜18℃）の管理が必要です。これらの管理を徹底するためにドックシェルターと呼ばれるトラックと物流センターの接続部に外気に触れない設備やエアカーテンと呼ばれる倉庫内の冷気が逃げないような工夫が施されています。また野菜は温度管理の他、鮮度を保つ〝風よけ〟にも配慮しており、高度な現場運営と管理がされています。

## 高度な温度管理が行われている

**業務用**

| 常温 | 中温 | 冷蔵 | チルド | 冷凍 |
|---|---|---|---|---|
| ― | 15～18℃ | 10℃以下 | 0～5℃ | -18℃以下 |
| 特別な温度管理を必要としない製品 | 野菜<br>パン<br>寿司 | 牛乳<br>豆腐 | 肉・魚<br>生鮮食品 | 冷凍品<br>アイス |

**一般ユーザー・消費者用**

| 常温またはドライ | 冷蔵 | 冷凍 |
|---|---|---|

大手特積会社の宅配便も対応

# 4 貨物追跡・トレーサビリティ

## ユーザーに安全、安心を提供する仕組み

トレーサビリティとは〝モノの流通経路を生産から消費、廃棄段階まで追跡が可能な状態〟を指します。したがって「物流」に限らず、対象範囲は原料の調達から製品の廃棄という非常に広範囲となっています。トレーサビリティは製品工程と保管、出荷からの物流工程の大きく２つに分かれます。トレーサビリティにおける物流の役割と機能は極めて重要であり、完成した製品、商品がいつ、どこから、どこに向けていくつ出荷されたのかという５Ｗ２Ｈの履歴をデータベースに集積し、製造工程でのデータベースと連動させておくという仕組みになっています。食品のリコールや家電の不良品発生時に流通経路をさかのぼった原因究明などに活用されています。

## 〝物流〟におけるトレーサビリティ

トレーサビリティを物流工程に限定すると保管・出荷から廃棄までの工程が対象になります。二次元コードやＩＣタグ（ＲＦＩＤ）などの情報ツールを製品に貼りつけ、それをハンディターミナルなどによってスキャン（読み取り）をし、データを残していきます。これらの作業を製品の発点、着点、経由点で繰り返し行うことでより正確な移動履歴が収集されるようになっています。また物流は「流す」だけでなく「止める」という重要な役割がありますので、これらの収集したデータを活用して店舗に並ぶ前やユーザーの手に届く前に業務を止めることでリスクを回避することが求められています。

## 貨物追跡システムが大貢献！

大手特積会社（路線会社）などを中心に貨物追跡システムが導入されています。「今、あの製品はどこにあるのか」ということを知ることができるため、納期確認に活用される場合も多いのですが、このように特定の製品を限定し、問題があるモノを止めるという点において重要なシステムといえます。しかし、このようなシステムは現場スタッフの確実な作業に支えられているため、ひとつの現場でもこの作業でのスキャンミス、入力ミスが発生してしまうとトレーサビリティの精度は大きく低下してしまうという課題があります。

## 製造工程から物流工程までを把握する

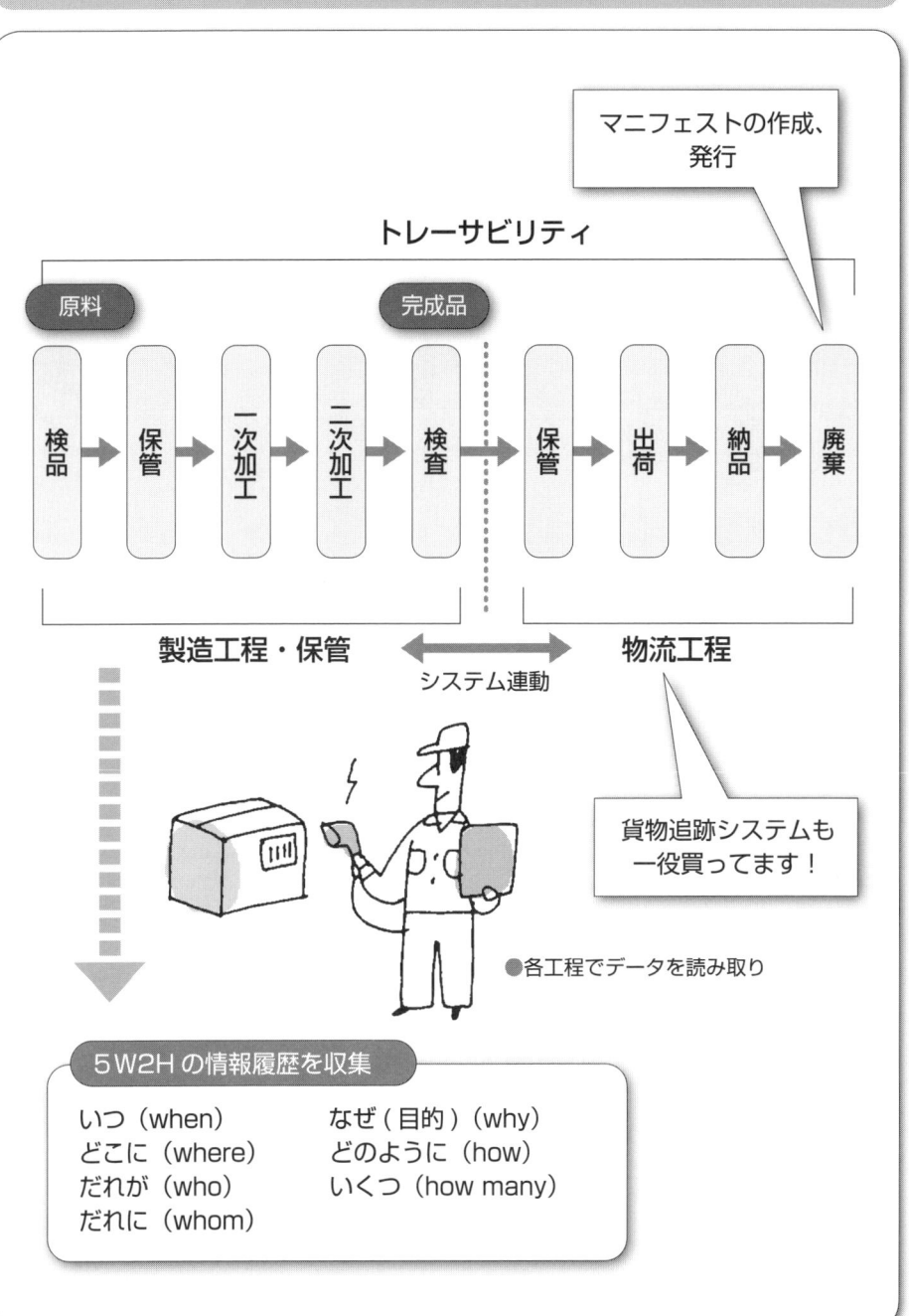

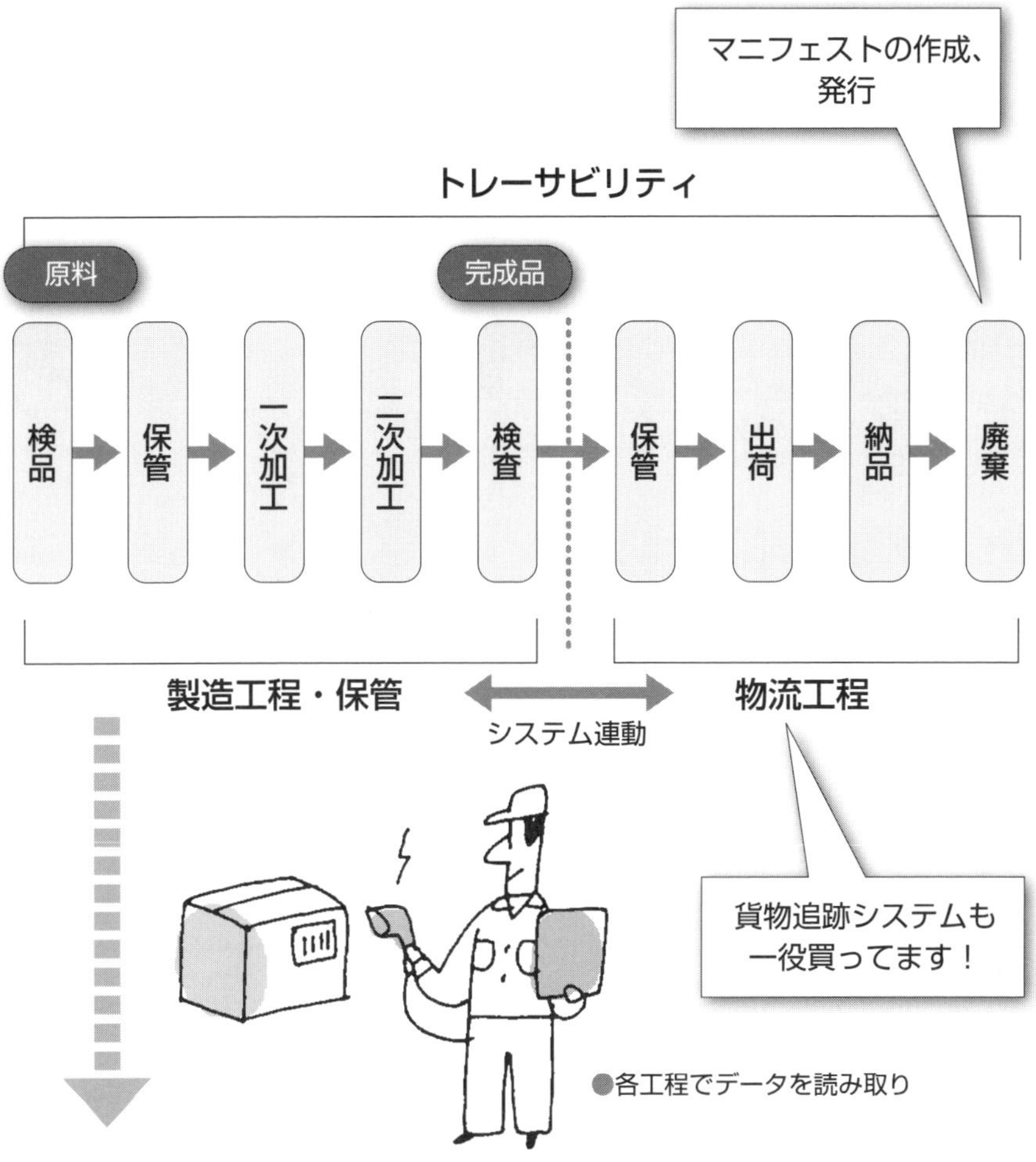


**5W2Hの情報履歴を収集**

いつ（when）
どこに（where）
だれが（who）
だれに（whom）
なぜ(目的)（why）
どのように（how）
いくつ（how many）

# 5 セキュリティ

## セキュリティ社会における物流サービス

個人情報保護法の施行や内部統制におけるコンプライアンス（法令遵守）強化の動きが強まる中で、物流においてもセキュリティが重要視されています。データやインターネットなどによる情報流出のセキュリティシステムも多く、開発が先行していますが、紙類などの有形媒体からの流出、漏洩による問題も数多く発生しており、物流工程でのセキュリティ強化が求められています。

## どのようなセキュリティがあるのか

物流でのセキュリティポイントは大きく3つあります。ひとつ目は〝物流センターや倉庫などの物流施設での入荷、保管、出荷〟でのポイント、2つ目は〝輸送途中〟でのポイント、そして3つ目は〝受け渡し時〟のポイントです。〝物流施設〟のセキュリティでは入退室管理、エレベーターなどの指紋認証設備、監視カメラの導入が中心となっています。また〝輸送途中〟におけるセキュリティでは複数ドライバーでの対応、ドアの施錠、GPS（全地球測位システム）やPHSを設置させた所在地管理、ジュラルミンケースを用いた二重管理などがあります。〝受け渡し時〟では送り状への受け取りサインの徹底や郵政の本人確認を行う本人限定受け取りという書留等があります。一部の大手特積会社（路線会社）では〝セキュリティ便〟というパッケージ商品を展開しています。その他にも個人情報等の入ったピッキングリストや納品伝票を委託業者から回収し、処分するという企業も多く、また委託物流事業者にプライバシーマークの取得を義務づける企業（荷主）も多く見受けられます。

## どのようなモノがセキュリティの対象になるのか

個人情報が記入されている契約書や申込書、官公庁が各出先機関にて使用する記入用紙、実施前の試験問題、有価証券などの重要書類、研究・開発段階にある試作品やサンプル、フィルムなどがセキュリティの対象になっています。今後、物流におけるセキュリティサービスとその対応は更に強化されていく方向にありますが、コスト負担も大きいため、より安価で利便性の高いセキュリティ機器などの開発が求められています。

## 物流現場でのセキュリティの強化が求められている

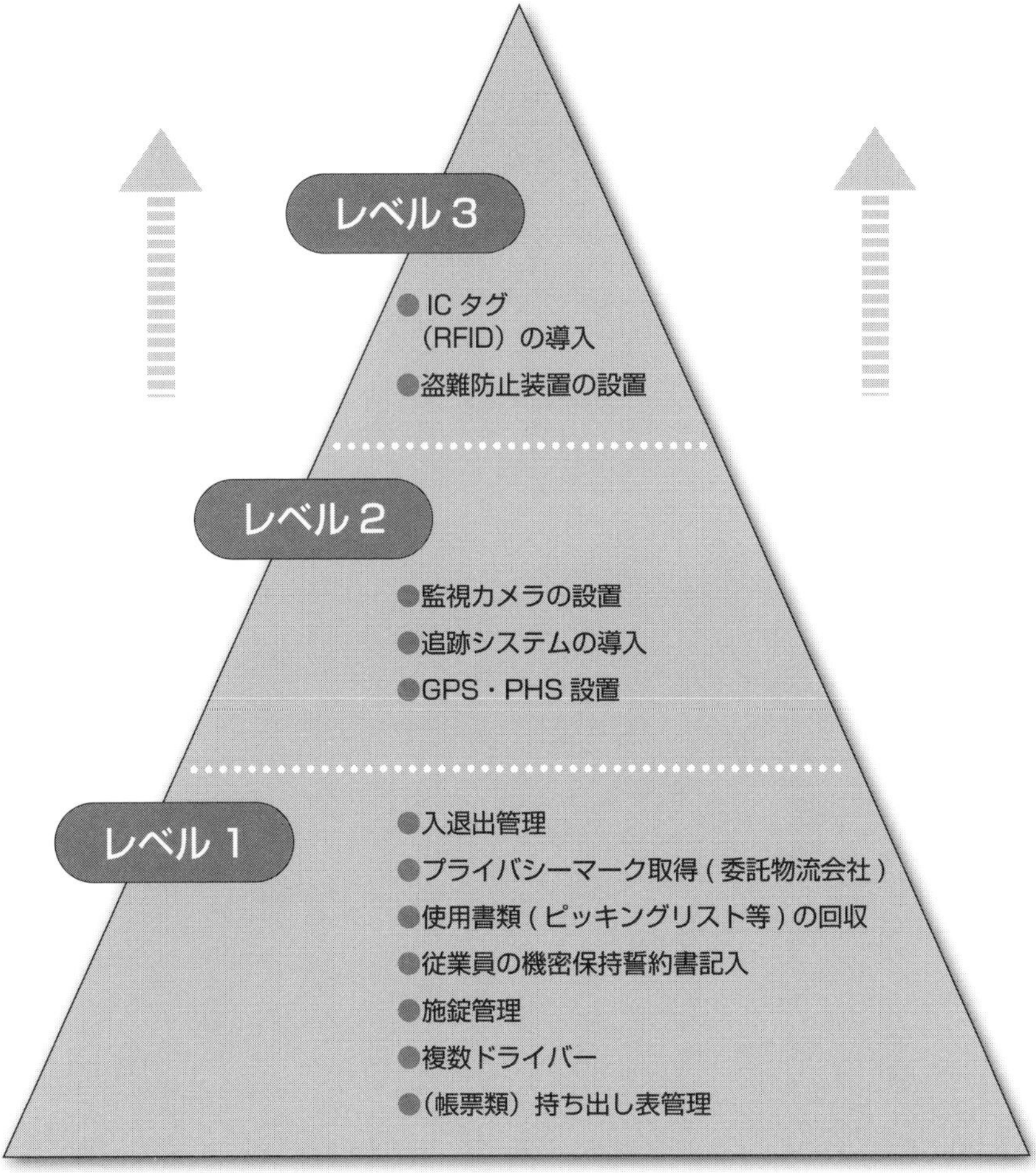

# 6 リサイクル、産業廃棄物輸送

## エコ社会に向けて〝物流〟が活躍する

既述のように物流には「行き」と「帰り」があり、行きを動脈物流、帰りを静脈物流と呼び、エコ社会でのリサイクルには静脈物流が不可欠となります。返品や使わなくなった備品、資源ゴミなどは回収という形で帰りの物流が発生します。この回収はエコ社会において重要な役割を担っています。また従来は使用後の空きパレットを回収することに留まっていた物流事業者も環境対策に力を入れる企業からの要望で開梱後のダンボールや梱材、ユーザー側の産業廃棄物や資材ゴミの回収にも対応する物流事業者が多くなっています。

## 回収からリサイクルの流れ

企業がユーザーに納品した商品が使えない状態にあったり、納品後、間もなく使えなくなった場合は〝返品〟として納品した企業が回収し、廃棄処理を行います。一方、ある一定期間ユーザーが使用し、不要と判断した場合は一般的にユーザー側で廃棄処理を行います。その際、廃棄物回収事業者または物流事業者に産業廃棄物の輸送業務を委託し、処分業者に持ち込まれるという流れになっています。その後は製品、商品によって処分方法は大きく異なりますが、紙類、金属などは溶解処理によって再利用され、機械、輸送機器類などは解体によって部品を取り除き、中古部品として流通することになります。また衣類等は発展途上国に輸出されたり、裁断されウエス（ぞうきん）などとして再利用されることになります。手間のかかる処分工程は一般的に人件費の安価な発展途上国で行われ、需要のある高価な値段がつく国や業者が引き取り先（購入者）になります。

## 回収、リサイクルそのものがビジネスモデルに！

中古本の買取り、販売チェーンなどは店舗にて修理、加工を行う場合もありますが、パソコンや古着の買取りチェーンでは消費者が要らなくなった商品は店舗に持ち込まれ、店舗から加工センターまでの回収物流が発生します。またバイオエネルギーとして飲食店からの廃油の回収なども回収物流がリサイクルのビジネスモデルを支えている例です。

廃棄処理とリサイクルの流れ

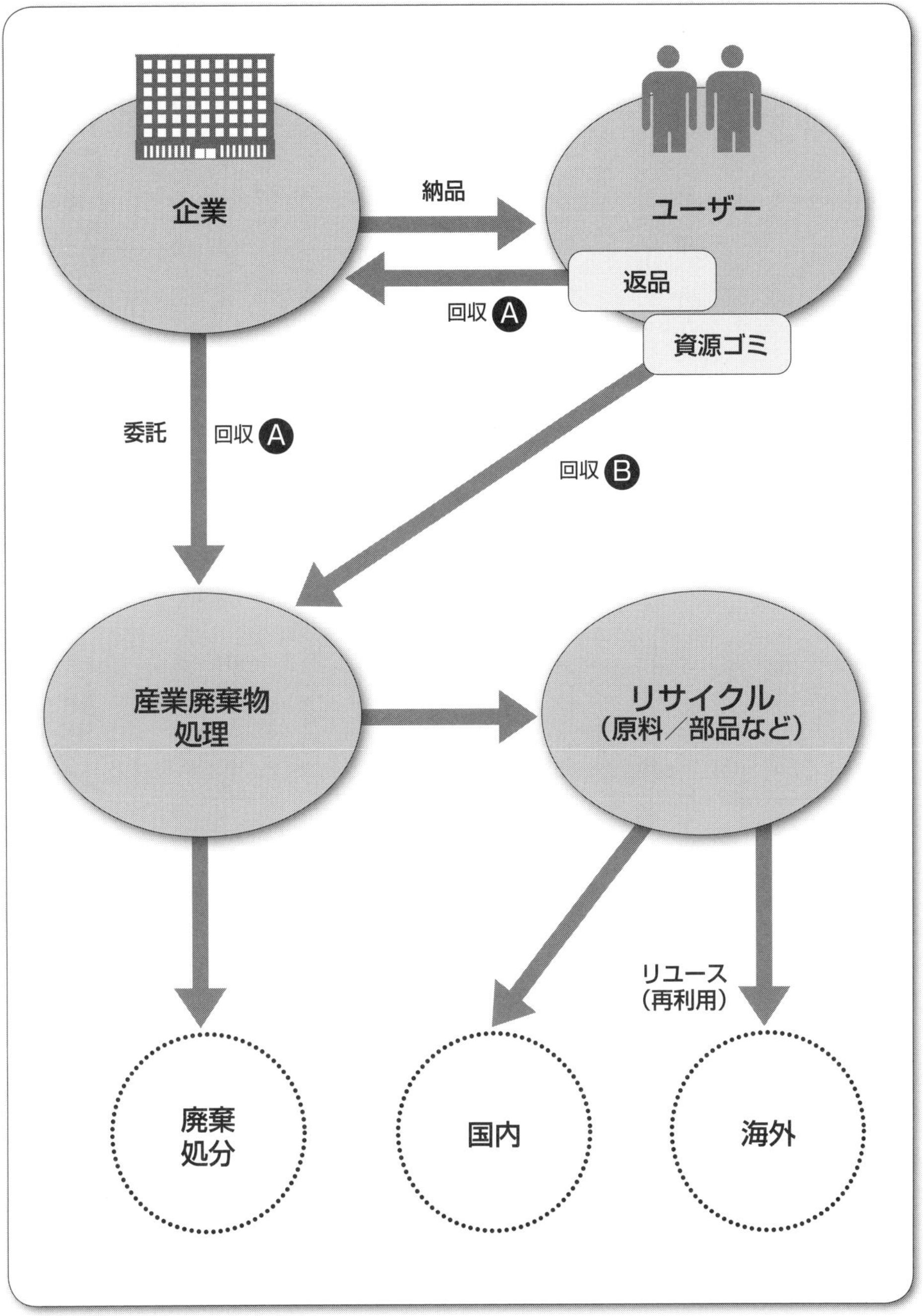

# 7 在庫管理代行サービス

## 在庫管理代行サービスとは

在庫管理代行サービスは各社、各現場にて意味合いが異なりますが、基本的には次の3つの機能を示しています。①月1回の棚卸などの実務業務②倉庫管理システム（ＷＭＳ）を導入した入・出荷管理、ロケーション管理などと連動し在庫情報を企業（荷主）にリアルタイムで発信し対応する業務③受発注システム、在庫管理システムを導入し、適正在庫、発注点設定のサポートを行うなどです。いずれも業務は企業（荷主）から委託された物流事業者が〝代行〟する場合が多く見受けられます。このように在庫管理に対する〝実務〟〝情報発信〟〝システムサポート〟に代行業務は大別されます。

## 在庫管理は物流センター運営のカナメ

在庫管理代行に対応するには入荷、格納、ピッキング、検品、梱包、出荷、システム入力の一連の作業とその管理が必要となってきますので〝物流センター運営〟の中の重要な業務のひとつを代行することになります。このようなことから物流事業者のセンター運営機能の差別化要因として位置づけられることも多くあります。

## 外注における注意点と対応

一般的に在庫の不足に対して発注を行いますが、この発注業務は仕入先との納期調整や価格などの交渉業務が含まれてきますので、外部に委託することが難しく自社で対応することが基本となります。したがって、発注実務以外の業務を委託することで企業（荷主）側が管理するコンピューター上の在庫と委託された物流事業者側による実棚卸しによって在庫の差異が発見でき、欠品や過剰在庫にしないための発注量の調整が可能となります。

一方、〝在庫〟という企業のお金を預けていることから委託された物流事業者による数量の読み間違いや入力ミス、ピッキングミスや誤出荷などは委託した企業（荷主）の致命的な問題にもなりかねないため、優良物流事業者の選定と企業（荷主）側責任者の管理、監督、指導は欠かせません。更に自動補充システム（ＶＭＩ）を導入し、発注から在庫管理の一連の業務を強化し、スムースな運営ができるような取り組みも成されています。

## 在庫管理代行の機能

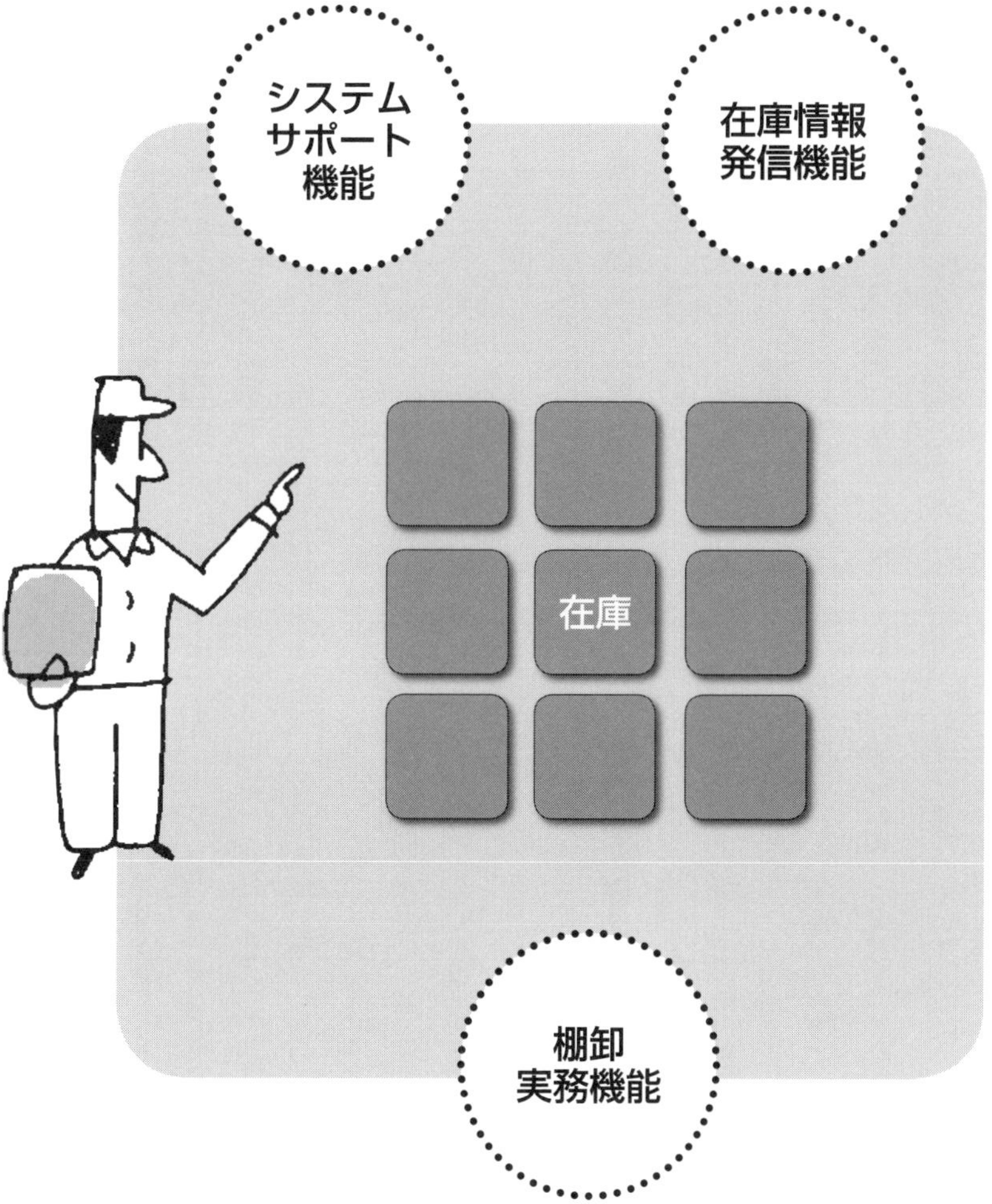


### 在庫管理は“代行”として

①棚卸実務、②在庫情報発信、③システムサポートの3つの機能がある。

# 8 陳列・先入れ先出し納品

## 納品時に求められるきめ細かな付帯作業

食品・医療業界の卸を中心とした物流では、店舗や医療機関などへの配送、納品時のきめ細かな付帯作業が求められています。商品の納品の際、店舗での業務用冷凍庫や売り場への陳列、医療機関の保管棚への納品などが行われています。これらはローコストオペレーションを徹底したい、人手をかけられない、かけたくない店舗、医療機関の要望に対するサプライヤーのサービスとなっているのです。またこのような納品には〝先入れ先出し〟と呼ばれている日付の古い商品から取り出せるように、新しく納品する商品を最も後部に配置するといった品質期限に基づいた整列作業が求められます。

## そもそもは自社の社員が行っていた業務

これらのきめ細かな納品作業はメーカー、卸の営業と配送を兼務する自社社員が行ってきたものですが、メーカー、卸業態における商物分離（営業と物流を分ける）の動きや、物流事業者の付加価値対応としてアウトソーシングされる業務となってきています。

## 納入先のメリット

ドラッグストアチェーンの物流業務の洗い出しを行った際、全体の約24％が店舗側の業務という会社がありました。開梱、検品、納品書へのサイン、棚入れ、値づけ、陳列、空きダンボールや通い箱の整理など店舗側での物流業務の負担は大きなものになっています。そこで〝先入れ先出し〟を考慮した棚や売場までの納品は、店舗スタッフが本来の接客などに時間を費やせるだけではなく、少ない人員での店舗運営が可能となります。

## 物流事業者の対応

このようなきめ細かな納品対応は店舗のストックスペースに納品するだけの配送業務と比べると約3倍の時間を要します。一店舗当りにかかる納品時間が増えるので数多くの店舗を回れなくなり、配送効率が低下し、〝午前中完配〟など限られた時間での納品が必要となれば車両台数を増やさなければなりません。そこで物流事業者は陳列作業を料金に転化したり、配送ルートの見直しなどによる配車改善などで運営の努力を図っています。

## トータル物流コストの構成費を見直す

| | 物流業務 | コスト構成比 |
|---|---|---|
| 本部 | 受　注 | **9.2%** |
| 物流センター | 入荷検品 | **2.2%** |
| | 入　庫 | **3.7%** |
| | 在　庫 | **6.8%** |
| | ピッキング | **6.5%** |
| | 出荷検品（検品） | **2.9%** |
| | 仕分け積込 | **5.0%** |
| 物流会社 | 配送経費 | **39.8%** |
| 店舗 | 発　注 | **7.1%** |
| | 流通加工 | **1.5%** |
| | 返　品 | — |
| | 補　充 | **1.4%** |
| | その他物流作業 | **13.9%** |
| | 合計 | **100%** |

（年商 160 億　ドラッグストアの例）

# 9 多回納品

## ジャストインタイム式の納品形態

「多回納品」とは短い移動距離（１００ｍ～１ｋｍ未満）において「必要な物を・必要なときに・必要な数だけ」というジャスト・イン・タイム（Ｊ・Ｉ・Ｔ）の考えを基に納品車両を多く回転させ、納品を行うというものです。主に自動車メーカーとその部品メーカーを中心に展開されています。この仕組みの特徴は〝在庫を持たない〟ことで、これらを実現するために〝必要なときに〟という不確定要素を、より確実に運営するためにサプライヤーの出荷拠点が極めて近隣に設けられている点です。またこの仕組みはリアルタイムでの工程管理情報が不可欠であり、徹底した作業進捗管理により正確なＪ・Ｉ・Ｔによる多回納品を実現させています。更に簡易梱包や通い箱の利用、簡単に開閉ができる幌（ほろ）車両導入などによる時間短縮の努力を行っています。

## コンビニの多回納品

多回納品はコンビニ業界でもその形を変えながらも導入されています。売場坪効率追求の考えから〝在庫を持てない〟すなわちバックヤードを広く確保しないというビジネスモデルは自動車メーカーのＪ・Ｉ・Ｔとは基本概念が少し異なるといえます。コンビニの場合、在庫面以外に納入車両や待機車両を減少させるなどの近隣対策の理由から商品群毎に納入日が決めてられており、商品回転率の高い商品や日配品、生鮮品、弁当などは多回納品の仕組みとなっています。

## 自動車業界とコンビニ業界の多回納品の違い

納品時において自動車業界では検査員と呼ばれる人員が検品を実施することに対して、コンビニ業界では物流センターでの検品により納品時は〝ノー検品〟が主流となっています。またコンビニ業界では広域多店舗への納品のための最適立地として物流センターが設けられていますので、近隣に位置しているとは限らず、ある程度の走行距離と時間を要しますが、自動車業界では協力会社や部品メーカーが納品先の近隣に工場や物流センターを設け集積した村を形成しているため、極めて短い距離と時間で多回納品が行われています。

## 物流センターを中心とした多回納品

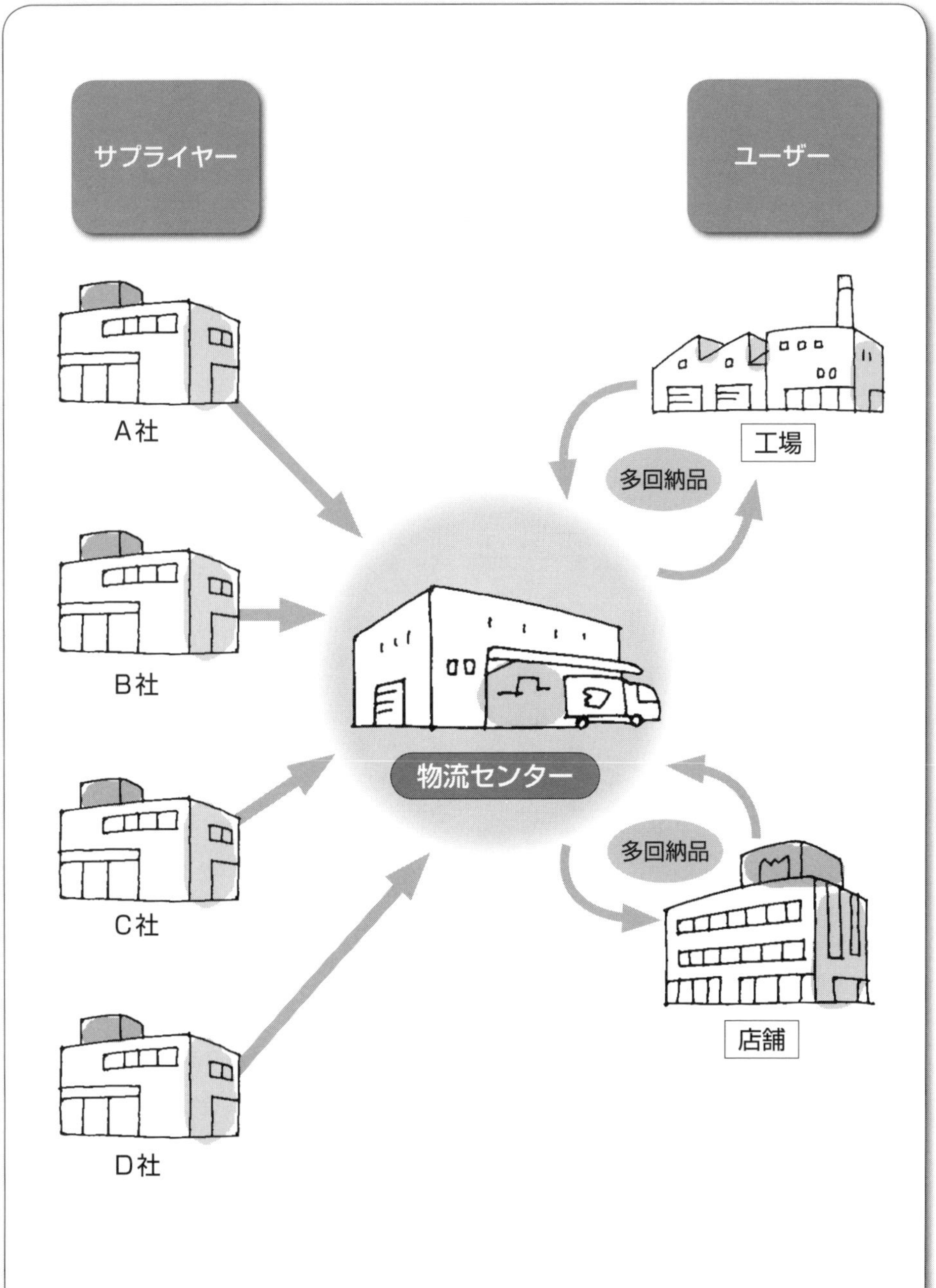

# 10 組み立て、設置サービス

## 物流の後工程としての付帯サービス

機械、精密機械、電機、重機、事務機器などの業界では物流における納品後、その製品や商品の組み立て、設置工事、セッティングまでを行うという場合が多くあります。主に企業（荷主）が契約をしている地場、区域物流事業者が複数の人員で対応を行っています。オフィス家具の組み立て、エアコンの取りつけや農機具の部品設置、大型重機の据えつけ、設置作業などを行っています。これは納品までは〝物流事業者〟、組み立てや設置は〝工事事業者〟と別々の会社に委託していた業務を一元化できないものかという企業（荷主）の考えと、少しでも業務に付加価値をつなければ〝走るだけの物流事業者〟では生き残れないという物流事業者側の考えが合致したものです。また料金設定は運賃とは別に設定されている場合が多く、一台（機）当りの料金設定が主となっています。

## 専門教育を受ける物流事業者

付帯サービスといってもこれらの業界の組み立てや設置工事、セッティングなどの業務に対応するためには専門知識が必要となってきます。その内容は商品知識、作業手順、安全対策やトラブル対策などにわたり、電気工事免許などの国家資格を必要とする作業もあります。半導体関連のこのような研修には1年間を費やす場合もあり、一般の機械メーカーなどでは約6ヶ月程の研修を委託会社の担当者に対して実施しています。その他、定例研修や年数回の技術コンテストなど専門教育を受け、高い技術が求められる実務に従事しています。

## 更に付随するサービス

納品後の組み立てや設置、工事、セッティングまでを対応することになると、その更に後工程となる修理品の〝回収〟や、不要になって取り替えた機械や廃材、家電、什器などの〝リサイクル〟に伴う産業廃棄物の輸送業務などが発生する場合も多くあります。このように今までは各業者に分離して委託していた業務をワンストップで一括して同一業者に委託することで管理や見積り、交渉などの手間が省け、かつコストダウンになることも多いことから一括委託の動きが活発化している状況です。

## 物流の後工程サービスが求められている

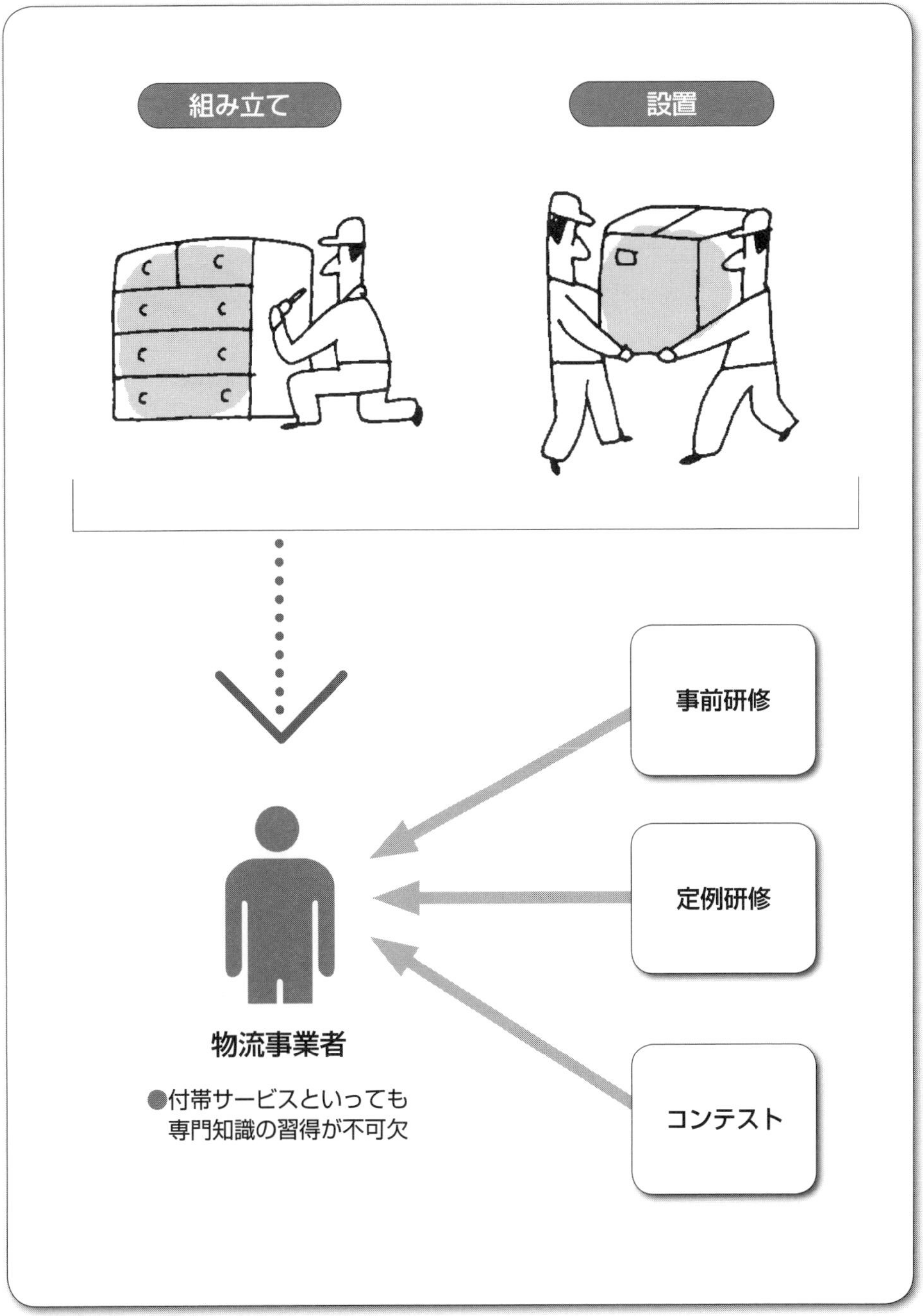

# 5章

# 物流コストダウン10のポイント

❶ 受発注のルールづくり
❷ 社内物流業務の外注化
❸ 物流センターの開発とセンターフィーの設定
❹ 直送化の推進
❺ 返品の効率化
❻ 横持ちの削減
❼ 調達物流の内製化
❽ イレギュラー業務の削減
❾ 在庫の削減
❿ 支払物流費の削減

# 1 受発注のルールづくり

## 物流の90％は受注で決まる

物流のスペックとなる5W2Hは受注段階でその90％が決定づけられます。したがって物流のフローに問題がある、物流現場の運営がコストアップの要因になっていると思い込んでいた会社が、実は営業方法、または受注に問題があったというケースが非常に多く見受けられます。締切時間外の受注を容易に受けて物流現場に残業代が発生したり、受注処理ミスにより違った商品を送ってしまい回収コストがかかってしまうことなどです。

## 受注形式を見直そう

電話やＦＡＸでの受注といった出荷情報に加工するまでヒトが介在しなければならない形式ではどうしても人的ミスが発生してしまい、誤出荷や、数量ミスなどということになります。またこれらの受注形式では受注メモの転写、パソコン（ＰＣ）への入力など多くの人員が必要となります。その点、ＥＯＳ（自動電子発注システム）やＷＥＢ受注、メール受注などの電子受注は発注した顧客の入力情報をそのまま情報加工しますので、受注処理のミスは最小化できます。このようなことから受注形式を電子化する方向で顧客の協力を得るための活動を行いますが、システム化が遅れている業界や顧客は変更への抵抗感が強くあり、値下げなどのインセンティブにより電子受注比率を長期的に上げています。

## 電子受注に1本化できない場合に見直す点

電子受注比率を引き上げることはできても１００％にすることはネット通販や社内間受注以外では、非常に困難です。電子受注比率を引き上げられたが、残りの数％はＦＡＸのままであるという場合が多く、その際は従来の業務を見直す点として、①受注伝票をわかりやすく、記入しやすく枠を大きくするなどの改善②ＯＣＲ（光学式文字読取装置）などで読み取り可能な専用発注書の導入③手書き伝票を記入者同士がチェックを行う「たすき掛けダブルチェック」の徹底などがあります。狙いは少数で対応すること、ミスを誘発させない仕組みをつくることにあります。また〝ノーといえない〟営業が物流コストを押し上げていないかの点検も不可欠となります。

## 受注形式と改善点

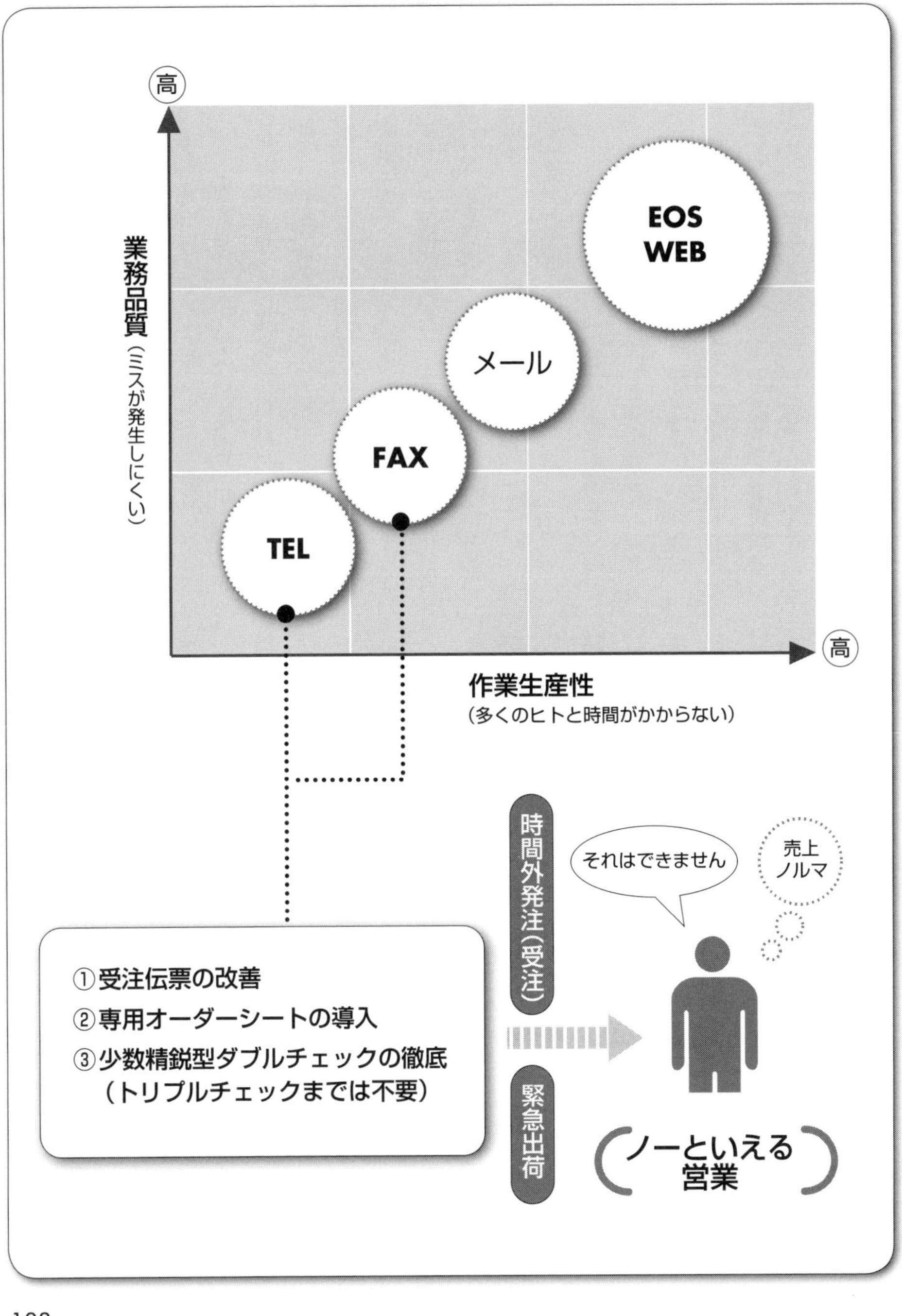

高
業務品質（ミスが発生しにくい）
EOS
WEB
メール
FAX
TEL
高
作業生産性
（多くのヒトと時間がかからない）
①受注伝票の改善
②専用オーダーシートの導入
③少数精鋭型ダブルチェックの徹底
（トリプルチェックまでは不要）
時間外発注（受注）
緊急出荷
それはできません
売上
ノルマ
ノーといえる
営業

# 2 社内物流業務の外注化

## アウトソーシングのメリット

アウトソーシングのメリットのひとつは〝専門事業者〟（物流事業者）に委託することによって自社の本業である製造や販売、開発などに専念することができることです。また倉庫や車両、システム管理そして運営の正社員などの固定費が変動費化することができ、コストダウンにつながります。その他にアウトソーシングによりコストが見える化される、責任の所在が明確になる、会社組織がスリム化するといったメリットがあげられます。

## アウトソーシングのデメリット

一方、デメリットとしてはノウハウが空洞化する、機密情報が漏れる、外注先の業務品質に不安が残る、一度外注化するとその業務の内製化が難しくなるといった点があります。しかし、外注化すべき業務と内製化する業務（強みの確保）をしっかりと吟味すること、事前に委託先の運営現場の視察を行うなどにより、品質管理体制、改善活動の実態を知ることができ、それによって物流事業者のより正しい評価が可能となります。

## 失敗するアウトソーシング

物流業務のアウトソーシングは業務の専門性、労働管理の煩雑さから正攻法といえますが、結果的に失敗する企業（荷主）も多くあります。それはデメリットを克服できなかっただけでなく、アウトソーシングという名のもと業務の丸投げを行ったことで惨劇を招く場合です。これは管理は「自社」、運営は「外部」というアウトソーシングの大前提が欠落したためです。十分な引継ぎや指導を行っていない、物量や季節変動などの重要情報を公開していなかった、必要以上のコスト削減要請を行い品質が低下してしまった、選考のプロセスが場当り的であったなどがよく見受けられる原因です。これらを回避するためには①アウトソーシングの目的②予算額の設定③物流事業者の充分なリストアップ④選考プロセスと評価基準の策定⑤現場視察などによる提案内容の確認⑥トライアル期限の設定⑦契約書内容の充実などがあげられ、妥協を許さないパートナーシップの構築がアウトソーシングの成功へつながります。

## 物流業務アウトソーシングのメリットとデメリット

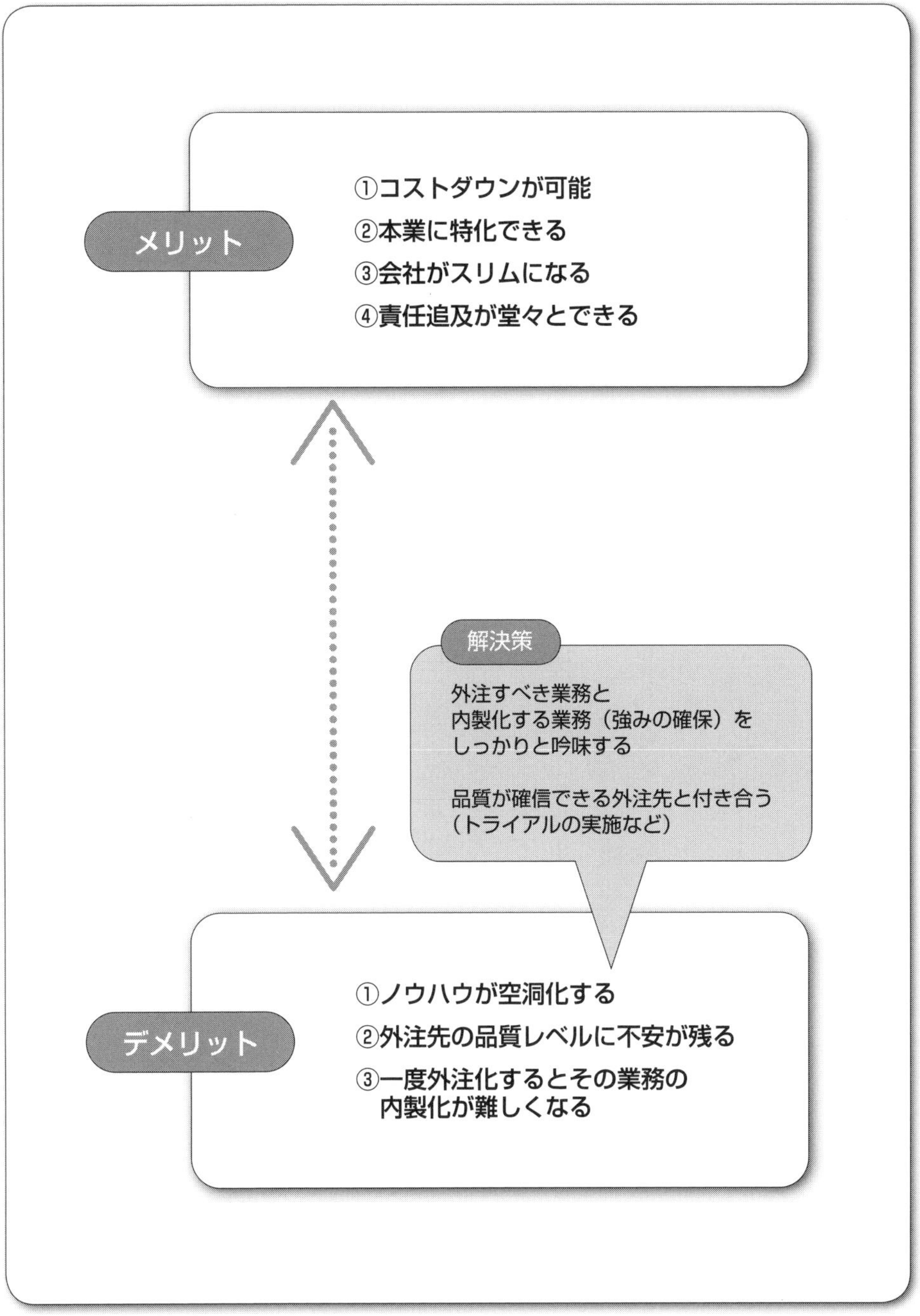
メリット
①コストダウンが可能
②本業に特化できる
③会社がスリムになる
④責任追及が堂々とできる
解決策
外注すべき業務と
内製化する業務（強みの確保）を
しっかりと吟味する
品質が確信できる外注先と付き合う
（トライアルの実施など）
デメリット
①ノウハウが空洞化する
②外注先の品質レベルに不安が残る
③一度外注化するとその業務の
内製化が難しくなる

# 3 物流センターの開発とセンターフィーの設定

## 物流センターの収入と支出

小売、外食、ＦＣチェーンなどを中心とした物流センターは、メーカーや卸からの仕入・調達を各店直接配送から一旦、物流センターに集約し、店別仕分の後、納品を行うという物流の〝集約〟機能ですが、これだけでは残念ながらコストダウンにはつながりません。それは物流センターを開発することによって投資、経費がかかるだけになるからです。開発にかかったコストとセンター運営に必要なコストを捻出しなければなりません。そこで３章９項でお伝えしたセンターフィーというセンター開発、運営側からすると〝収入〟が必要となります。センターフィーは元々、メーカー・卸からの各店直接配送の業務をセンター運営側に委託、一括納入することでメーカー・卸の物流コストが下がり、その下がった物流コストを示しますので、フィーの設定が重要度を高めます。このように物流センターの開発、運営が〝支出〟、フィーの設定が〝収入〟となります。

## センターフィーの設定と通過品目

センターフィー収入＝料率（％）×通過品目数×通過量

と表すことができ、このフィーの設定にセンター開発、運営の成否がかかっているといっても過言ではありません。大手流通業はそのバイイングパワーを活かしてメーカー・卸と有利な料率交渉を行うことができますが、中堅クラスの流通業ではその交渉はデリケートなものとなり、折り合いがつかず、暗礁に乗り上げたメーカーの製品は売り場には並ばないということもしばしばあります。またセンターフィーはアイテム（単品）やカテゴリー（商品群）毎に異なり、センター内での仕分けの有無などでも異なってきます。こうしてセンターフィーを〝収入〟とし、センター運営スタッフの人件費、委託している運営会社、配送会社への支払、地代家賃やシステム費用の〝支出〟を引いて儲けが残れば物流の利益化として広義のコストダウンとなります。大手流通業ではセンター開発に力を入れており、食品スーパーでは品質管理上対応していなかった農産物や直送されていた重量食品（飲料など）などもセンターを通過するようになっています。

## 支出と収入の算出が重要

メーカー
卸
収入 センターフィー
物流センター
作業委託費（運営会社）
地代家賃
システム運用費
運賃
△ 支出（作業委託費、運賃、地代家賃、システム費用　他）
例えば… 総計 ＋2,500万円 の利益となったら
物流の利益化に成功！
広義のコストダウン

# 4 直送化の推進

## 集約する本質は？

一般的に各拠点で同じ業務を行っているのであれば、一ヶ所にまとめて一括して行えば効率的であるという〝集約〟の考え方がありますが、これはそれぞれの拠点で設備がない、スペースが足りない、ノウハウがないといったなどの理由によるものです。完成した製品や仕入商品を物流センターや倉庫などに集約するだけではコストがかかるだけです。入・出庫料や保管料そして集約拠点までにモノを移動させる運賃、更に集約拠点からユーザーへの納品する運賃がかかります。したがって、集約を行う場合はその拠点で付加価値がつけられ、製品の価値額が増加することが前提となります。

## メーカーでは〝直送化〟が基本！

多くのメーカーでは物流センター機能が工場と隣接しており、その物流拠点において最終工程までを行い、ユーザーが求める状態で製品の納入をします。一部では、クロスドッグと呼ばれるトラックの積載率を上げるための積み替えや、方面別仕分け作業を行う通過型の拠点を設置している場合がありますが、これも工場の段階で行った方がコストが下がる場合が多いため廃止する企業が大半です。例外としては複数工場での完成品をひとつの注文にまとめるための荷揃え機能を目的とした物流センターや修理、故障に使われる部品のパーツセンターはバックアップ機能としてよりユーザーに近い全国エリア数ヶ所に設置されています。

## 生産ラインと直送化の関係

工場からの直送化が最もコストのかからない方法ですが、これを阻む生産体制があります。ユーザーからのひとつの注文に対してその製品内容があちこちで生産されているような場合は、荷揃えのための物流センターが必要となってきます。このようなことから物流コストを抑える生産体制としては、特性や用途が類似した製品は同一工場かその近隣の工場にて生産を行うことが得策といえるでしょう。更に生産キャパオーバーによる他工場での応援生産も工場間の横持ち輸送が必要となるためコストが上昇してしまいます。

## 直送化が最もスムースな物流方法

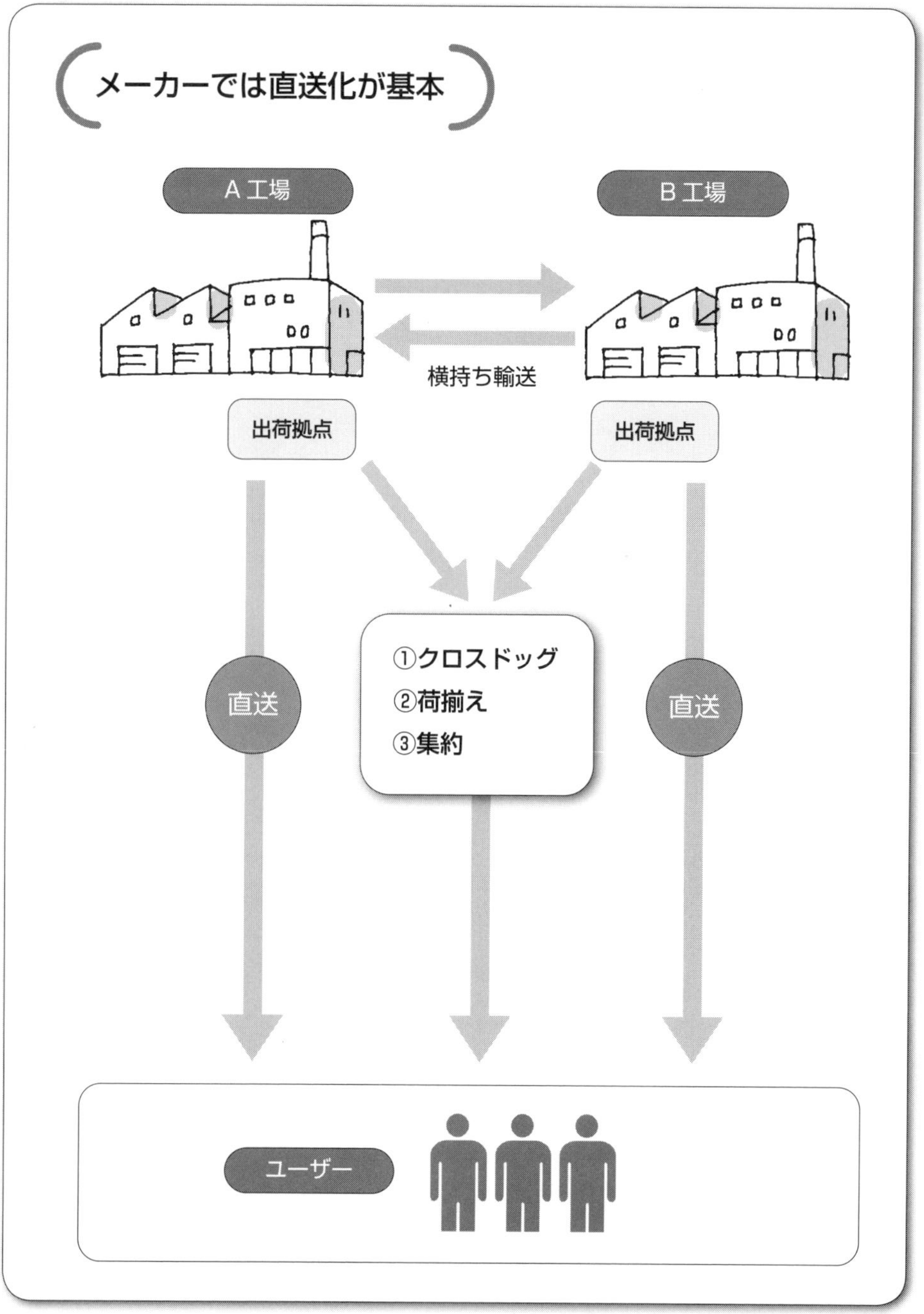

# 5 返品の効率化

## 曖昧な〝返品〟の対応

百貨店や書籍業界では商流において「返品」があらかじめ組み込まれていますが、多くの企業において返品における対応についてはイレギュラー業務として処理ルールが曖昧で、全社対応ではなく現場レベルでの対応となっています。返品が発生した場合の日時、ユーザー名や製品名、返品理由などの情報は担当の営業マンにフィードバックされますが、返品によって戻ってきた製品は各拠点にて定められていない様々な場所に散乱、放置されたままになっている場合が多く、返品された製品自体は再加工を行うのか、仕入先に戻すのか、廃棄を行うのかが明確にならずに行き場を失っている場合が大半です。

## 処理業務の集約化

各拠点に放置された返品は一時的に価値を失っているといっても、それにかかる保管料やスペースが発生するため、未処理の状態が長期化すればするほどコストは膨らみます。そこで工場や物流センターなどひとつの場所を決め、返品業務を集約化することが得策です。しかし、集約のためにかかる輸送コストより各拠点での処理コストの方が安く済む場合があるため「再加工」によって製品価値を取り戻せる製品が対象となってきます。

## 〝返品〟を発生させない仕組み

返品には様々な理由がありますが、いずれにせよ発生させるとコストがかかりますので返品自体を撲滅させる施策が必要です。その施策として企業（荷主）や物流事業者は主に次の６つに取り組んでいます。①作業中の破損の撲滅②輸送途中での破損の撲滅③ピッキングミスの撲滅④誤配の撲滅⑤入・出荷検品の徹底⑥受注ミスの撲滅。このように納品までの作業工程でのミスをなくすことで返品そのものを発生させないようにします。また返品は製品自体には問題がなくても、数量や品目、日程や場所等などのユーザーが求める物流のスペック（５Ｗ２Ｈ）がひとつでも間違っていれば返品の対策となってしまいます。物流は正確な作業の積み重ねが求められますので返品発生時のデータ収集で原因の究明を行い改善を進めていくことが望まれます。

## 返品対応を改善する

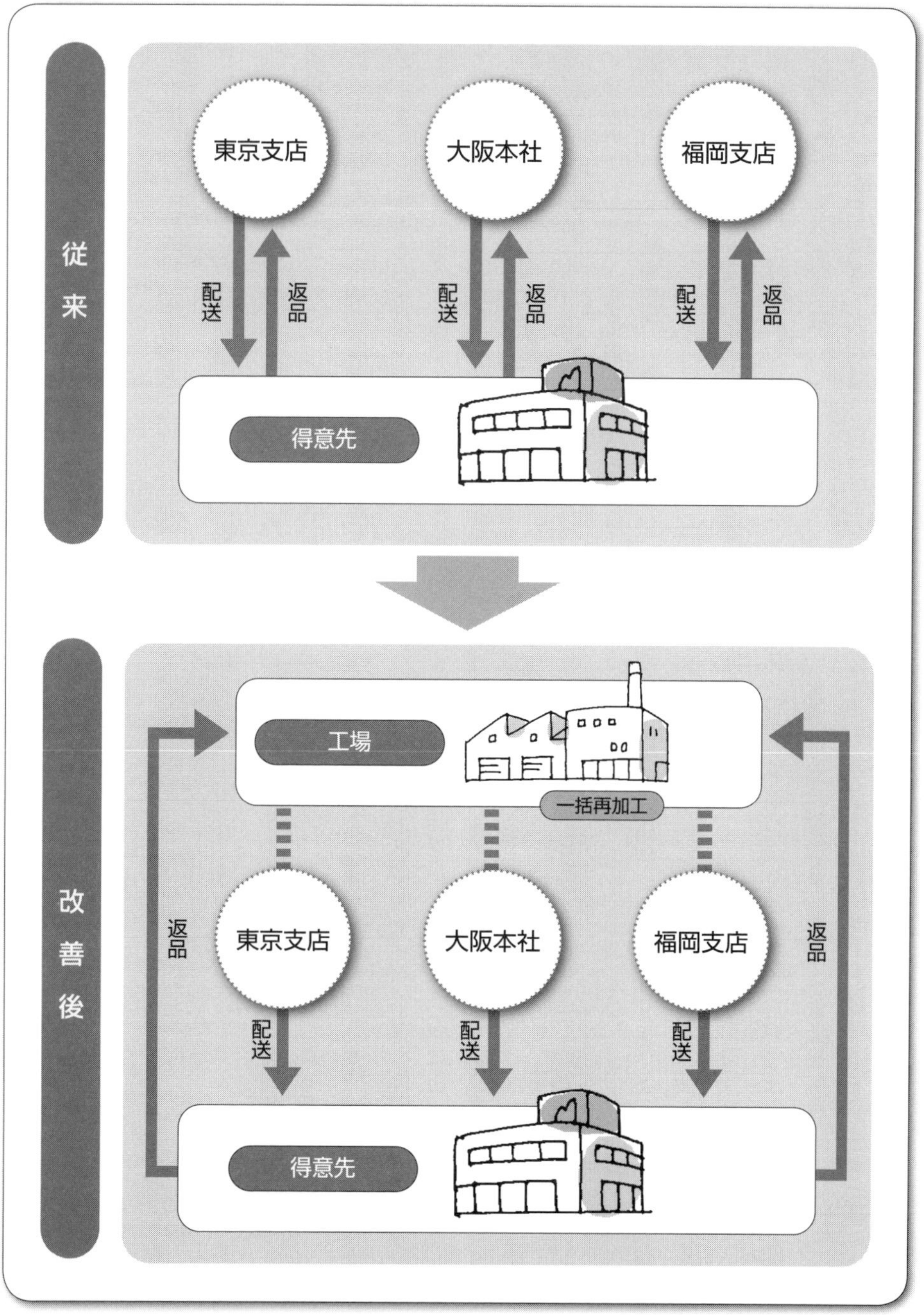
従来
東京支店
大阪本社
福岡支店
配送
返品
配送
返品
配送
返品
得意先
改善後
工場
一括再加工
返品
東京支店
大阪本社
福岡支店
返品
配送
配送
配送
得意先

# 6 横持ちの削減

## 価値を生まない横持ち輸送

横持ちとは工場間や物流センター間、店舗間などの同じ機能を持った拠点間の輸送のことです。本来、物流は原料から素材、半製品から完成品、卸売品から販売品というようにその移動していく過程でモノ自体の価値（金額）が上がっていかなければなりません。しかし、〝横持ち〟の大半は価値を生まない輸送となっており、このムダな輸送を見直すことでコストダウンが図れます。

## なぜ〝横持ち〟が発生してしまうのか

横持ちが発生する主な理由として次の2つがあります。①工場での生産キャパシティを超えたために起こる他工場での応援生産のための輸送②そして物流センターや営業所、店舗での在庫の欠品による補充輸送です。いずれも需要予測や在庫管理不足による後ろ向きな輸送であるために横持ちの発生を防ぐ必要があります。

## 〝横持ち〟はワンウェイとは限らない

横持ち輸送というとA拠点からB拠点へのワンウェイのイメージがありますが、実際は更にB拠点からC拠点に輸送される〝Z型〟の横持ち輸送も多く発生しています。例えば仕入、調達先が西日本にあり、自社の物流拠点が東日本にあるとします。次に東日本物流センターからの送り先が西日本の営業所や店舗であった場合、西日本→東日本→西日本と〝Z〟字を描く物流となります。このように自社だけではなく仕入、調達先と販売先やユーザーなどのサプライチェーン全体で見た場合は更に複雑化したムダな横持ちが発生しています。

## 横持ちVS直送

その大半が価値を生まないとされる横持ちに対抗してムダのない、シンプルな輸送でコストを抑制するものが本章4項で紹介した〝直送〟となります。いずれも商流とは一旦切り離し、物流のフローのみを追いかけなければ発見することができません。更にサプライチェーン全体で見れば自社単独での物流フローよりも鮮明にムダかつ複雑化した横持ちが発見できるというメリットもあります。このように横持ちと直送はコインの表と裏のような正反対の関係にあります。

## ムダな横持ちを削る必要がある

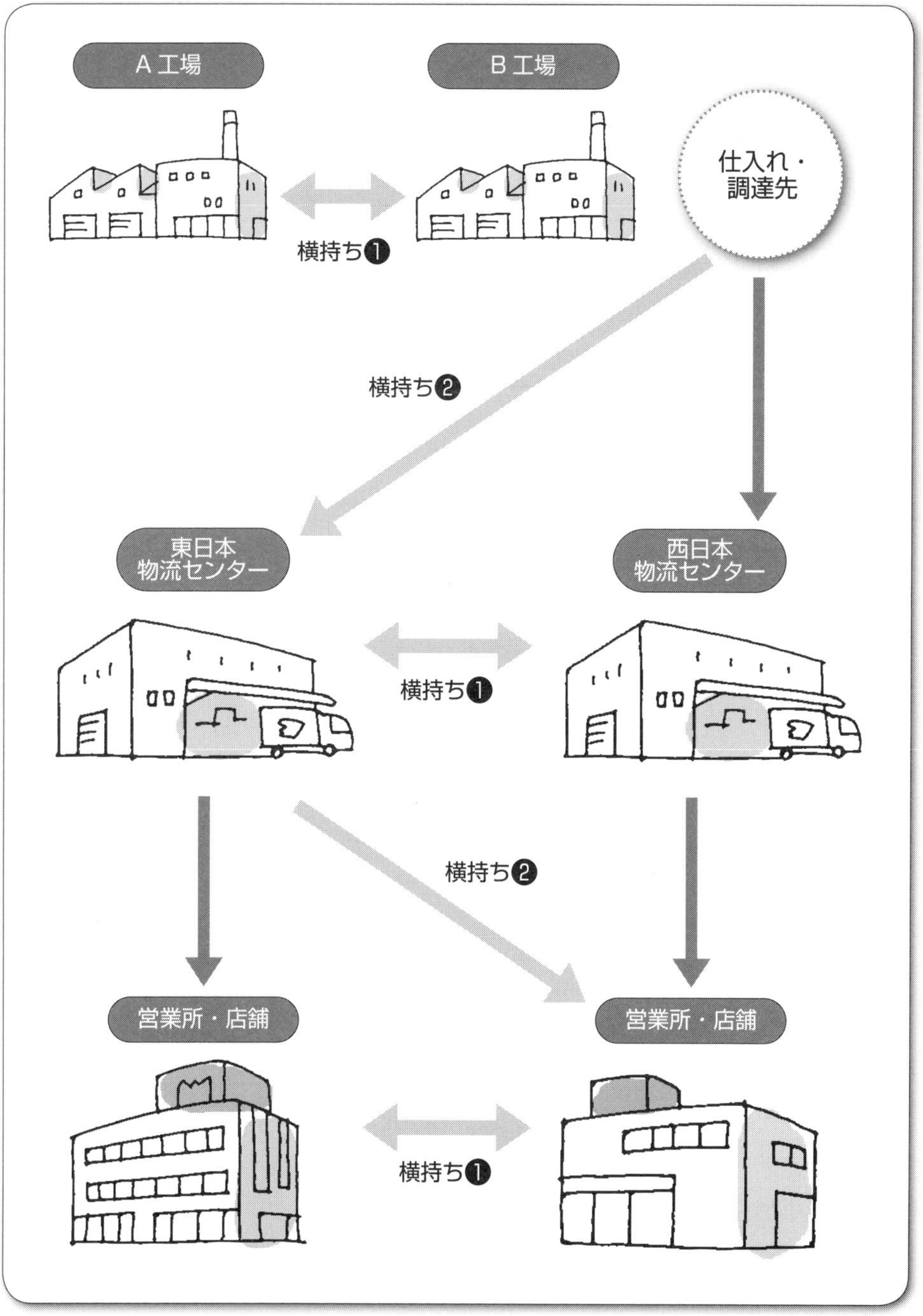

# 7 調達物流の内製化

## サプライチェーンをマネジメントする第一歩

〝調達物流の内製化〟という動きはＳＣＭ（サプライ・チェーン・マネジメント）の一環として大手メーカー、卸、小売業を中心に行われています。自社だけでの物流コスト削減に限界が見え、仕入・調達先の物流も含めてムダを省けないかという考えです。通常、仕入・調達先の物流は納入する各社が組み立てており、物流コストそのものは仕入金額の中に含まれていますので、その中身を仕入金額と運賃に分けなければ知る余地がありません。

## 請求明細で自社の物流インフラとコストを比較

調達物流の内製化の実施にあたっては事前に仕入・調達先が自社の納入にかかっている物流コストを調べる必要があります。これは送られて来る請求書の明細を製品額と運賃に分けてもらい、調べます。そして自社の輸送インフラで引き取りを行った方が仕入・調達先の運賃よりも安くなることが前提となります。また自社の輸送インフラも納入後の空車両で引き取りを行ったり、ミルクランと呼ばれる仕入・調達先を順番に回り引取り先をまとめるなど集荷効率向上の仕組みが不可欠となります。

## 〝調達物流の内製化〟が成立しないケース

次の4点は〝調達物流の内製化〟が成立しないケースになります。①仕入・調達先が遠方にあり、特積会社（路線会社）による輸送の方が安くなる場合②物流会社などに委託せず自社便（仕入・調達先の社員が配送を行うこと）で対応しており、通常の納品による運賃の方が安い場合③自社への納品がローコスト化に向けた配送ルートのひとつにすでに組み込まれている場合④引き取り時に対応する手間・人員コストがかかるため、仕入・調達先または業務委託先が承諾しない場合などです。

## 調達物流は〝宝の山〟

調達物流は、協力会社を周辺に多く持つ自動車業界などの大手メーカーから発した取り組みですが、その対象は一次サプライヤーに留まっている場合が多く、二次サプライヤーや業務委託先までには至っていない場合が多く見受けられます。今後、ＳＣＭを進めていく企業（荷主）にはまだまだ〝宝の山〟といえるでしょう。

## 調達物流による効率化

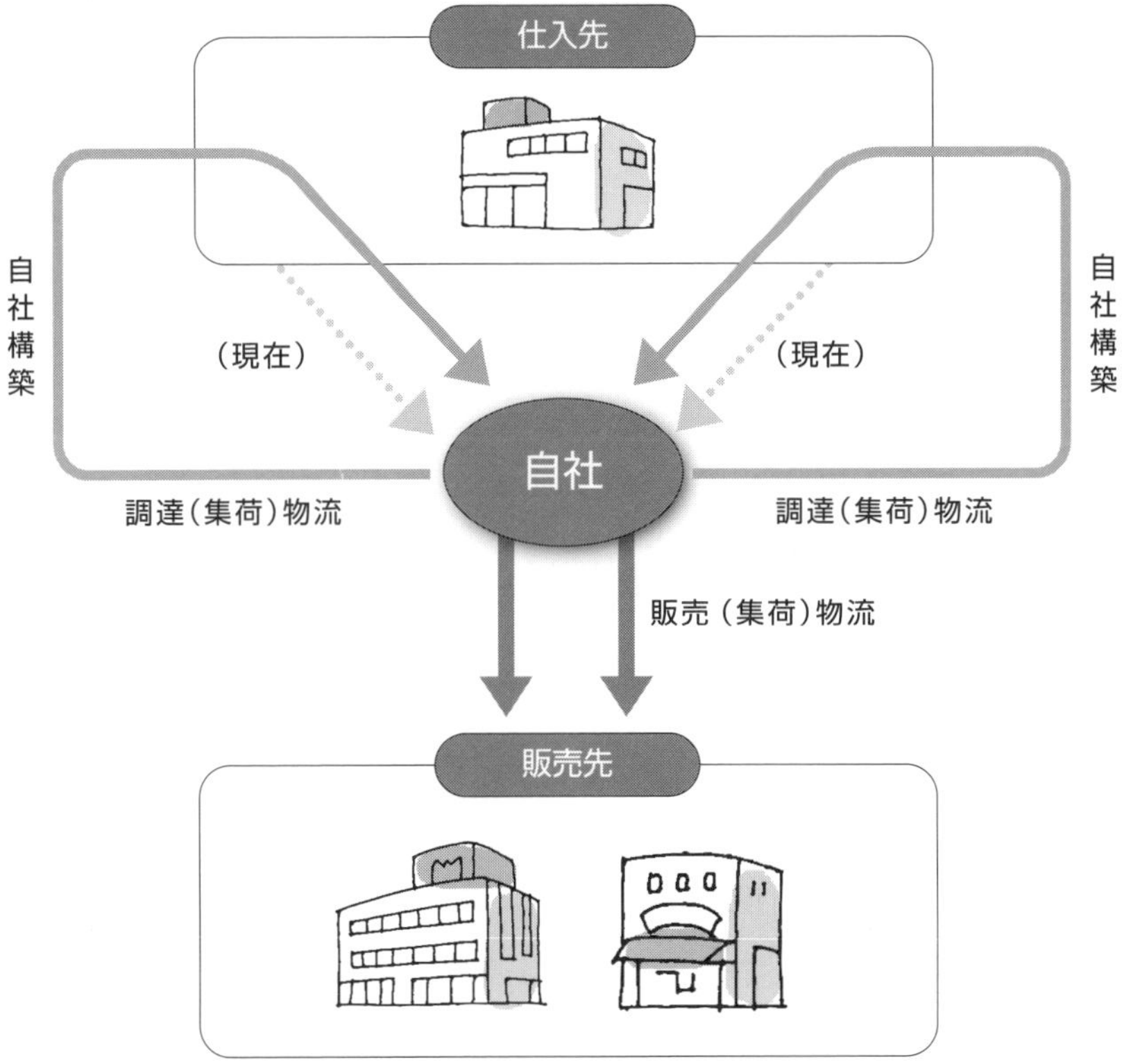


### 調達物流は…

- 仕入れ先のムダを自社物流の効率化と連動させ、引き取り、いわゆる調達・集荷物流を自社構築し、そのコストを仕入れ価格に反映させる（値引き）
- 「物流で利益を出す」基本的な方法で、自動車メーカー（トヨタ）、食品卸（菱食）、食品スーパー（コープこうべ）などが先進例である

# 8 イレギュラー業務の削減

## イレギュラー業務とは？

3章3項で物流コストを押し上げる三大要因として〝ハンドリング〟〝波動〟〝イレギュラー〟について触れましたが、イレギュラー業務とは通常、あるべきルール、流れ、数量、時間そして作業工程が何らかの原因で「変更」「特別対応」などを行わなければならない業務のことであり、物流コストを上げる要因となっています。

## イレギュラー業務の選定と数値化

多くの物流現場はイレギュラー業務が時間が経つと当り前となり、レギュラー業務との違いがわからなくなっています。そこで本来のルールや約束、基準に立ち戻り、どのような業務が変更され、「特別対応」となっているのかを把握し、原因を突き止めなければなりません。そのためにはまず、イレギュラー業務を選定し、そして数値化することが必要になります。選定については大きく、①配送に関する業務②倉庫、センター内作業に関する業務③物流事故に関する業務の3つに分けることができます。そして数値化は品名、得意先、担当者、発生事項、処理内容、要因などの項目によるフォーマットを作成し、日単位、週単位で記入し、集計していきます。

## イレギュラー業務の内容

ではどのレベルで業務をとらえる必要があるのかですが、例えば内容としては「欠品対応」とその要因である「在庫数量の不一致」「納品遅れ」「納品漏れ」などとなります。また「誤出荷対応」であればその要因は「入力ミス」「ピッキングミス」という業務レベルになります。その他のイレギュラー業務は「作業のやり直し」や「追加発注」「作業開始待ち」などの内容があります。

## 数値化の狙い

イレギュラー業務を選定し、数値化する目的には次の3つがあります。①「イレギュラー業務がこんなにも発生しているのか」を知るための「見える化」②集計、分析結果に基づく現場改善の推進③得意先、委託先（荷主）との共有化によるコストの見直しや運営ルールの変更などの検討です。〝当り前〟となった業務をあえて数値化することに大きな効果があります。

# イレギュラー業務を選定して数値化する

## ●データ入力フォーマットイメージ

イレギュラー報告　　　　日付：2005年1月1日

| オーダーNo. | 品名 | 得意先 | 担当者 | 発生事項 | 処理内容 | 要因 | 備考 |
|---|---|---|---|---|---|---|---|
| | | | | | | | |
| | | | | | | | |
| | | | | | | | |
| | | | | | | | |
| | | | | | | | |
| | | | | | | | |
| | | | | | | | |
| | | | | | | | |
| | | | | | | | |
| | | | | | | | |
| | | | | | | | |
| | | | | | | | |
| | | | | | | | |
| | | | | | | | |
| | | | | | | | |
| | | | | | | | |
| | | | | | | | |
| | | | | | | | |
| | | | | | | | |
| | | | | | | | |
| | | | | | | | |
| | | | | | | | |
| | | | | | | | |
| | | | | | | | |
| | | | | | | | |
| | | | | | | | |
| | | | | | | | |
| | | | | | | | |
| | | | | | | | |
| | | | | | | | |

## ●イレギュラー要因における月別推移

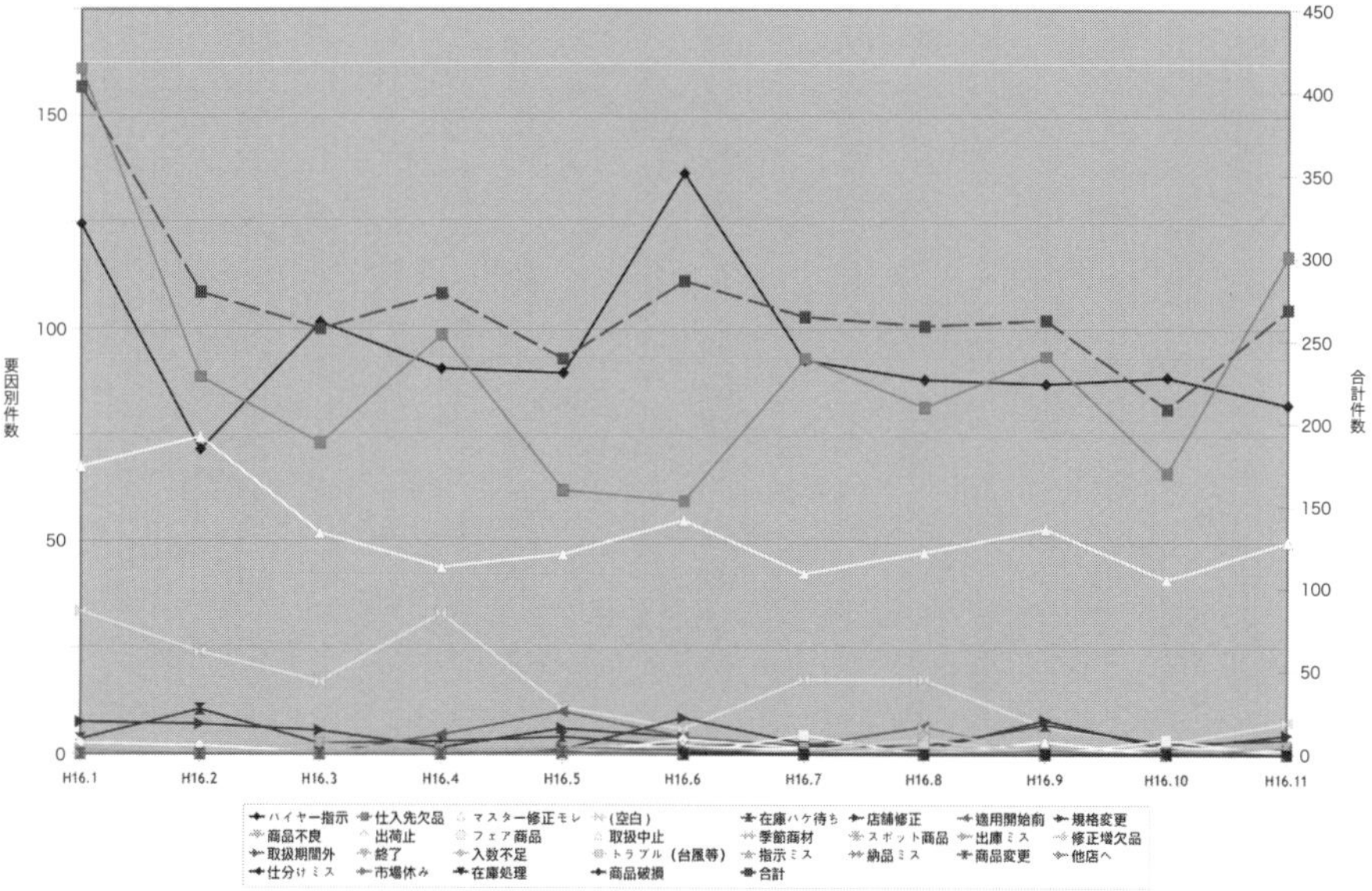

# 9 在庫の削減

## 在庫の削減がなぜ物流コスト削減になるのか

一般的に在庫を減らそうという動きは〝在庫〟というお金を寝かせていることによる資金を流動化（現金化）させるという主目的がありますが、それに伴って物流コストの削減にもつながってきます。在庫の保管スペース、入庫・出庫作業、流通加工作業、在庫金利などが省力化できることになります。また外部倉庫を活用している場合は保管料、入出庫料などの削減につながります。

## デッドストックを処分する

デッドストックとは不動在庫、不良在庫などの死に筋在庫を表しますが、在庫の中でも最も価値を生まない在庫のため、考え方としては処分することが得策です。しかし処分については2つの課題があります。それはどの在庫品をデッドストックとするのかという点と処分するタイミングです。どの在庫をデッドストックとするかは自社の状況に見合った判断をすることになりますが、一般的には製品毎に個数や金額ではなく出荷頻度の集計を行い、ＡＢＣランクづけを行います。その結果1年間動かない商品を見つけます。また製品が劣化や陳腐化しない業界では「2、3年」という線引きをしている場合も見受けられます。処分のタイミングについてはデッドストックの処分は財務会計において特別損失を発生させることになるため、計画以上の高収益時か反対に業績が悪く負の一掃というタイミングが適しているため、そのタイミングを逸してしまうことがしばしばあります。

## 在庫削減は〝数量〟と〝品目数〟の両面から

デッドストックのように、ある一定期間、出荷されないアイテム（品目）の見直しを行い、売りを中止し、新たな製品を加えることを〝改廃〟といいます。この改廃を定期的に行うことで売れない商品の管理を行うというようなムダな業務を削減することができます。しかし多くの企業は営業からの「顧客が時々発注する」という理由でアイテム(品目)数は増加していく傾向にあります。また在庫の数量については営業の売上見込（需要予測）と納品までのリードタイムを加味した適正在庫の設定と発注点を決めるということが重要になってきます。

## 在庫の削減はコストダウンに大きく貢献する

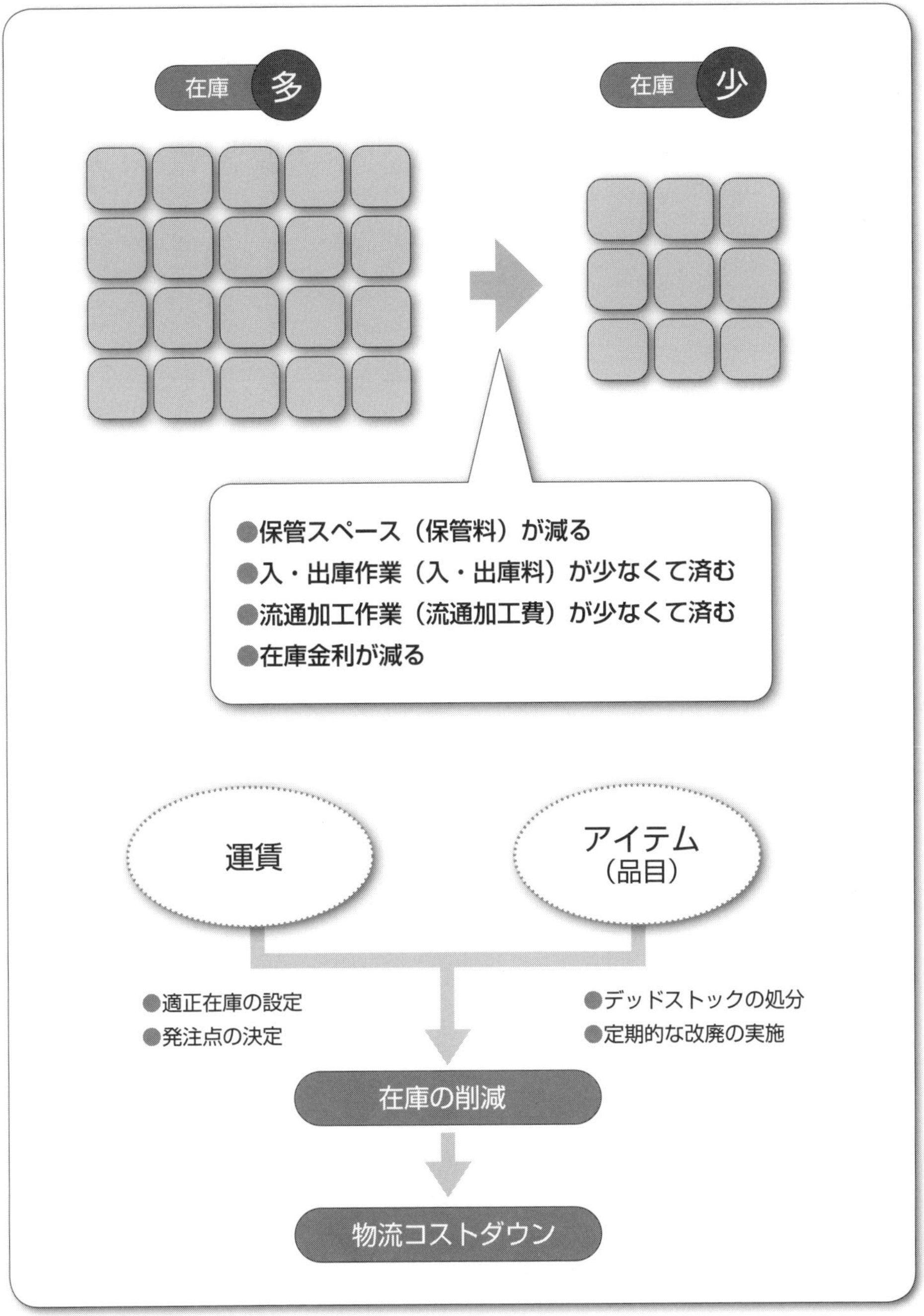
在庫 多
在庫 少
●保管スペース（保管料）が減る
●入・出庫作業（入・出庫料）が少なくて済む
●流通加工作業（流通加工費）が少なくて済む
●在庫金利が減る
運賃
アイテム
（品目）
●適正在庫の設定
●発注点の決定
●デッドストックの処分
●定期的な改廃の実施
在庫の削減
物流コストダウン

# 10 支払物流費の削減

## 物流事業者との単価交渉だけがコストダウンではない

支払物流費の削減として既存取引先の物流事業者と定期的に単価交渉を行うことが非常に多くの企業（荷主）で行われています。これを否定することはできませんが、デメリットが多いことも事実です。例えば、「値下げによりドライバーの給料も減り、よいドライバーが集まらない」、「赤字運営となっているために必要な設備、機器が購入できない」などといった管理、または品質面に影響が出てしまい、〝安かろう悪かろう〟の物流サービスになってしまうというケースがしばしば起こります。

## 料金の変動費化

支払物流費の削減には様々な方法があります。そのひとつとして月額料金となっている車両のチャーター料金や倉庫の月額保管料は固定費ですので、業務量や保管量が多い繁忙期にはメリットがありますが、閑散期にはコストアップになる場合があります。そこで車両であれば、個建てや重量当りまたは件数当りなど業務量に合わせた料金設定を行い変動費化できます。また倉庫も同様で重量当りやパレット当り保管料という設定もできます。

## ボリュームディスカウント

３ＰＬ（サード・パーティ・ロジスティクス）と呼ばれる幹事物流事業者の活用や本社一括契約といった方法はそれぞれの工場や物流センター、営業所などに分散し、個別の契約を行っていた支払物流費（特に運賃）と物流事業者を一元管理するため、委託する業務のボリューム（量）がまとまり、低単価での交渉が可能となります。またこの方法をコンペ式で行うことにより、情報の選択肢が増え、価格の提示だけではなく物流事業者からの提案を受けることができるようになります。

## 過剰サービスを止める

多品種少量の時代であるとはいえ、必ずしも毎日発送する必要はないのではないかという企業が多くあります。鮮度品、緊急品、商品回転率の高いものは必要ですが、本当に毎日発送しなければ売上が落ちるかクレームが発生するかは疑問であり、過剰サービスにユーザーが習慣化してしまいコストアップしている企業を見受けます。

幹事物流会社の活用

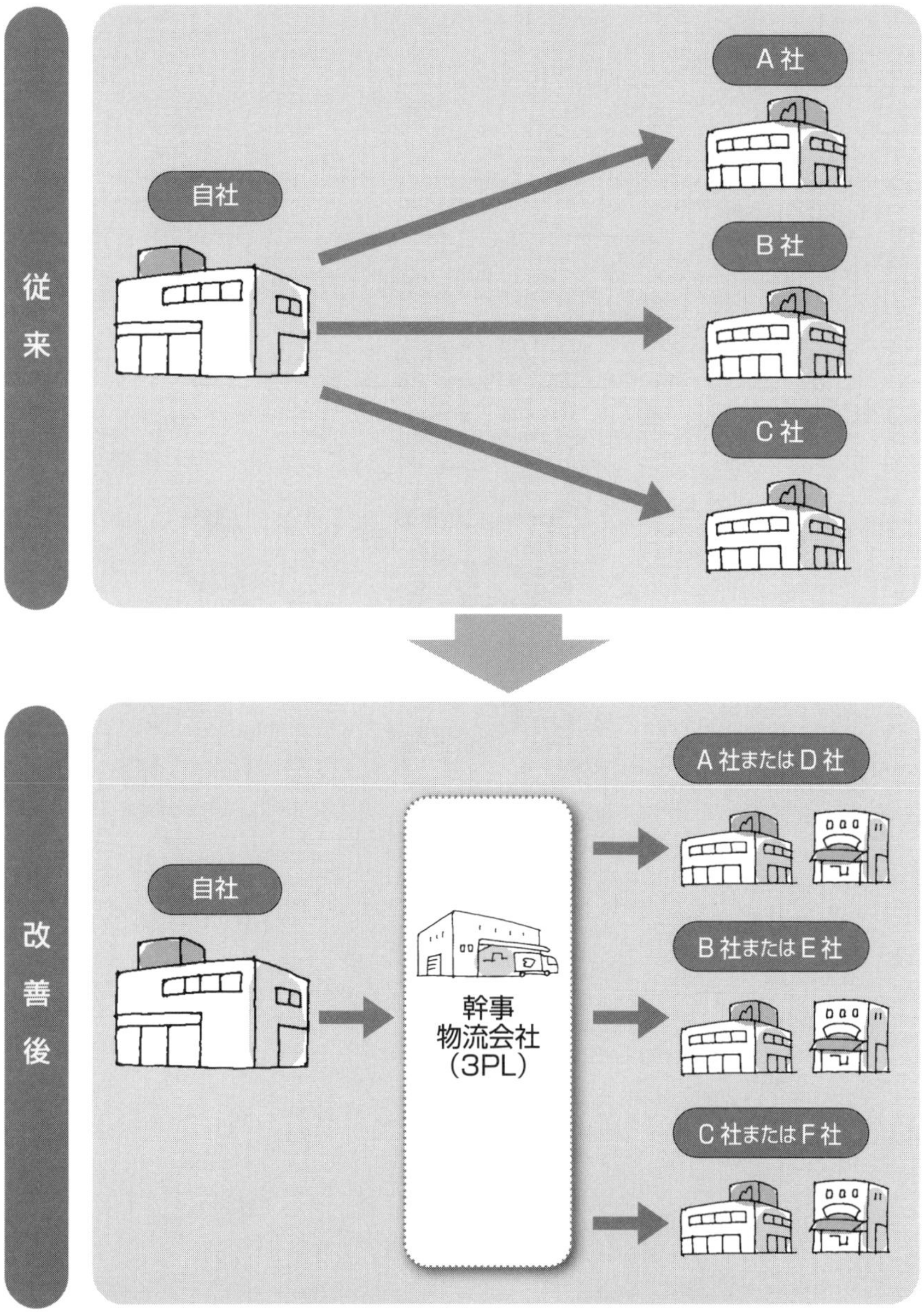


●年間支払物流費が2億から6億円のボリュームで特に効果が出る

# 6章

# 物流はどのような管理を行うのか

❶ 物流業務の見える化

❷ コスト管理で見える化を実現

❸ 生産性、作業スピードを管理する

❹ 業務品質を管理する

❺ サプライチェーンを管理する

❻ 適正な人数とヒトの役割分担を管理する

❼ 適正な在庫の数量と発注点、差異を管理する

❽ 輸配送のルート、コスト、納品時間を管理する

❾ システムが有効に使われ、実際の業務に合っているかを管理する

❿ アウトソーシングしている外注先のコスト、品質などを管理する

## 1

# 物流業務の見える化

### 4つの見える化

業務の見える化となると業務を作業レベルにまで落とし込み、数値化するというのが通例です。物流では主に4つの見える化が可能です。それは、①業務を数値化する②情報システムを活用してデータ化する③フロー図に反映させる④カメラ、ビデオなどによる現場の映像化などがあり、何を目的とするかによって用いる方法が異なってきます。

### データ化

物流業務を数値化する対象としては主にコストと品質があります。コストではトータル物流コストが代表的ですが、その他にも作業単位当りのコスト算出などがあります。品質では商品事故、誤出荷、在庫差異を数値化する場合がよくあります。ここでの限界は何を媒体として数値化を行っているのかです。例えば伝票入力データや手作業で集計したデータを使用する場合がよくありますが、必ずしも正確とはいえません。そこで情報システムによるデータの蓄積があります。製品のバーコードをハンディターミナルでスキャンすると手作業よりも正しい情報が収集されます。しかしスキャンミスなどの作業ミスがあっては正確なデータは蓄積できません。

### マニュアル化

業務の流れや手順を見える化するための方法としてはフロー図への反映、マニュアルへの落とし込みが得策です。これらは教育、指導、現状認識の共有化を図る目的が強く、全体像の把握に効果的です。引き継ぎ時などに作業指示書、手順書の一部として現場スタッフが使用する場合が多く見られます。

### 映像化

セキュリティにおける作業チェックや物流センターから離れた本社との返品に対する処理などでは、時間の整合性や現物確認といったリアリティが重要なポイントとなるため、カメラによる映像化も積極的に行われています。マニュアルにおいても物流業務の動的な特性から文書化するよりも、ビデオによる映像化によって習得性の効果が絶大に向上します。

## 4つの見える化

### 1 業務を数値化する

ワークサンプリング■仕分け作業

| | | |
|---|---|---|
| サンプル NO. | 3 | の結果 |
| | | 単位 |
| 総作業時間 | 550 | 秒 |
| 総歩数 | 123 | 歩 |
| ピッキング総数 | 65 | 個 |
| ピキングリスト行数 | 3 | 行 |
| 移動距離（cm） | 4,920 | cm |
| 1 行当たりに費やす時間 | 183 | 秒 |
| 1 個当たりに費やす時間 | 8 | 秒 |

| 作業区分 | 各作業区分に費やす時間（秒） | 構成比 |
|---|---|---|
| 移動 | 120 | 21.82% |
| 探す | 81 | 14.73% |
| 商品チェック | 76 | 13.82% |
| 商品ピック | 67 | 12.18% |
| 梱包 | 60 | 10.91% |
| 加工 | 50 | 9.09% |
| 商品箱入れ | 45 | 8.18% |
| 商品格納 | 21 | 5.64% |
| シール貼り付け | 20 | 3.64% |
| （空白） | 0 | 0.00% |
| 総計 | 550 | |

### 2 情報システムを活用してデータ化する

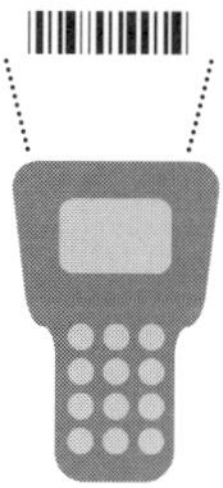

### 見える化

### 3 フロー図に反映させる

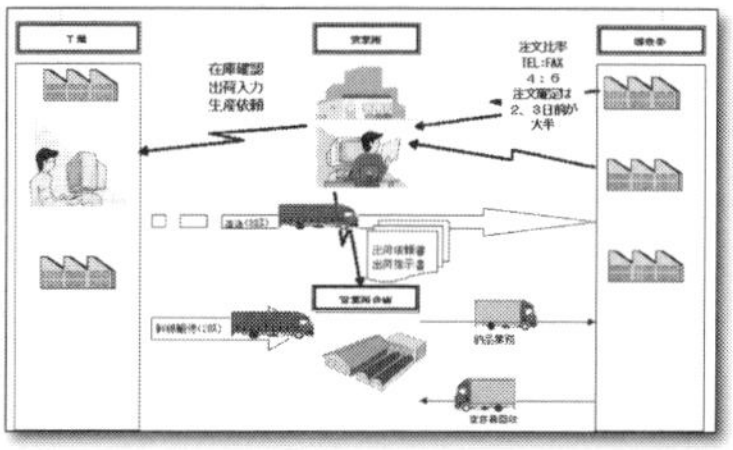


### 4 カメラ、ビデオなどを使用して映像化する

# 2 コスト管理で見える化を実現

## トータル物流コストだけがコスト管理ではない

3章で「トータル物流コスト」について述べましたが、これは荷主企業における全体でのコストを表したものです。この展開として事業所別、事業部別の部署展開、得意先別、製品・商品別、物流センター拠点別、国・エリア別があり、大きな組織では更に細分化することで課題・問題点が見えてきます。運営する現場レベルでは1梱包当りの運賃、出荷1件当りの庫内作業費といった作業コストを管理している会社もあります。その他では運賃における重量（kg）当り単価、1ケース当り単価、資材購買におけるダンボール1枚当りコスト、パレット1枚当りコストなどの単価管理を行っています。

## 自社配送、輸送会社におけるコスト管理

中小メーカーや卸などでの自社配送や輸送会社におけるコスト管理のひとつに車両別原価管理があります。これは人件費、燃料、油脂費、車両費、タイヤチューブ費、修理費、高速代、管理費などによって構成されており、一般的に車両原価の約50％は人件費によって占められています。またこれらの展開として日別車両別原価があります。作業コストでは1時間当りの人件費が主となっています。購買では軽油コスト、1本当りタイヤコスト、荷主企業と同様に1枚当りパレットコストなどの単価管理を行っています。軽油と車両単価については購入規模によって各社バラつきが大きく発生しており、輸送損益に大きく影響しています。

## 倉庫・センター運営会社におけるコスト管理

保管、流通加工を主とする倉庫やセンター運営会社では輸送会社のコスト管理との違いが大きく3つあり、①倉庫設備における償却費が大きい②輸配送は別会社か他社に外部委託（傭車）している場合が半数くらいあり、外注輸送費となっている③パート・アルバイトの人件費、派遣の（外注）作業費の割合が高いという点です。

このように物流におけるコスト管理では荷主企業とその業務を受託運営する物流事業者によって重点管理項目の違いがあり、更にどのコストを改善するのか、どの業務レベルまで管理を行うかで対象項目が変わります。

# 車両別原価管理でコスト管理を見える化する

## ●車両別原価計算表（例）

営業用４ｔ平ボディー車　１ヶ月平均 22 日稼働１日平均 214ｋｍ走行

| 費目 | | | 摘要 | 月額(円) | 消費税月額(内訳・円) |
|---|---|---|---|---|---|
| 車両費 | 車両償却費 | (1) | [{( 車体金額＋車両設備 )×0.95+}+ 消費税 ]÷72 ヶ月 | | |
| | 自動車税 | (2) | 法定自動車税 ÷12 ヶ月 | | |
| | 取得税 | (3) | 購入時取得税 ÷72 ヶ月 | | |
| | 重量税 | (4) | 法定重量税 ÷12 ヶ月 | | |
| | 小　計 | (5) | (1)+(2)+(3)+(4) | | |
| 保険料 | 任意車両 | (6) | (290 万円･免責５万円)　72,150 円 ÷12 ヶ月 | | |
| | 任意対人 | (7) | ( 無制限 )　55,300 円 ÷12 ヶ月 | | |
| | 任意対物 | (8) | (1,000 万円･免責５万円)　80,770 円 ÷12 ヶ月 | | |
| | 任意搭乗 | (9) | (500 万円)　3,750 円 ÷12 ヶ月 | | |
| | 自賠責 | (10) | 91,050 円 ÷12 ヶ月 | | |
| | 小　計 | (11) | (6)+(7)+(8)+(9)+(10) | | |
| 燃料費 | 燃料費 | (12) | [{(214km×22 日 )÷5.5km/ リットル }×60 円 / リットル ]+ 消費税 | | |
| | 油脂費 | (13) | [{(214km×22 日 )÷660km/ リットル }×165 円 / リットル ]+ 消費税 | | |
| | 小　計 | (14) | (12)+(13) | | |
| 修理費 | 車検整備費 | (15) | ( 法定車検費用 ×5 回分＋消費税 )÷72 | | |
| | 一般修理費 | (16) | ( 月間平均修理費＋消費税 )÷12 | | |
| | ﾀｲﾔ･ﾁｭｰﾌﾞ費 | (17) | [{(ﾀｲﾔ価格 ×6 本 )÷80,000km}×(214km×22 日 )]+ 消費税 | | |
| | 小　計 | (18) | (15)+(16)+(17) | | |
| 施設使用料 | | (19) | ( 車庫使用料、休憩施設、その他 )50,140 円＋消費税 | | |
| 人件費 | 給料 | (20) | 月間支払給与 | | |
| | 賞与 | (21) | 賞与金額 ÷12 | | |
| | 退職引当金 | (22) | 182,400 円 ×0.0289 | | |
| | 労働保険料 | (23) | ( 月間支払給与 (20)+ 賞与 (21)÷12)×0.027( 法定掛率 ) | | |
| | 法定福利費 | (24) | 月間支払給与 (20)×0.1135( 法定掛率 ) | | |
| | 福利厚生費 | (25) | ( 月間支払給与 (20)×0.05)+ 消費税 | | |
| | 小　計 | (26) | (20)+(21)+(22)+(23)+(24) | | |
| その他運送費 | | (27) | (ｼｰﾄ･ﾛｰﾌﾟ･消耗品･事故費･その他 )57,430 円＋1,330 円 | | |
| 運送費合計 | | (28) | (5)+(11)+(14)+(18)+(19)+(26)+(27) | | |
| 一般管理費 | | (29) | ( 運送費合計 (28)× 決算書販管比率 )+ 消費税 | | |
| 営業外費用 | | (30) | ( 運送費合計 (28)× 決算書営業外費用比率 )+ 消費税 | | |
| 合　計 | | (31) | (28)+(29)+(30)+ 消費税 | | |
| 稼働１日当たり | | (32) | 合計金額 (31)÷ 稼働日数 22 日 | | |
| 実走１ｋｍ当たり | | (33) | 合計金額 (31)÷ 月間総走行距離 (214km×22 日 ) | | |

# 3 生産性、作業スピードを管理する

## 生産性管理はコストダウンに直結する

物流管理では「コスト」と「品質」が二大テーマであり、業種、業態によって更に「リードタイム」や「サービス」を付加する場合があります。その中でも最重要視される「コスト」については支払コストと社内コストに分かれます。生産性の向上は社内コストを下げ、支払コストの最小化につながります。生産性は人当り、時間当りの作業量（個数、伝票行数など）のことを表します。

## どのようにすれば生産性は上がるのか

作業環境、手順・方法の理解、目標の設定、信賞必罰の評価システムが生産性向上のカギです。その中でも改善効果の高い作業環境では①体に負担がかからず、素早く、簡単にモノを格納、出庫できるロケーション②作業のために歩く動線が短くて済むレイアウト③ケガなく安全にスピーディな作業ができる備品と器材④休憩時間、昼休みがきちんと取れる休憩室⑤作業の低下を招かない照明と空調設備⑥通勤における時間、手段などの負担軽減⑦必要なときに休みが取れる勤務シフトなどが整備項目です。

## 「6つのない」で生産性を上げる

現場改善における作業指針として「6つのない」があり、これは生産性の向上策としても用いられています。それは①持たせない②書かせない③歩かせない④待たせない⑤考えさせない⑥探させない、です。これには最もムダのない作業、現場スタッフに大きな負担がかからない作業を行うという狙いがあります。また②の書かせないは記入間違いなどの人的ミスを防ぐ業務品質向上にも活かされています。

## 生産性のチェックに用いられる指標

現場スタッフの出荷効率を判断する指標として「ピッキング（または出荷）効率」があり、ピッキングスタッフが一定時間内にピッキングを行う伝票行数を表します。例えば1分当り2行といった数値が出てきます。またエリア別の生産性を判断する指標として「エリア別出荷効率」があり、センター、倉庫内のエリア（ゾーン）ごとの1人当りの出荷数量を表します。例えば雑貨ゾーン1人当り４００行といった数値になります。

## 生産性を上げる「6つのない」と作業効率指標

### 「6つのない」

- 持たせない
- 待たせない
- 書かせない
- 考えさせない
- 歩かせない
- 探させない

**●作業効率指標（例）**

| 評価の対象 | 指標項目 | 内容 | 指標の単位 | 計算式 |
|---|---|---|---|---|
| 要員の出荷効率を判断する指標 | ピッキング効率 | ピッキング担当者が一定時間内にピッキングを行う伝票行数 | データ行数 | 出荷データ行数／ピッキング時間 |
| エリア別の生産性を判断する指標 | エリア別出荷効率 | エリアごとの1人当りの出荷数量 | データ行数 | 出荷データ行数／エリア別投下人員 |
| ルート別の配送効率を判断する指標 | 対売上運賃比率 | ルート別の売上金額に占める支払運賃の比率 | 円 | ルート別支払運賃／ルート別売上金額×100 |

# 4 業務品質を管理する

## 〝安かろう、悪かろう〟を防ぐ

他の業界、業種と同様に物流においても「コスト」と「品質」のバランスが重要です。コストダウンの取り組みを行う企業が多い中で「品質」の維持が大きな課題となっています。コストダウン、生産性の向上と品質の向上は反比例の関係にあり、コストを追求し過ぎるとどうしても〝安かろう、悪かろう〟のサービスを生んでしまいがちです。そこで物流事業者などは「品質」を維持するための方策に追われている状況です。

## どのようにすれば品質を向上させられるか

業務の品質向上、維持には社員、現場スタッフへの教育、チェック体制の強化、業務のシステム化・自動化、トラブル・クレームのフィードバックとその防止対策の実行が主にあげられます。その他業務の内容ではマニュアルの作成、現場チェックリストの活用、作業の前工程、後工程を知る作業フロー図による全体像の把握、棚番地の明確化、照度のアップ、伝票印字の拡大による見間違いの撲滅、貼り付（集合した製品につける大きな印）の明確化、音を立てない作業の徹底などがあります。

## 品質のチェックに用いられる指標

物流精度を評価する指標として「在庫差異率」があり、これはコンピューター上と実地棚卸の商品在庫数、金額との差異の割合を表します。物流センターの出荷精度を評価する指標では「誤出荷率」が主に用いられ、納品・検品ミスによる品違い、数量相違、出荷漏れが発見された商品の割合を表し、指標の単位となるのが各々の伝票データ行数になります。その他に品揃えの状況、受注精度を評価する指標があり、「ヒット率」は在庫として品揃えできている商品の割合、「誤受注率」は顧客の注文を間違って出荷の手配を行った商品の割合を表し、いずれも指標の単位はデータ行数になります。配送業務の品質を表す指標として納品先を間違えて配送した配送先件数の割合を示す「誤配送率」、約束の時間より一定の許容範囲を超えて納品した配送先の割合を示す「遅納（延）率」、そして配送途中において荷崩れや落下などの商品事故の件数を示す「事故件数」などがあります。

# 物流品質指標

| 評価の対象 | 指標項目 | 内容 | 指標の単位 | 計算式 |
|---|---|---|---|---|
| 全体的な物流精度を評価する指標 | 1. 在庫差異率 | 実地棚卸とコンピューター上の商品在庫数・金額との差異の割合 | ①アイテム数<br>②金額 | 差異アイテム数（金額）／在庫アイテム数（金額）×100 |
| 品揃えの状況を評価する指標 | 2.①ヒット率 | 在庫として品揃えできている商品の割合 | データ行数 | 在庫商品のデータ行数／受注データ行数×100 |
| | ②品切れ率（在庫品） | 在庫品のうち出荷当日に在庫がなくなった商品の割合 | | 在庫品品切れ受注データ行数／在庫品受注データ行数×100 |
| | ③品切れ率（全品） | 出荷当日に出荷できなかった商品の割合 | | 当日出荷データ行数／当日出荷受注データ行数×100 |
| センターの出荷精度を評価する指標 | 3.①誤出庫率 | 出荷検品で品違い、数量相違、出荷漏れが発見された商品の割合 | | 誤出庫データ行数／受注データ行数×100 |
| | ②誤出荷率 | 納品検品や顧客クレームにより品違い、数量相違、出荷漏れが発見された商品の割合 | | 誤出荷データ行数／受注データ行数×100 |
| 受注精度を評価する指標 | 4. 誤受注率 | 顧客の注文を間違って出荷の手配を行った商品の割合 | | 誤受注データ行数／受注データ行数×100 |
| 配送精度を評価する指標 | 5. 誤配送率 | 納品先を間違えて配送した配送先件数の割合 | 納品先件数 | 誤配送発生納品先件数／全配送納品先件数×100 |
| | 6. 遅納率 | 約束の時間より一定の許容時間以上前後して納品した配送先件数の割合 | | 遅納発生納品先件数／全配送納品先件数×100 |

# 5 サプライチェーンを管理する

## サプライ・チェーン・マネジメントとは

サプライ・チェーン・マネジメント（ＳＣＭ）というのは自社を起点に、販売先と仕入先を含めたひとつの製品がつくられ、販売、回収するまでの一連の企業間で「最適なコスト」と「短納期」を実現するというものです。そのためには各企業が行っている輸配送や在庫、調達、販売、回収までを情報システムによって一元管理し、各社のムダを全体最適の視点からなくすというものです。

## ＳＣＭに適した企業

ＳＣＭはどのような企業にも展開できるというマネジメント方法ではなく、ある程度の条件が整った企業に適しています。①親会社・子会社の関係にある企業②財閥系など大手系列となる企業同士③圧倒的主導権を持つ大手完成品メーカーや大手小売業とその部品、商材を供給する企業④売上の大半が供給先1社で占められている協力会社⑤製造小売（ＳＰＡ）のビジネスモデルを展開するサプライヤーの数が少ない企業⑥メーカー・卸・販売までのひとつの製品カテゴリーの物流を一括して請け負っている物流事業者、などがそれにあたります。

## サプライチェーンの何を管理するのか

「コスト」「品質」、「リードタイム」を管理することが基本項目ですが、複数の企業が連携しているために各企業の在庫量、発注点、発注頻度と発注ロット、リードタイムなどの情報を共有化しておくための情報システム導入が不可欠です。更に部品、資材などが欠品することなく、在庫が滞留することのない最適なフローを構築するためには各企業の発注締切時間や入荷受入れ時間、物流拠点管理などの物流ルールの擦り合せ、調整が必要となってきます。したがって、サプライチェーンを管理するための①対象とする製品と企業②統一した物流ルールの決定が必要となります。コスト管理では全体的な視点から輸配送ルートのムダ、保管スペースのムダや重複拠点、重複業務によるムダなどを抽出することでコストダウンにつなげることが可能となります。しかし諸事情を持つ各企業の現場への統一ルールの適用という点から難易度が高く、まだ多くの課題が残されています。

## サプライチェーンの展開

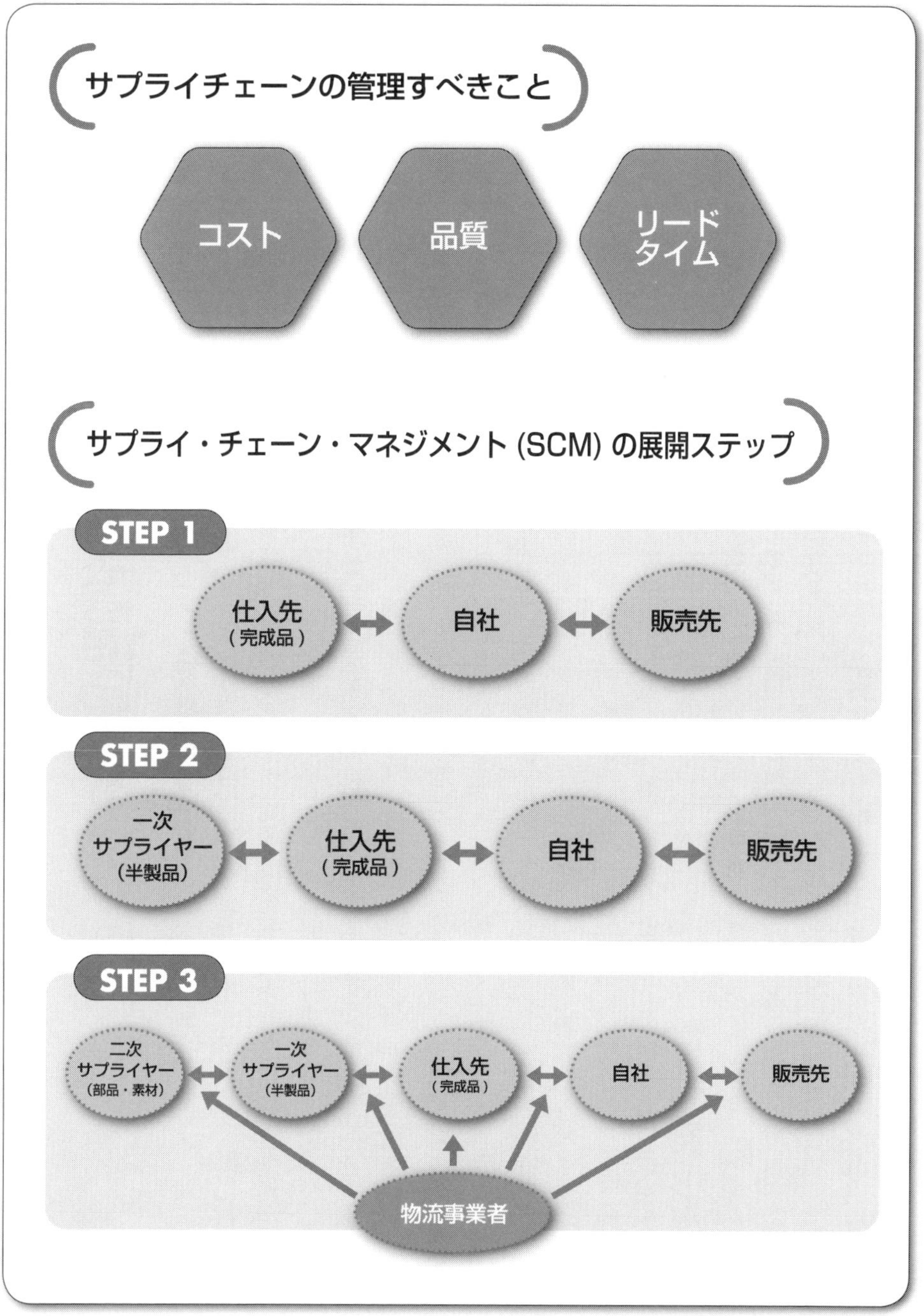

サプライチェーンの管理すべきこと
コスト
品質
リードタイム
サプライ・チェーン・マネジメント (SCM) の展開ステップ
STEP 1
仕入先（完成品）
自社
販売先
STEP 2
一次サプライヤー（半製品）
仕入先（完成品）
自社
販売先
STEP 3
二次サプライヤー（部品・素材）
一次サプライヤー（半製品）
仕入先（完成品）
自社
販売先
物流事業者

# 6 適正な人数とヒトの役割分担を管理する

## 適正な人員を決める

物流センターでも通過型センター（TC）であるか、在庫型センター（DC）であるかによっても大きく違ってきますが、実際には次の2つのアプローチによって人員数を定めています。①利益を出せる人員数②作業を賄うことができる人員数です。①ではトータル物流コストでの人件費の割合を50％以下に抑えることで利益を出すように努力され、センター運営では非正規社員100名に対して1名の社員もしくは管理者という人員設定を行っている会社もあります。また人員1人当りの出荷伝票の処理行数は1分当り平均3～6行ぐらいを目安に荷姿や重量、センター内のロケーションなどによって変化させます。更にセンターでの非正規社員比率は80～90％に設定しなければ利益は出ません。②では繁忙、閑散期の物量の差や作業の進捗状況によってバラつきが発生するため適正人員は現場の管理者が1時間～半日単位で設定し、業務内容と業務量に応じた人員数を調整します。これをレイバーコントロールと呼んでいます。

## 役割分担を決める

役割分担には大きく業務（TASK）、作業（WORK）があります。基本的に業務（TASK）は管理職が行い、作業（WORK）は一般社員、パート・アルバイト、派遣スタッフが行いますが、少数の現場では管理職といえども繁忙時には作業（WORK）を行うこともしばしばあります。また、現場作業レベルでは役割分担を明確にし過ぎるとかえって応援作業ができなかったり、休みを取れなくなるため、多能工化や多能班化によって1人もしくはひとつの班が3つ以上の職種に対応することで少数化が可能になり、利益化が実現できます。また〝パートによるパートのためのパート管理〟という考えからパートリーダー、班長を設置し、指導、教育、出勤シフト管理、作業手順管理などを任せています。判断が必要な業務、予測、計画が必要な業務、調査、分析が必要な業務とトラブル・クレーム対応は管理職が行い、その他の業務はできる限り非正規社員へシフトさせることで、総人件費の割合を低く抑える努力をしています。

# 適正な人数とヒトの役割分担管理が必要

## ●役割分担表（例：酒類卸）

①

| | パート・アルバイト化する業務 | 将来的にパート・アルバイト化する業務 | 社員レベルの業務 |
|---|---|---|---|
| 【配送】 | | | |
| 納品票・ﾋﾟｯｷﾝｸﾞﾘｽﾄ受け | ○ | | |
| ﾋﾟｯｷﾝｸﾞ | ○ | | |
| 検品 | ○ | | |
| 積み込み | ○ | | |
| 得意先への配送予定時間連絡（Ｔｅｌ） | | ○ | ○ |
| コース確認 | | ○ | ○ |
| 伝票確認（製品・数量） | ○ | | |
| [illegible]指標[illegible] | | | ○ |
| ロケーションの設計 | | | ○ |
| 適正在庫の決定 | | | ○ |
| 棚卸 | ○ | | ○ |
| 在庫管理 | ○ | | ○ |
| 発注 | | | ○ |
| 配送計画・コース設定 | | | ○ |
| 人員計画づくり | | | ○ |
| 物流コスト算出 | | | ○ |
| ミーティングの実施 | | | ○ |

②

| | パート・アルバイト化する業務 | 将来的にパート・アルバイト化する業務 | 社員レベルの業務 |
|---|---|---|---|
| 【受注】 | | | |
| Ｔｅｌ受注の応対 | | ○ | |
| Ｆａｘ受注の確認 | | ○ | |
| ＥＯＳ受注の確認 | | | ○ |
| Ｔｅｌ受注の伝票記入 | | ○ | |
| 得意先への受注確認連絡 | | ○ | |
| 受注伝票の入力 | | ○ | |
| 緊急出庫要請の報告・相談 | | | ○ |
| キャッシュ＆キャリーの対応 | | ○ | |
| 納品票・ﾋﾟｯｷﾝｸﾞﾘｽﾄの作成 | | ○ | |
| 「入庫・ﾋﾟｯｷﾝｸﾞ」「配送」への納品票ﾋﾟｯｷﾝｸﾞﾘｽﾄ渡し | ○ | | |
| 「入庫・ﾋﾟｯｷﾝｸﾞ」「配送」との確認作業 | | | ○ |
| 【入庫・ピッキング】 | | | |
| 入庫予定表の確認 | ○ | | |
| 入庫準備（製品移動） | ○ | | |
| 入庫車両誘導 | ○ | | |
| 入庫製品チェック　（品名・数量など） | ○ | | |
| 受領サイン | | | ○ |
| 庫内ハンドリング　（リフト作業など） | | ○ | |
| 在庫確認（ＡＢランク製品目視確認） | ○ | | |
| 欠品報告 | ○ | | |
| 整理整頓 | ○ | | ○ |
| 出荷サポート | ○ | | |

# 7 適正な在庫の数量と発注点、差異を管理する

## 在庫は何を管理するのか

在庫は欠品を防ぎ、売上拡大に貢献するようにする反面、過剰かつ不良な在庫を持ってしまうと資金繰りの悪化につながります。また〝物流〟から見た在庫管理には次のようなものがあります。①在庫量②在庫品目数③在庫金額④在庫回転率（日数）⑤在庫面積⑥在庫保管コスト⑦よく動く在庫（アクティブ）、時々動く在庫（スリーピング）、ほとんど動かない在庫（デッドストック）のランクづけ⑧ＰＣ上の在庫数量（金額、品目数）と実地棚卸による数量（金額、品目数）との差異⑨期限切れなどの管理があります。更に全社的には営業や生産部門と共に適正在庫と発注点及び補充点の決定を行い、その管理を行います。

## 在庫管理における課題と対策

在庫管理にも様々な課題がありますが、主な課題として次のようなものがあります。①在庫責任の所在部署が曖昧②メーカーにおける生産端数の処理方法が明確でない③現場での在庫に対する意識の低さなどがあり、これらの対策として在庫管理専門部署の設置、在庫コントローラー、アナリストの選任による在庫管理への特化や、ヒトに頼らない入・出庫システム、在庫管理システム導入による管理などを行っています。

## 安全在庫と発注点の設定

在庫は「よく出る製品は常に品薄で、出ない製品は過剰気味」という企業が多く、これは在庫管理が単品レベルにまで至っていないことを表しています。したがって、製品別適正在庫、製品別発注点を設定し、管理する必要があります。安全在庫量は（調達リードタイム－１日）×１日平均出荷数、発注点は（調達リードタイム－１日）×１日平均出荷数＋安全在庫でそれぞれ算出することができます。しかし、現場での在庫管理精度が伴わなければこれらの計算は絵に描いた餅となり、機能しません。また在庫差異をなくすためには、①入荷・出荷の正しい把握と入力②ロケーションルールの明確化③仕入・出荷・カウントミスの撲滅④盗難・破棄品の報告の徹底と監視体制の強化などがあります。

## 適正な在庫を管理する方法

### 定量発注方式（発注点管理方式）

**発注点法による在庫管理**　発注点法で必要な数値

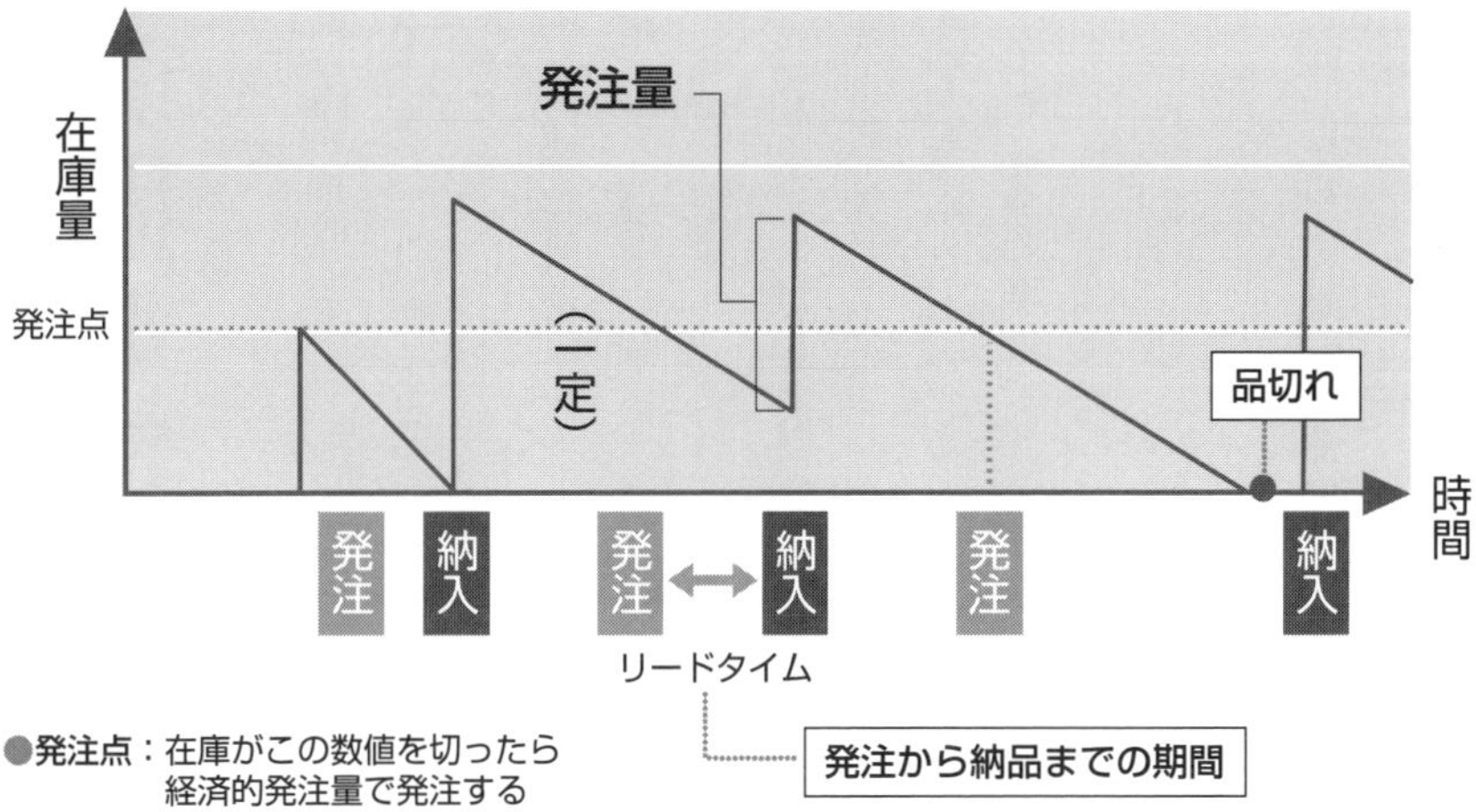

●発注点：在庫がこの数値を切ったら経済的発注量で発注する

### 安全在庫、発注点、発注量の算出方法

**安全在庫量** ＝( 調達リードタイム－１日 )×１日平均出荷数

**発注点** ＝( 調達リードタイム－１日 )×１日平均出荷数
＋安全在庫

**発注量** ＝( 発注サイクル＋調達リードタイム－１日 )
×１日平均出荷数－現在の在庫残
－現在の発注残＋安全在庫

# 8 輸配送のルート、コスト、納品時間を管理する

## 輸配送管理とは

輸配送業務における管理としては、①輸配送ルート管理②発着時間管理③ドライバー管理（労務管理）④車両管理⑤安全管理などがあります。

①輸配送ルート管理では幹線輸送、ルート配送などにおいて指定時間内に安全かつ確実な到着、納品を行い、その上で走行の距離と時間、高速料、燃料代を最小化するように管理します。特積会社（路線会社）や一般配送を行う企業では得意先や納品先数の増減、物量の増減によって定期的なルートの見直しが必要となります。②発着時間管理は納品先の時間指定に対して出発、到着の時間を管理するものであり、コンビニなどの店舗配送では店別に納品時間が定められており±15分の時間枠が設けられています。③ドライバー管理はドライバーの出退勤時間、体調及び健康状態、休日の確保、飲酒チェック、運転免許証の有無と点数そして業務内容、納品先数、物量に応じた人員の確保などがあげられます。④車両管理は燃料、オイル、ブレーキ、タイヤなどの出発前点検、走行距離及び積載量（率）に関する数値管理、車検やリースアップ、台替えなどの車輌管理などがあります。⑤安全管理は事故に対する未然防止を意味しており、対物対人の事故、荷物に対する商品事故を防ぐための管理になります。

## 輸配送管理を応用する

上記の基本的な管理を応用して①月や週、曜日において物量の増減（波動）が発生することで車両が不足したり、余ったりするために傭車（外部の車両を一時的に調達する）を活用し、自社便とのルートの切り分けを行う②外食、コンビニ、大手小売業向けの３６５日24時間体制の配送を行うために1台の車両に対してドライバーを2～3名配置させるシフト作成③幹線輸送（拠点間の長距離輸送）における帰り荷の確保④不採算ルートにおける他荷物の積み合わせ、傭車の活用⑤業務量、納品時間に応じた高速道路使用の有無判断などがあげられます。管理範囲が多岐にわたりますが、それだけ様々な組み立てが可能であることも特徴です。

## 運行管理とドライバー教育がカギ

### 運行管理と管理３要素

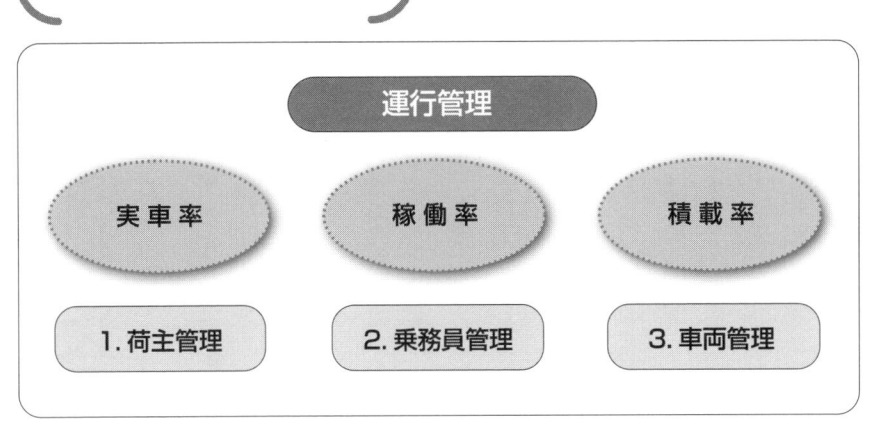

**運行管理**

実 車 率　　稼 働 率　　積 載 率

1. 荷主管理　　2. 乗務員管理　　3. 車両管理

### ドライバー教育

#### 1 ドライバーとしての基本

1. 挨拶　やらされているのではなく、自分が納得し自主的に実施
2. 服装　サービス業としての身だしなみ
3. 安全　無事故
4. 確実　延着なし
5. 正確　荷物事故なし
6. 誠実　クレームなし

#### 2 教育・研修

- 朝礼
- ミーティング
- 新人研修
- 定期研修
- 個別面談
- 同乗研修
- 小集団管理
- 個別指導

# 9 システムが有効に使われ、実際の業務に合っているかを管理する

### システム管理とは

システムにおいて重点的に管理しなければならないことは、①実際の作業手順、業務フローとシステム機能が合致しているか（フィット&ギャップ）②システムの不具合により、待ち時間や人的対応などのムダが出ていないか③システム導入コストと効率化や削減されたムダで採算が取れているのか④本来のあるべき業務、作業ではなくシステムに合わせた業務、作業の割合が高くなっていないか⑤変化する業務や状況に対して必要なカスタマイズを行えているかなどがあげられます。

### よくあるシステム問題・トラブル

システムは繊細なツールであり、現場の業務と合致させることが困難な場合もあります。よく見られるトラブルにはこのようなものがあります。①伝票発行のスピードが遅い、待ちが生じる②入力情報が多岐にわたり、時間が取られる③実際に使用するスタッフにとって操作が難しい④画面、伝票などが見づらい、使いづらい⑤システムを開発した担当者が辞めているため問題が発生したときに詳しいことが聞けない⑥このままでは投下したコストを回収できないなどの課題やトラブルがシステム管理にはついてまわります。

### トラブルを最小限に抑えるには

このようなトラブルを最小限に抑えるには初期段階での十分な話し合いと確認が必要であり、発注者がシステム会社任せにするのではなく、当事者となりシステムは目的を達成するためのツールであることをまず認識しなければなりません。具体的には、①システム導入の詳細目的の確認②実際、操作をすることになる現場スタッフとの操作性などの十分な打ち合わせ③基幹システムにつながない独立システムの選択④トライアル期間の十分な設定などがリスクを下げることにつながります。

このようにシステム管理、運営は基本設計、開発の段階で重要なスペックが決まります。そして物流業務との整合性、統一性では緻密なものであるためセンター立ち上げ、移設時に失敗する大半はシステムトラブルによるものになっています。

## 物流情報システムを検討する

### 物流情報システムの必要性

「何のために必要か?」を考える

| | |
|---|---|
| 作業効率向上 | 作業能力向上／少人数化／横持ち作業の低減 |
| 業務の標準化 | 安価な労働力の利用 |
| 保管効率 | |
| 管理レベルの向上 | 情報の一元化／商品の安定供給／品切れ率の減少<br>コストマネジメント |
| 正確性ミス率の減少 | |
| 労働力不足対策 | 省力化、作業環境改善／悪環境における作業の無人化<br>運搬作業の無人化／繰り返し作業の無人化／残業時間の短縮 |
| サービス向上 | リードタイムの短縮／迅速なクレーム処理／納期遵守 |
| 経済性 | |
| 生産性 | |

「便利だから導入する」、「トレンドだから導入する」では必ず“失敗”する。
まずは「何のために」という思考を繰り返し、導入目的を明確にする。
**→“現場”と“環境”の現状問題・課題の把握が必要不可欠となる**

### 荷主における物流と情報システム

**対得意先システム**
- 受注システム
- 営業支援システム

**社内物流システム**
- 入荷・出庫システム
- 出荷システム
- 在庫管理システム
- 発注システム

**その他社内システム**
- 基幹システム

経理・人事システムなど

# 10 アウトソーシングしている外注先のコスト、品質などを管理する

## 外注先を管理する

アウトソーシングを有効な経営戦略と位置づけている企業では物流にかかわらず委託、外注先管理は重要なマネジメントのひとつです。しかしながら、表面的なコストと品質の管理に留まり、それに関わる詳細な管理については委託先任せになっている企業が大半です。自動車業界、電機業界などが先じて取り組んでいる委託先、協力会社との共同改善、教育・育成は他の業界でも不可欠となっています。物流の外注先においては次のような管理があります。①外注先における自社に対する売上構成比（依存度）②後継者の有無③コスト低減、品質向上、事故・安全対策のための取り組み事項④コンプライアンス（法令遵守）の状況⑤社員教育の内容などがあります。

## どのような方法で管理するのか

更に前述の内容を管理、推進していく方法として、①協力会の発足②定期的な会議の開催③合同勉強会の実施④ＩＳＯ９０００などの取得要請⑤監査員による現場巡回⑥チェックリストによる管理⑦品質指標導入による定例会議での公開評価などがありますが、実務としては日々の現場責任者、担当者との報告・連絡・相談の徹底が重要な管理となります。

## 最適なパートナーを見つけ出すには

これについては大きく2つの方法があります。ひとつは既存取引先を育成していく、もうひとつは物流コンペという方法により、既存企業、新規企業そして第三者からの推薦企業の中から新しくパートナーを選ぶというものです。物流コンペでのパートナー選考という方法は他の物流事業者の情報収集が十分ではない大手企業には適しており、一次書類選考、二次選考、最終選考と段階を経て進め、提案書、見積書などの書類と現場視察、実績、取り組み姿勢などの内容を重要な選考基準としています。この査定には運営が始まり1ヶ月程度の経過を見なければならないため、複数社でのトライアル期間を設ける場合も少なくありません。よきパートナーを選ぶには委託側企業の情報開示と長期的取引メリットそしてコストのみならず提案内容にも重点を置く必要があります。

# 外注先の管理方法

## 【自社傭車売上における構成比と傭車先の自社構成比】を検証

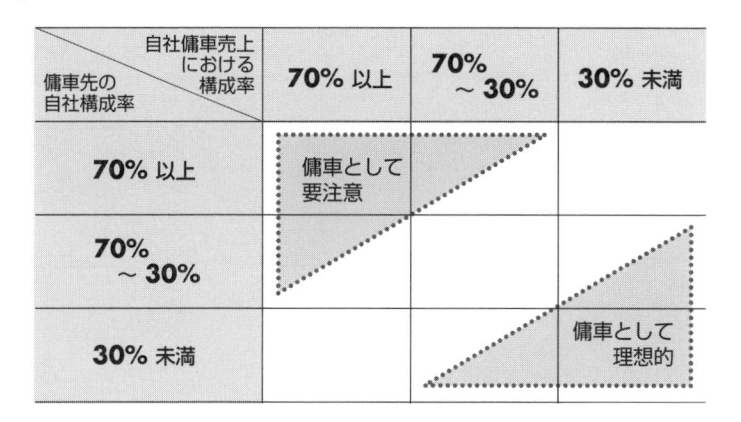

| 傭車先の自社構成率 ＼ 自社傭車売上における構成率 | 70% 以上 | 70% ～ 30% | 30% 未満 |
|---|---|---|---|
| 70% 以上 | 傭車として要注意 | | |
| 70% ～ 30% | | | |
| 30% 未満 | | | 傭車として理想的 |

## アウトソーシング物流事業者評価表

### 詳細評価：業務品質

| 評価項目・内容 | | 評価（点） | | |
|---|---|---|---|---|
| 1．業務品質 | | ●●<br>●● | ●●<br>●● | ●●<br>●● |
| ①提案内容の具体性・実現性 | 取り扱い商品に対する理解度 | 0 | 1 | 0 |
| | 運用管理体制の充実性 | 1 | 0 | 0 |
| | 異常・障害発生時の対応の適切性 | 0 | 0 | 0 |
| | 品質管理マニュアルの有無 | 0 | 0 | 0 |
| | その他独自提案の優位性 | 1 | 0 | 0 |
| | 小計 | **2** | **1** | **0** |
| ②物流品質指標 | 誤出荷率の低さ | 0 | 1 | 0 |
| | 在庫差異率の低さ | 0 | 1 | 0 |
| | その他物流指標提案の有無 | 0 | 0 | 0 |
| | 物流指標目標の妥当性 | 0 | 0 | 0 |
| | 精度向上への取り組みの度合い | 0 | 0 | 0 |
| | 小計 | **0** | **2** | **0** |
| ③視察倉庫での商品取り扱い状況 | 定物定位の遵守状況 | 1 | 0 | 1 |
| | 荷扱いの丁寧さ | 1 | 1 | 1 |
| | 商品汚損対策の有効性 | 1 | 0 | 0 |
| | ゴミの処理状況 | 1 | 1 | 1 |
| | 返品置き場の整理状況 | 1 | 0 | 1 |
| | 小計 | **5** | **2** | **4** |
| ④サービスレベル | センター稼働日数の多さ | 1 | 1 | 0 |
| | 配送頻度の高さ | 1 | 1 | 1 |
| | 受注締切時間 | 0 | 0 | 1 |
| | 最終納品時間 | 1 | 1 | 1 |
| | その他付加サービス | 1 | 0 | 1 |
| | 小計 | **4** | **3** | **4** |
| | 計 | **11** | **8** | **8** |

＊最も優位と判定した企業に「1」、他社に「0」を加算。
＊優劣を付けられないものには複数社に「1」を、全社ともできていないものには全社に「0」を加算。

### 内容別評価

| 評価項目 | 内容 | 評価（点） | | | |
|---|---|---|---|---|---|
| | | 満点 | ●●<br>●● | ●●<br>●● | ●●<br>●● |
| 1．業務品質 | ①提案内容の具体性・実現性 | 5 | 2 | 1 | 0 |
| | ②物流品質指標 | 5 | 0 | 2 | 0 |
| | ③視察倉庫での商品取り扱い状況 | 5 | 5 | 2 | 4 |
| | ④サービスレベル | 5 | 4 | 3 | 4 |
| | 小計 | 20 | 11 | 8 | 8 |
| 2．業務運営 | ①倉庫内業務の提案内容の具体性・実現性 | 5 | 4 | 0 | 3 |
| | ②配送業務の提案内容の具体性・実現性 | 5 | 2 | 1 | 3 |
| | ③類似商品の取り扱い実績 | 5 | 5 | 5 | 5 |
| | ④視察倉庫の運営状況 | 5 | 3 | 2 | 2 |
| | 小計 | 20 | 14 | 8 | 13 |
| 3．センター設計 | ①提案する倉庫の立地 | 5 | 3 | 3 | 3 |
| | ②提案する倉庫のキャパシティ | 5 | 5 | 2 | 2 |
| | ③倉庫内作業場所・商品配置設計 | 5 | 3 | 1 | 4 |
| | ④倉庫の清潔度、防塵対策 | 5 | 5 | 4 | 4 |
| | 小計 | 20 | 16 | 10 | 13 |
| 4．システム | ①提案内容の具体性・実現性 | 10 | 10 | 4 | 6 |
| | ②障害時の対応能力 | 10 | 2 | 0 | 2 |
| | 小計 | 20 | 12 | 4 | 8 |
| 5．コスト | ①見積の優位性 | 10 | 10 | 0 | 0 |
| | ②今後の更なるコストダウンの可能性 | 10 | 8 | 4 | 4 |
| | 小計 | 20 | 18 | 4 | 4 |
| 合計 | | **100** | **71** | **34** | **46** |

# 7章

# 物流センターのしくみ

# 1 物流センター3つの種類

## 物流センターの種類

　物流センターには大きく３つの種類があります。ＴＣ（トランスファーセンター）と呼ばれる通過型のセンター、ＤＣ（ディストリビューションセンター）と呼ばれる在庫型のセンター、ＰＤＣ（プロセス・ディストリビューションセンター）と呼ばれる流通加工・在庫型センターの３つです。

## TC

　メーカーや特積会社が仕分けや積み替え作業などのクロスドッグを行うための物流センターであり、入荷されてきたモノは基本的に在庫、滞留せずに次の納入先へ輸送されます。センター内ではモノに対する作業は最低限に抑えられ、設備も至ってシンプルなものです。

## DC

　在庫することを前提としており、受注後、物流センターに出荷指示が出され、注文に応じた製品、数量をピッキングし、検品、梱包を行って、顧客が必要とする納期に対して出荷を行います。また在庫を持つセンターということから出荷頻度に合わせた保管レイアウト、ロケーションをつくることで作業導線を短くしムダをなくします。また在庫差異を防ぐために入出荷の検品、定期的な棚卸、ピッキングミス防止のための棚番地の明確化などが必要とされています。センター内では入荷、格納、ピッキング、検品、梱包、出荷と数多くの作業があります。設備はラック、伝票発行等の端末、快適に働くための空調や休憩室、作業軽減のためのローラー、自動機器などが備えられており物流センターで最も多いタイプの施設です。

## PDC

　食品スーパー、電機業界などで導入されるセンターで、パッキングやラベル貼りなどの比較的簡易な流通加工はＤＣでも行われますが、ＰＤＣは鮮魚、精肉の加工や部品の組み立て、設置など準工場化された機能とＤＣ機能を併せ持っています。センター内では多くの作業工程と非正規社員の労働力が必要とされています。設備では防塵、温度管理、生産のラインなどが備えられています。

## 3つの物流センターの特徴

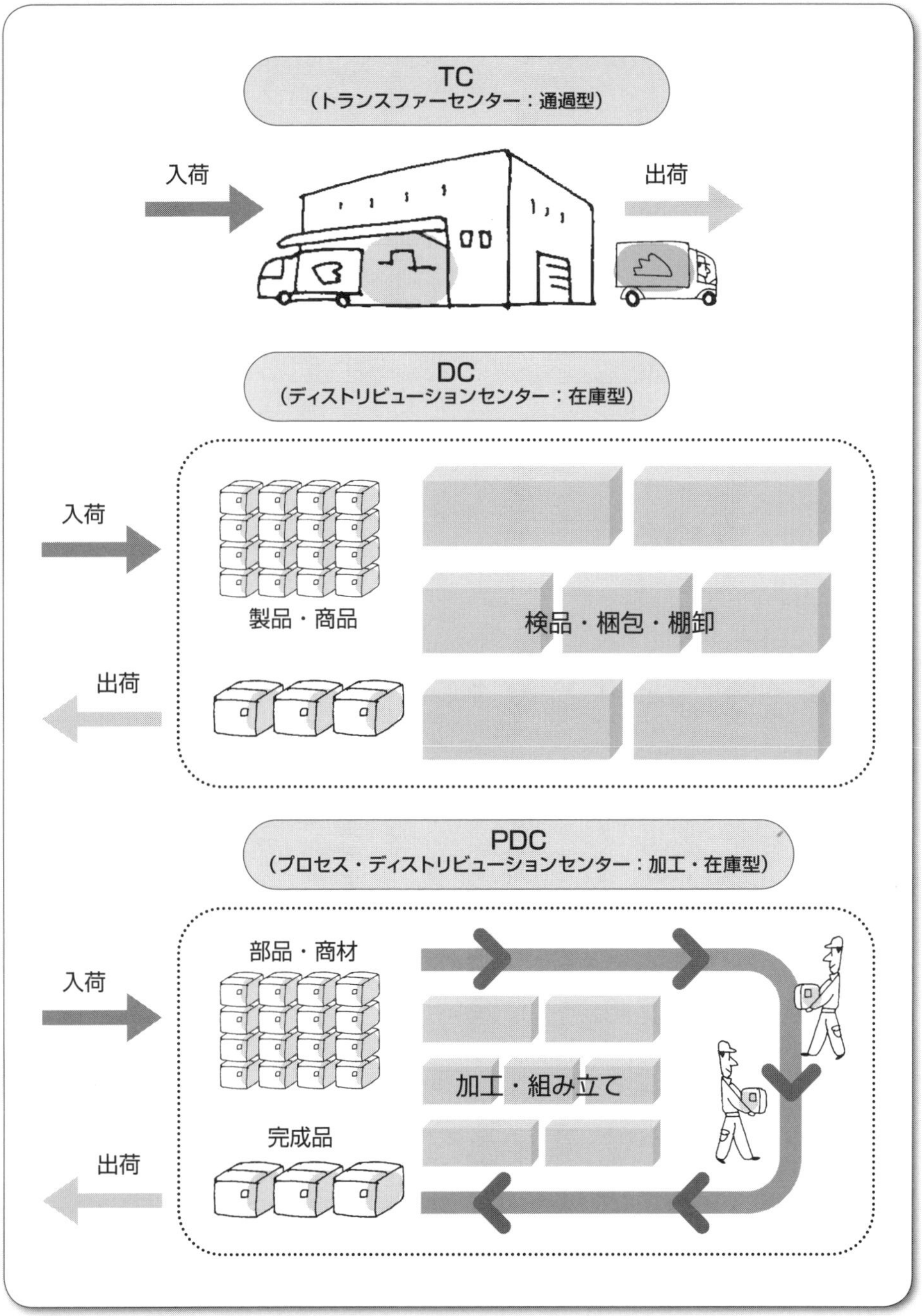

# 2 企業はなぜ物流センターをつくりたがるのか

### 企業における物流センターの必要性

企業（荷主）において物流センターの必要性は以下の理由によるものがあります。①顧客の注文に基づいて受注から納品までの流れをスムースにする②最適な立地を選定することで発注から納期までのリードタイムを短縮する③売りたい製品を欠品させない④完成させるための製品の部品や資材を最低限の在庫で持っておく⑤物流業務を集約してコストを下げる⑥物流を一元管理することで物流品質、在庫精度を高める⑦それぞれの拠点から出荷せず顧客の注文はできるだけ一括して納品する⑧仕入量が多くなり、センターフィーを徴収することで物流で利益を出す⑨サプライチェーンを統制・管理するための戦略拠点が必要である⑩従来の受け身な入荷、出荷、配送だけでは顧客のニーズにコスト、品質、サービスの面で対応できないなどです。

### 物流センターに代わるモノ

もし自社物流センターをつくらないとしたならば他にどんな方法がそれに代わるモノになるのでしょうか。大きくは次の3つに分けることができます。①卸の物流機能を活用する②顧客の物流センターを活用させてもらう③共同配送などの物流インフラを持ち、かつ自社の物流スペックに対応できる物流会社の機能を活用する。

### 物流センターをつくるには何を用意すればよいか

自社で用意しなければならないのは物流センターを管理するスタッフのみといってよいでしょう。物流センターをつくるための土地、建物は倉庫会社を含めた物流会社から貸借することができます。またセンターの運営についてもセンター運営を得意とする物流会社や作業請負会社に委託することができます。その他では物流に必要な情報システムは出荷指示情報が間違いなく正確に送ることができれば多くは物流会社の方で用意ができます。注意点として「管理」は自社、「運営」は外部という線引きを誤らないことです。このように物流センターの開発は物流会社に任せることで開発自体は容易ですが、自社に見合ったパートナー物流会社の発掘と物流ルールの作成などが必要となってきます。

## 物流センターの必要性を考える

### なぜ物流センターをつくるのか？

最適な立地を選定することで発注から納期までのリードタイムを短縮する

販売する製品・商品を顧客の注文に基づいて受注から納品までの流れをスムースに届ける

従来の入荷、出荷、配送では顧客のニーズにコスト、品質、サービスの面で対応できない

つくりたい、売りたい製品・商品を欠品させない

物流を一元管理することで物流品質、在庫精度を高める

物流業務を集約してコストを下げる

サプライチェーンを統制・管理するための戦略拠点

それぞれの拠点から出荷せず顧客注文はできるだけ一括して納品する

完成させるための製品・商品の部品や資材を最低限の在庫で持っておく

仕入量が多くなり、センターフィーを徴収することで物流で利益を出す

# 3 メーカー型物流センターの特徴

## メーカー型の物流センターとは

メーカー物流の特徴のひとつとして直送があります。これは工場からの出荷後、物流センターなどの通過点や在庫拠点を持たず、直接、顧客に納品することです。メーカーの物流センター機能は工場に隣接してつくられており、そこで完成した在庫を持ち、出荷、輸配送を行います。イレギュラーなケースとして一部のメーカーでは積み替えのためのＴＣ（通過型センター）を持っていたり、生産過剰、在庫調整のためのセンターを持っていますが、いずれもコストアップや過剰在庫の容認といった意見があり、廃止、削減の方向にあります。

## 今や在庫負担はメーカーの仕事

卸や小売・販売では極力、在庫を持たないという流れになっているため、主たる在庫拠点はメーカーにおける工場となっています。そのため、メーカーの物流センター（拠点）では小口ロットの出荷や緊急出荷、エンドユーザーへの直送といった業務が求められ、工場は休日でも物流は土日対応を行うという企業も珍しくありません。

## 物流センターに置かれているモノ

メーカーの物流センターにはそのまま顧客に出荷できる状態にある完成品の他に生産工程で使用する原料や資材などが置かれており、これを〝資材庫〟と呼んでいます。同様に生産工程で必要な部品を保管する場所を〝部品庫〟と呼んでおり、生産ラインの近辺に設置されています。またリサイクル利用のための返品もメーカー側に戻され保管されている場合が一般的です。

## 物流センターの施設

メーカーでは物流センターと呼ばず出荷場、出庫スペースなどと称しています。この言葉からもわかるように物流施設としてつくられた建物ではなく、工場内に隣接してつくられており、一見、外からは生産施設と物流施設の区別がつきません。また別棟で物流センターを持っているメーカーもありますが、これは大半が生産施設の跡地利用をしたもので天井高が低い、支柱が多い、排気筒が張りめぐらされているなど物流専用の施設となっておらず、現場改善によって様々な工夫を行っています。

## メーカーの物流センターは工場と直結している場合が多い

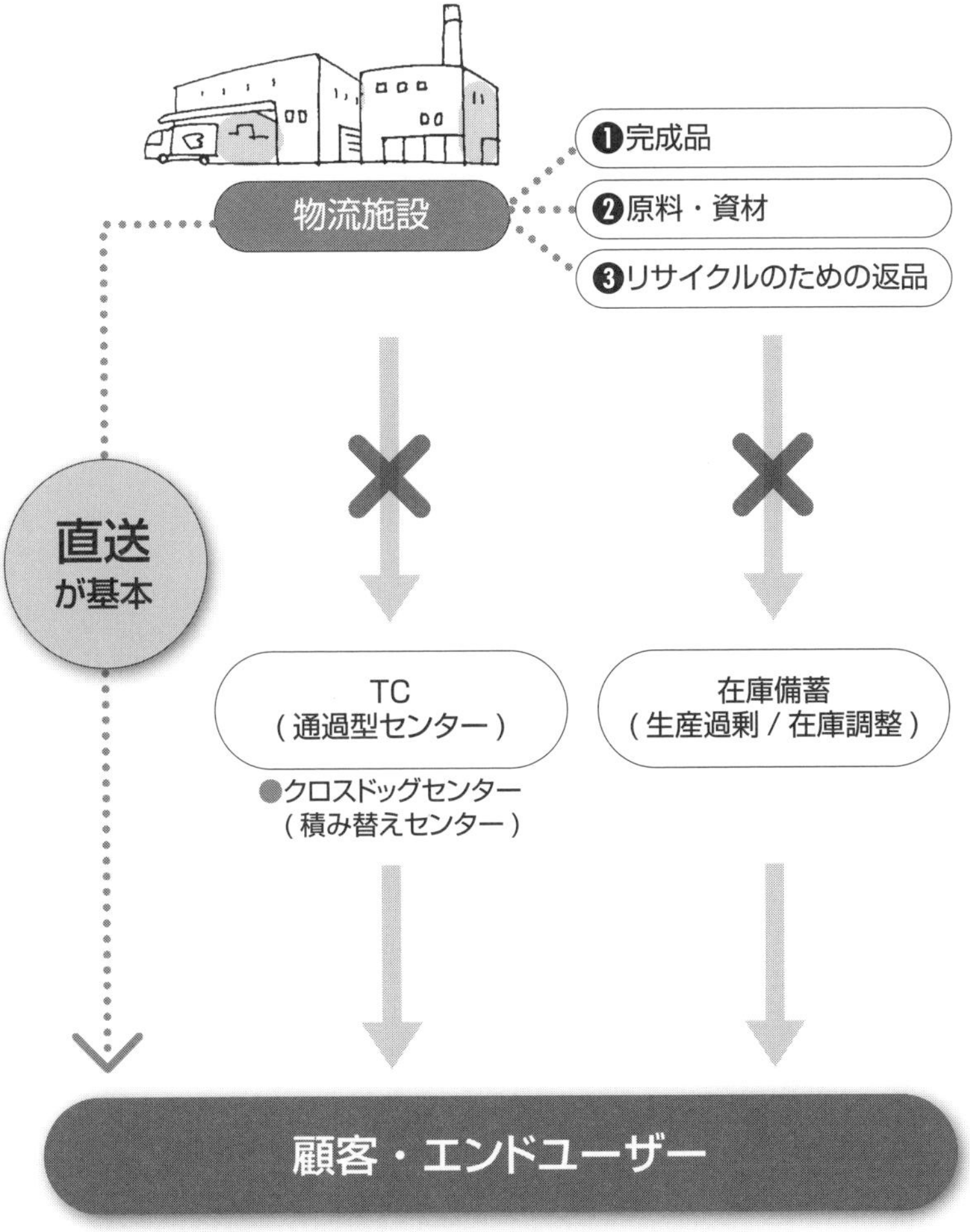

# 4 卸型センターの特徴

## 大手卸の物流センターの特徴

食品、日用雑貨、医薬品、建築資材などの大手卸、問屋の物流センターには以下のような特徴があります。

①取扱い品目数が数万～数十万品目という膨大な種類を扱っている②それに伴い大規模（延べ面積1万坪クラス）な物流センターが多い③卸という利益幅が小さく、仕入を行い販売するという中間流通のため在庫差異が致命的となる④大規模な施設と膨大な品目を扱うことから自動ピッキングシステムを中心とした自動化、機械化、システム化が進んでいる⑤卸という商圏が地域密着という特性から全国の主要エリアにセンターを持っている⑥ピッキングミス防止などのためのロケーション管理がメンテナンスも含めて徹底されている⑦注文数が多いため出荷指示は1日数回に分けて処理される（バッチ処理）⑧午前中の受注分は当日中に納品する場合がある（即納／DO（ディーゼロ））⑨ヒトの作業、自動機器、システムとの融合によりローコストかつ高品質な運営が実現されている⑩商品の改廃、終売による商品マスター登録が膨大であるなどです。

## 中小卸の物流センターの特徴

中小卸においては物流センターまでの大規模な施設というよりも〝物流拠点〟としてとらえている場合が多く見受けられます。中小卸における物流センター及び物流拠点には以下のような特徴があります。

①地域営業所と物流施設が併設されている②物流施設の平均的な規模は２００～５００坪クラスである③取扱い品目は大手卸の約10分の1程度である④大手卸との差別化のため受注締切時間外の注文にも対応し、大半の会社が即納を行っている⑤物流の運営は多くは正社員が業務を行っている⑥物流拠点出荷後の配送は正社員による自社配送が主となっている⑦保管ロケーション、レイアウトの見直しを定期的に実施できていない⑧ピッキングミス、数量間違いなどによる誤出荷が多い⑨利益率が低いため設備投資が行えてない⑩センター内の整理、整頓ができていない⑪需要予測、適正在庫、発注点の分析が弱いなどです。

## 大手卸・中小卸の物流センターの特徴

メーカー

↓

卸・問屋

**大手卸の物流センターの特徴**

❶ 取扱い品目数が膨大
❷ 大規模な物流センターが多い
❸ 在庫差異が致命的となる
❹ 自動化、機械化、システム化が進んでいる
❺ 地域密着という特性から全国の主要エリアにセンターがある
❻ ピッキングミス防止などのためのロケーション管理を徹底
❼ 出荷指示は一日数回に分けて処理（バッチ処理）
❽ 当日中に納品する場合がある（即納／D0（ディーゼロ））
❾ ヒトの作業、自動機器、システムとの融合
❿ 商品マスター登録が膨大である

**中小卸の物流センターの特徴**

❶ 地域営業所と物流施設は併設
❷ 施設の平均的な規模は200～500坪クラス
❸ 取扱い品目は大手の約10分の1
❹ 大手卸との差別化のため大半の会社が即納を行っている
❺ 物流の運営の大半は正社員が業務を行っている
❻ 配送は正社員による自社配送が主
❼ ロケーション、レイアウトの見直しを定期的に行えていない
❽ 誤出荷が多い
❾ 設備投資が行えない
❿ 整理、整頓ができていない
⓫ 需要予測、適正在庫、発注点の分析が弱い

↓

小売・販売

# 5 小売型センターの特徴

## 小売の物流センターの特徴

食品スーパー、コンビニ、量販店、ドラッグストアなどの小売の物流センターには以下のような様々な特徴があります。

①中小小売の物流センター機能は卸・問屋が担っている②大手小売ではセンター運営を大手、中堅卸に委託している場合が多い③前項②の卸は小売センターと施設内に同居し、適正在庫を抱え、欠品が発生しないようにしている④小売センターは卸と同居することで自動補充システム（ＶＭＩ）を構築している⑤センター内の保管レイアウト、ロケーションは売り場の陳列と連動するようにつくられている⑥ＰＤＣ（プロセス・ディストリビューションセンター）を導入している小売が多い⑦店舗側の作業負担を軽減するためにオリコン（折りたたみができる通い箱）やカゴテナーによる出荷、配送を行っている⑧店舗側でのノー検品を補うため、出荷時の検品を徹底して行っている⑨メーカー・卸から店舗配送の業務委託費としてセンターフィーを徴収し運営費、配送費にあてている⑩物流センターを通過する品目を増やし、業務の集約とセンターフィーの拡大を図っている⑪センターフィーはメーカーや卸からの仕入価格の何％という料率で品目毎に設定されている⑫センター運営を主に行う卸や物流会社にはセンター通過額の何％という料金設定になって支払っており、それにはセンター運営費と配送費が含まれている⑬センター通過品目と店舗数によって物量とキャパシティが決まる⑭納品時間が定められている店舗配送を効率的かつ確実に行うための配車機能に力を入れている⑮発泡スチロールや段ボールなどの資源ごみを処理する機能を併設する小売が大半である⑯３６５日稼動が基本である⑰仕入先からの入荷時間をコントロールすることで時間帯別の人員配置を行い、少数での作業を実現している。

このように物流センターについては卸と強固な連携を図る大手小売業が最も進化し続けており、また物流センターはプロフィットセンターとして大きな役割を果たしています。

## 小売の物流センターの特徴

メーカー

↓

卸・問屋

### 小売型の物流センターの特徴

❶ 中小小売の物流センター機能は卸・問屋が担っている
❷ 大手小売では運営を大手、中堅卸に委託
❸ 中堅卸は小売センターと施設内に同居
❹ 卸と同居することで自動補充システムを構築
❺ ロケーションは売り場の陳列と連動
❻ PDCを導入している小売が多い
❼ オリコンやカゴテナーによる出荷、配送を行っている
❽ 店舗側でのノー検品を補うため、出荷時の検品を徹底
❾ センターフィーを徴収し運営費、配送費にあてている
❿ 通過する品目を増やし、業務の集約とセンターフィーを拡大させている
⓫ センターフィーは仕入価格の何%というかたちで設定されている
⓬ センター運営を主に行う卸や物流会社にはセンター通過額の何%という料金設定で、それには運営費と配送費が含まれている
⓭ センター通過品目と店舗数によって物量とキャパシティが決まる
⓮ 配車機能に力を入れている
⓯ 資源ごみを処理する機能を併設している
⓰ 365日稼動が基本
⓱ 入荷時間をコントロールすることで、少数での作業を実現

小売

大手・中堅卸
センター運営

# 6 緊急品供給センターの特徴

### 緊急品供給センターの特徴

医療、ガス、電気、通信、精密機械、電機、自動車などの分野における供給センターやパーツセンターは人の命や日常生活に大きく影響を与え、ときには災害や莫大な損害が発生する問題にまで広がることがあります。このような理由から〝緊急品〟を扱うセンターとしての特徴を持っています。例えば①一般的な物流センターは比較的賃料、土地価格が安価な郊外に立地しているのに対して、〝緊急品〟を供給するセンターは都心部周辺に立地しており、交通の利便性を優先している②かさばるような大きなモノは扱っていない傾向があり、比較的宅配便の段ボールに収まる小物が多い③緊急品ということから24時間体制を敷いている場合も多く、2交替、3交替で供給体制を整えている④平均１００～２００坪までの小規模センターであり、緊急品や欠品が許されない製品に限定して保管されているなどがあげられます。

### コストよりもリードタイムを優先

人の命や大きな災害、緊急品を扱うセンターでは倉庫賃料、人件費、配送費などのコストよりも、いかに必要なモノを必要な数だけ迅速に届けられるかというリードタイムが特に優先されます。また輸送手段には軽トラック、バイク、タクシー、緊急用車輛というように指示がかかった時点で必要な製品と必要な人員をいち早く輸送できる手段を選択します。リードタイムの短縮は拠点を多く持つことでカバーすることができますので電機、自動車などのパーツセンターでは全国で7ヶ所、医療やガスなどの生活基盤となっている緊急品では首都圏では数ヶ所、各県には1ヶ所の割合で配置されています。

### アウトソースが難しい物流

物流から見ると量が読めない、いつ出荷するかわからない、輸送量が多くないなどの特性からビジネス化が難しいため外部にアウトソースすることが困難なセンター業務になります。したがって企業（荷主）は納品業務だけであれば自社でパート・アルバイトや派遣スタッフによる対応を行いますが、機械操作、工事などの専門技術が伴う場合は自社の社員による対応を行っています。

## 緊急品供給センターは特別

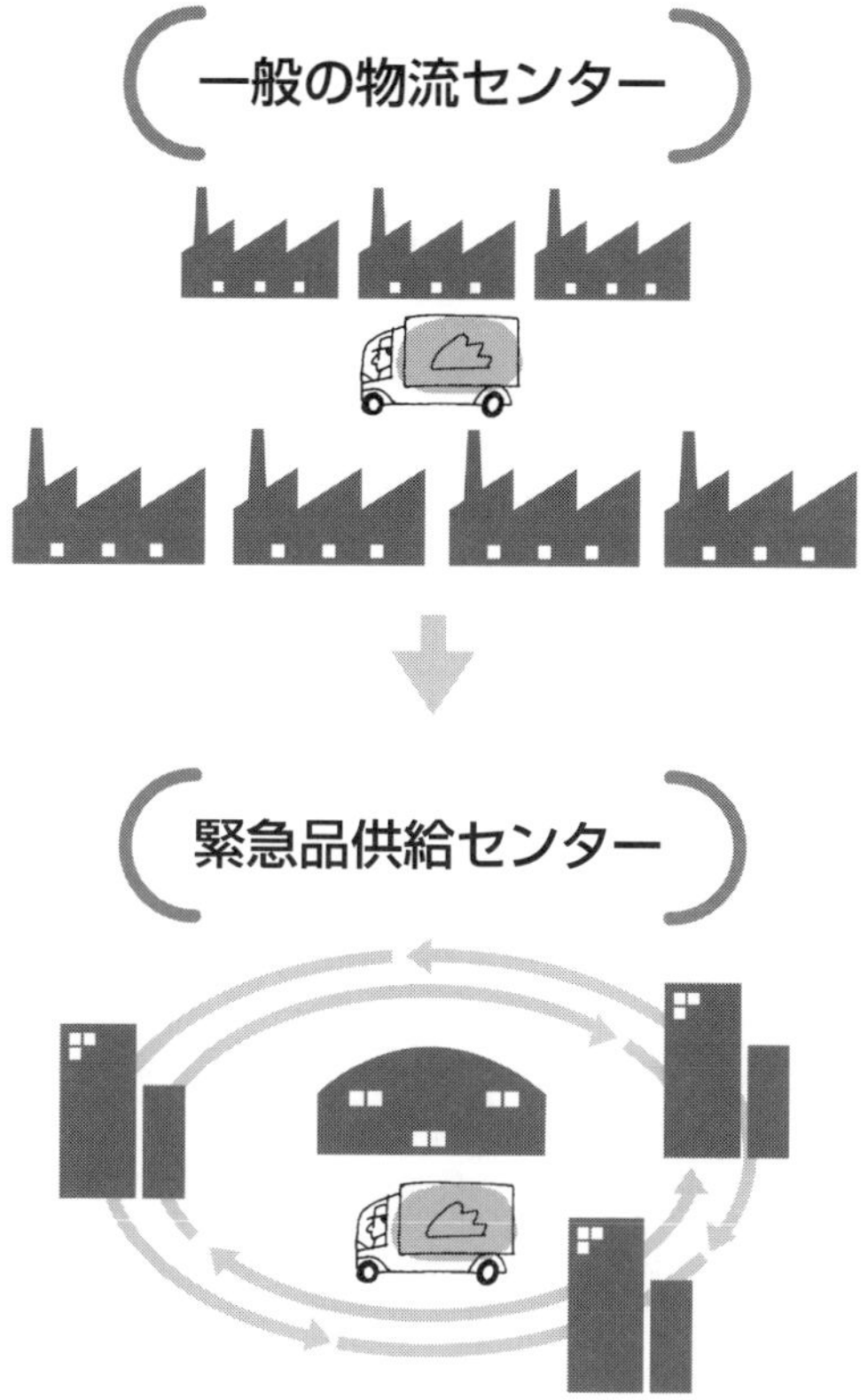


緊急品供給センターの特徴

❶ 〝緊急品〟を供給するセンターは都心部周辺に立地しており、交通の利便性を優先している

❷ かさばるような大きなモノは扱っていない傾向があり、比較的宅配便の段ボールに収まる小物が多い

❸ 緊急品ということから24時間体制を敷いている場合も多く、2交替、3交替で供給体制を整えている

❹ 平均1～200坪までの小規模センターであり、緊急品や欠品が許されない製品、商品に限定して保管されている

# 7 物流センター運営のポイント

## センター運営を成功させるポイント

ひと言で表すとヒトの管理（レイバーコントロール）がセンター運営成功の90％を占めるといえるでしょう。しかし、そのヒトの管理といっても様々な項目や要因があります。

①センター長の能力、資質でセンター運営の90％が決まる②パート・アルバイトの戦力化③昼礼による仕事量に合わせた人員調整④仕事が早く終われば帰ってもらうことの勤務条件確認⑤多能工化、多能班化による少数精鋭化⑥月間ＭＶＰ賞などの表彰制度の導入⑦パート・アルバイトとの年２回の個人面談の実施⑧稼動必要人数に対して約３倍の登録者数の確保⑨携帯サイトによるパート・アルバイトの募集⑩最適な面接官の選任と履歴書の読み方の修得⑪パートリーダーの設置⑫パート・アルバイトに対する目標管理シート、評価制度の導入⑬空調設備、休憩施設の整備⑭誰でもわかるレイアウト、ロケーションの作成⑮業務の生産性、品質を表す実績表の開示⑯生産性、品質を表す物流管理指標の導入⑰動画マニュアルによるパート・アルバイトの作業指導⑱センター長における他センターへの視察研修⑲あいさつ、５Ｓの徹底などがポイントとしてあげられます。

## その他の重要なポイント

ヒトの管理以外でのセンター運営の重要なポイントとして次の事項があります。①受注締切時間、入荷締切時間など物流センターを利用するためのルールを明確にし従業員全員が厳守する②アウトソーシング先の選定③継続的な改善活動の実施④使用面積だけではなく保管効率も含めた有効活用度のチェック⑤定期的なロケーションメンテナンスの実施⑥物流センターを起点とした調達物流内製化の検討⑦棚番地の明確化⑧入出荷検品システムなどのＩＴ投資の予算化⑨ピッキングミス多発品に対するカラーコントロールなどの警告明示の実施⑩センター内照度のチェック⑪中２階（メザニン）設置による保管効率の向上⑫文字の拡大、行数の削減によるわかりやすい伝票への改善⑬危険物保管による届出、建築物改修による届出などコンプライアンスの徹底などがあります。

## 物流センターはヒトの管理が決め手

### ヒトの管理

1. センター長の能力、資質でセンター運営の90%が決まる
2. パート、アルバイトの戦力化
3. 昼礼による仕事量に合わせた人員調整
4. 仕事が早く終われば帰ってもらうという勤務条件確認
5. 多能工化、多能班化による少数精鋭化
6. 月間MVP賞などの表彰制度の導入
7. パート・アルバイトとの年2回の個人面談の実施
8. 稼動必要人数に対して約3倍の登録者数の確保
9. 携帯サイトによるパート・アルバイトの募集
10. 最適な面接官の選任と履歴書の読み方の修得
11. パートリーダーの設置
12. パート・アルバイトに対する目標管理シート、評価制度の導入
13. 空調設備、休憩施設の整備
14. 誰でもわかるレイアウト、ロケーションの作成
15. 業務の生産性、品質を表す実績表の開示
16. 生産性、品質を表す物流管理指標の導入
17. 動画マニュアルによるパート・アルバイトの作業指導
18. センター長における他センターへの視察研修
19. あいさつ、5Sの徹底

# 8 よい物流センターとは

## よい物流センターとは

〝よい物流センター〟それは最終的に利益が出ているセンターといえます。最新の設備が導入されているとか、現場で働く人達がいきいきしているセンターなどがよい物流センターと思われがちですが、これらは最終的に利益をもたらしているか否かにつながっています。しかしその利益をもたらすためには様々な要素が必要とされています。次にあげるものが利益化に向けた重要な要素です。①非正規社員の戦力化と物量に合わせた人員調整②業務の数値化をはじめとする損益管理の徹底③継続した改善活動の実施④センター長の能力と資質⑤システム・設備などの過剰投資の抑制などが主たるものです。

## 利益が出ているセンターに見られる共通点

物流センターの運営において利益が出ているセンターにはいくつかの共通点が見られます。

①トイレ、休憩室がきれいに清掃されている②〝あいさつ〟をやらされているのではなく、本人が理解したうえで自主的に行っている③落ちているゴミを拾うリーダーがいる④「整理」は要らないモノを捨てること、というように５Ｓの意味が現場に浸透している⑤毎日昼礼を行っており、そこで午後からの業務量と人員を調整している⑥自動化、ＩＴ化は最低限に留まっており、主に人海戦術での運営となっている⑦少し狭いと感じるくらいムダなスペースが見当らない⑧高さをうまく活用しており、保管効率の高い状態にある⑨使った物を元に戻す「定物定位置」が徹底されている⑩スタッフがきびきびと動いており〝手待ち〟状態のヒトがいない⑪忙しいときほどセンター長は作業の手伝いをしていない⑫１日の目標が明確になっている⑬テーマ、スローガン、注意事項を促す掲示物がセンターのどこからでも見える位置、大きさ、数量で掲示されている⑭残業がない⑮時間外業務や作業のやり直しなどのイレギュラー業務がほとんど発生しないなど物流センターの現場は１００社１００様ですが、よいセンター、利益が出ているセンターにはこれらの〝共通点〟として運営のコツ、抑えておくべきポイントがあります。

## よい物流センターを構成する要素

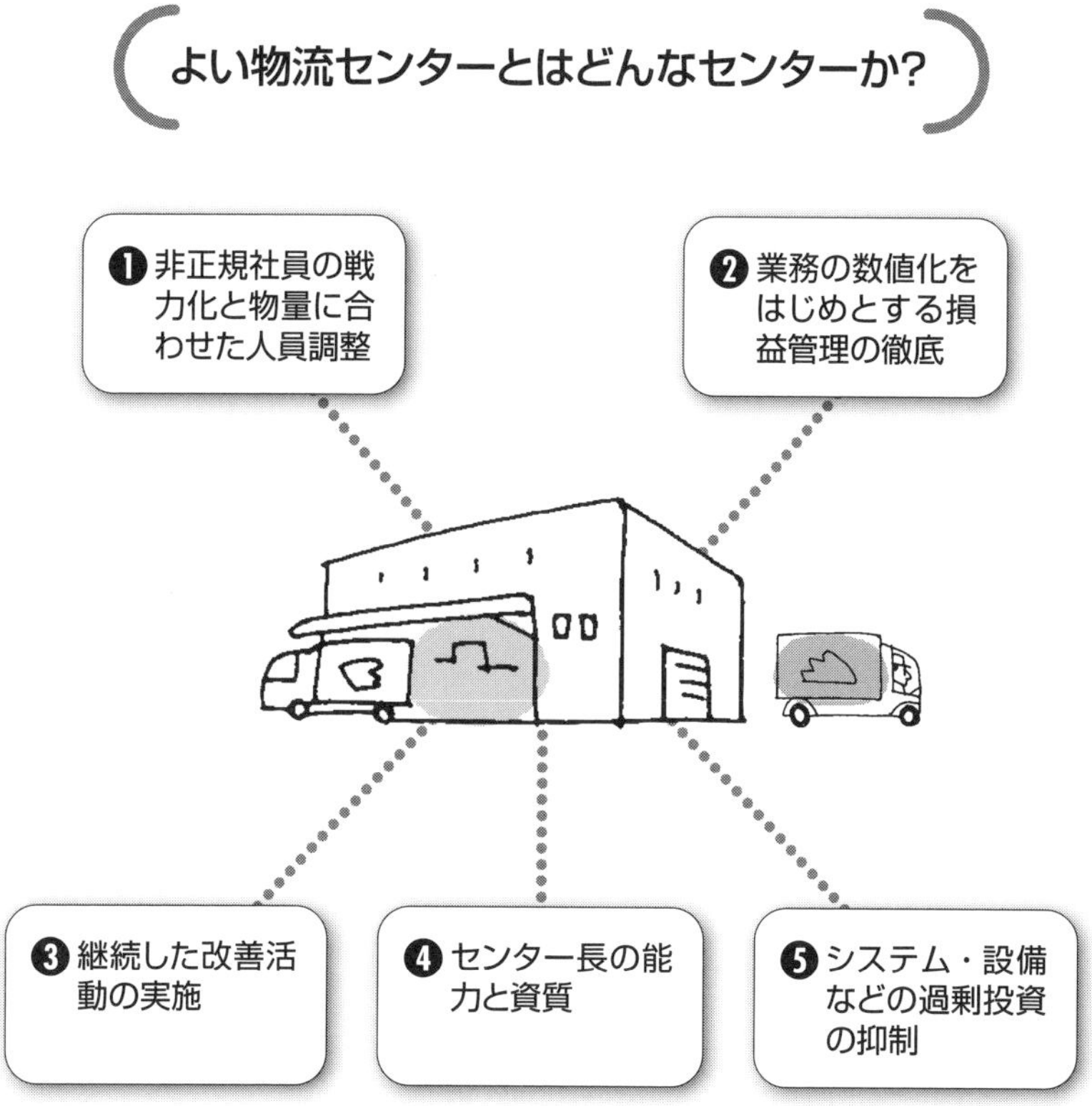
よい物流センターとはどんなセンターか?
❶非正規社員の戦力化と物量に合わせた人員調整
❷業務の数値化をはじめとする損益管理の徹底
❸継続した改善活動の実施
❹センター長の能力と資質
❺システム・設備などの過剰投資の抑制

# 9 物流センターに必要な情報システム

## システム化初期

情報システムの導入はそのセンターでの課題、問題点、解決すべきテーマによってシステムの種類や規模、投資額などが異なってきます。一般的にシステム化初期によく導入されるシステムツールには①受注処理システム②伝票発行システムなどがあります。①受注処理システムはＦＡＸ、メール、ＥＯＳなどからの受注情報を時間、日ごとに集約し、納品先別に出荷指示をかけることができるまでのシステムです。②の伝票発行システムは受注処理が終了し、納品先別の送付伝票や路線会社専用の送り状発行を行うシステムです。

## システム化中期

システム化中期には①在庫管理システム②入・出荷検品システム③配車システムなどが導入されます。①の在庫管理システムは入・出庫における品目と数量、金額、発注点などを管理し、欠品や過剰在庫などをチェックするシステムで、ＰＣ上の在庫と実地棚卸しによる在庫との照合を行います。②の入・出荷検品システムは入荷時の品目と数量を目視でのカウントによる読み間違いを防ぎ、出荷時に出荷伝票もしくはピッキングリスト通りの出荷が正しく行われているかをバーコードのスキャニングでチェックし、誤出荷を防ぐ目的で導入されます。③の配車システムはメーカーによる計画配車業務、大手小売業における一時に数多くの車両台数を稼動させる場合に導入され、方面や納品先別の物量、納品時間によって物流会社と車両サイズを決め、積載率、稼働台数、運賃などをチェックします。

## システム化後期

後期においてはより高度化された物流を構築する目的で導入されていますが、①倉庫管理システム（ＷＭＳ）②ＲＦＩＤによるトレーサビリティ、セキュリティシステムなどがあり、①の倉庫管理システムは入・出荷、在庫、保管レイアウト、ロケーションなどの管理だけではなくＳＣＭツールまでに機能が及んでいます。②のＲＦＩＤにはＩＤ情報を電波によって管理することができ、タグに大量の情報を持たせて様々な用途に使います。

## システム化導入のステップ

**STEP1**
（初期）

❶受注処理システム
❷伝票発行システム

↓

**STEP2**
（中期）

❶在庫管理システム
❷入・出荷検品システム
❸配車システム

↓

**STEP3**
（後期）

❶倉庫管理システム（WMS）
❷RFID（IC タグ）による
トレーサビリティ、セキュリティシステム

# 10 物流センター開発のタイミング

## どのタイミングで物流センターを開発すればよいか

メーカーの場合は生産開始と同時に併設もしくは隣接して物流拠点が必要になります。顧客のひとつの注文に対する荷合わせのためのセンターという形態がありますが、これは横持ち輸送が発生し、ムダやコストアップとなるため得策ではありません。卸における物流センター開発のタイミングは、①中堅卸と中小もしくは中堅卸のＭ＆Ａによる物量拡大後②特定の大手小売業の指定サプライヤー（卸）となったときの専用物流センター開発③全国展開を行う大手卸で出荷、物流拠点が点在し集約すべき時期、これらがあります。開発のタイミングが経営における最も重要な課題となる小売、外食、ＦＣチェーンですが、①売上規模で年商１００億円以上②店舗数で70店舗以上③センター通過金額で年間50億円以上が目安となり、これらを下回る段階でのセンター開発は採算が合わず、また購買力によるセンターフィー収入もままならない状態になります。物量がまとまらなければ野菜などの生鮮品や店舗で使用するＰＯＰや袋、箸などの副資材までをセンター通過品に加える動きが活発化しています。２、３ヶ所目の物流センター開発のタイミングとしてはリードタイムの短縮による顧客サービスの向上の狙いが強くあります。

## ネット通販における開発のタイミング

ネット通販においては物流機能の役割が非常に大きく、むしろ物流サービスそのものが自社のサービスとなっています。そのため、取扱い品目数が少ない間はオフィス内や軒下に在庫を置き、出荷を行っていますが、そのキャパシティを超えた時点で外部倉庫を50坪、１００坪といった規模で即、センターが必要になります。

## 日米で違う開発のタイミング

国土面積が広く、卸という中間流通のない米国では物流センターの役割が大きく、通常、物流センターをつくった後に店舗を大量出店するロジスティクス本来の軍事的な展開を行います。実際、日本に参入した外資系小売業のある会社では店舗展開の2年前に物流センターを完成させています。

業態によって異なる物流センター開発のタイミング

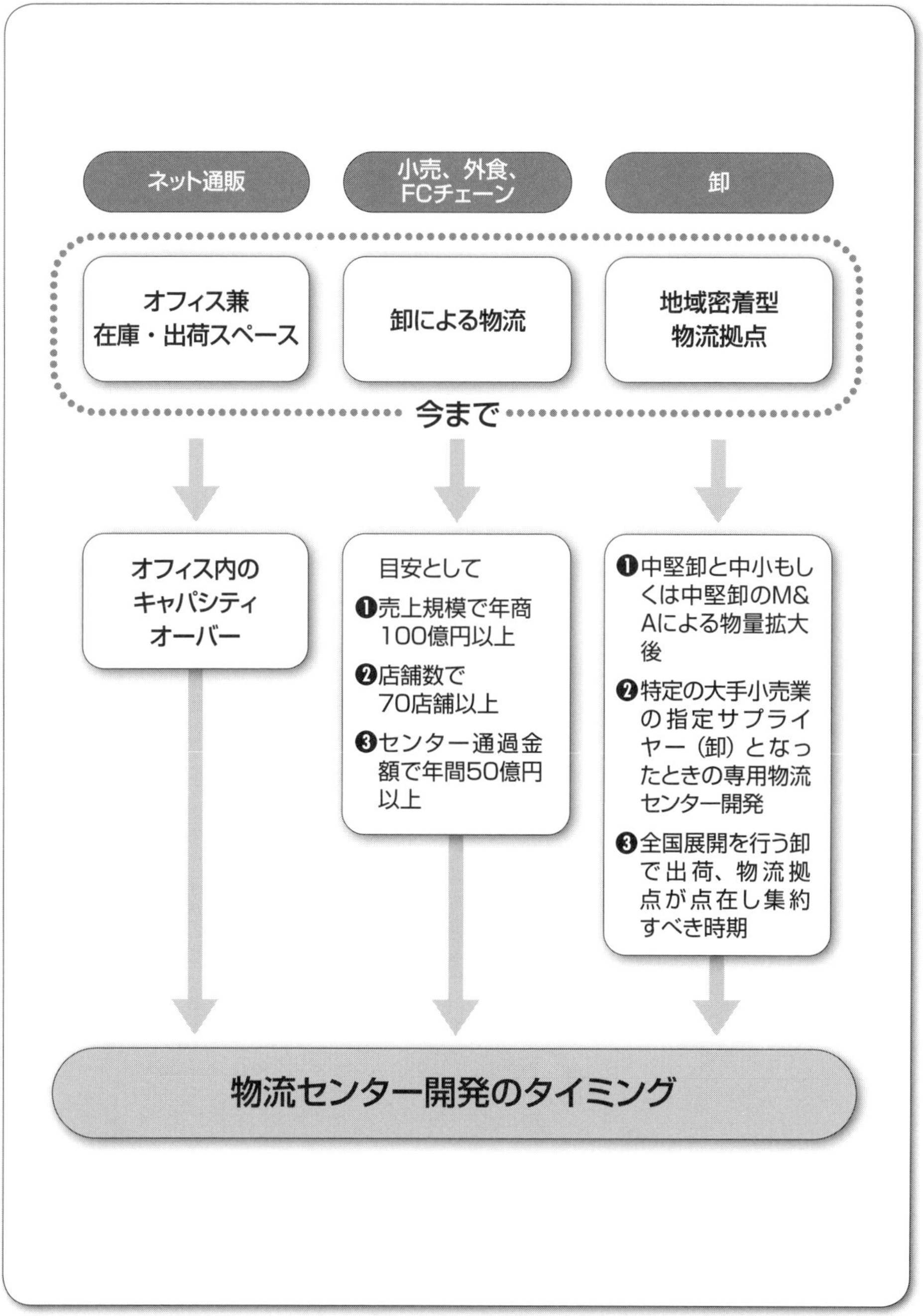
ネット通販
小売、外食、FCチェーン
卸
オフィス兼在庫・出荷スペース
卸による物流
地域密着型物流拠点
今まで
オフィス内のキャパシティオーバー
目安として
❶売上規模で年商100億円以上
❷店舗数で70店舗以上
❸センター通過金額で年間50億円以上
❶中堅卸と中小もしくは中堅卸のM&Aによる物量拡大後
❷特定の大手小売業の指定サプライヤー（卸）となったときの専用物流センター開発
❸全国展開を行う卸で出荷、物流拠点が点在し集約すべき時期
物流センター開発のタイミング

# 8章

# 環境問題と物流

❶ 地球温暖化と物流
❷ 原油価格乱高下時代
❸ 急がれるエネルギー開発
❹ トラック輸送の温暖化対策
❺ 鉄道輸送の役割と特徴
❻ リサイクルと物流
❼ 物流資材と環境問題
❽ 物流のサービス過剰が環境をダメにする
❾ 物流の原点回帰
❿ 今後の課題

# 1 地球温暖化と物流

## 低炭素社会に向けた動き

物流現場では環境に向けた主な動きとして次のような事柄があげられます。①モーダルシフトとしての鉄道輸送の活用②トラック輸送における軽油燃料から代替燃料へのシフト③物流に伴う資材関連のリサイクル④ＮＯＸ法に伴う排ガス規制などです。京都議定書において日本は$CO_2$削減に向けてリーダー的な立場を見せていることから、物流業界においても企業の$CO_2$排出量調査の実施、商業用トラックの代替燃料車両の開発などが活発化しています。①は大手企業を中心に鉄道による輸送が見直されるようになり、輸送距離６００ｋｍ以上のトラック運賃より安価となる部分からコストダウンのメリットが後押しし、切り替えが行われています。日本の大都市を結ぶ幹線輸送においても鉄道を優先的に導入する動きがあります。地域によってはトラック輸送よりもリードタイムが1日余計にかかるという問題があるため、その分の在庫を持つ余力のある企業や顧客に対して影響力のある企業が中心になっています。②については天然ガス車導入をきっかけにハイブリッド車、バイオエタノール車が開発され、すでに市場に投入されています。しかし燃費の悪さや馬力不足、エネルギーステーション不足、購入コスト高の課題があり、国からの補助金によって促されている状況です。③は物流に使われる木材のパレットのプラスチック化、ストレッチフィルムの再利用、簡易梱包の取り組み、再利用緩衝材の利用などが見られます。④は従来から進められている環境対策の一環で、トラックの窒素酸化物の排出量を規制する法律は定められており、東京、大阪などの首都圏を中心に流入する車両の排ガス適合の合否がチェックされています。

## 環境対策の課題

高度成長期における環境汚染を教訓に様々な対策を打つ日本ですが、物流量の半分以上をトラック輸送に頼っていることや在庫をよしとしない経営環境、リードタイムなどの企業の求める物流サービスレベルが高いことなどから、環境対策先進国ドイツのような社会全体での抜本的な$CO_2$削減までには至っていないのが実情です。

## 環境対策に向けた物流現場の動き

### 物流現場における主な動き

❶ モーダルシフトとしての鉄道輸送の活用
❷ トラック輸送における軽油燃料から代替燃料へのシフト
❸ 物流に伴う資材関連のリサイクル
❹ NOX法に伴う排ガス規制

トラック輸送

鉄道輸送の利用が見直されている

鉄道輸送

航空輸送

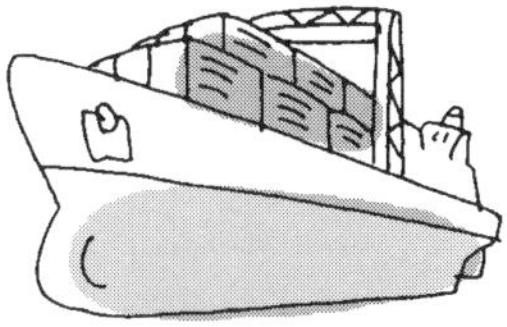

船舶輸送

# 2 原油価格乱高下時代

## 原油依存の物流

物流の輸送手段となるトラック、船舶、航空、鉄道の手段のうち鉄道を除く３つの主燃料は軽油、重油などの原油です。これは全世界共通の事柄であり、物流は原油に大きく依存しています。73年のオイルショック、２０００年以降の原油の高騰は輸送事業者のみならず企業全体のコストアップにつながりました。これにより代替燃料の開発、原油価格変動に伴うサーチャージ制という料金設定の導入に拍車がかかり、低炭素社会への流れも加わり、原油依存の物流の見直しが広まっています。

## サーチャージ制の導入

サーチャージとは燃料高騰によるコスト高を吸収できない物流事業者に対して、原油価格の変動に応じてサービス料金（運賃）を変動させるという仕組みです。これはトラック、航空、船舶を対象に国の指導のもと導入されていますが、輸送手段によってその浸透の度合はまちまちです。特にトラックにおいては輸送事業者が約６万社あり、過当競争にあることから広く浸透していません。

一方、航空、船舶では事業者の数が限られているためにこれらの業界でのサービス料金（運賃）は事業者主体での値上げ、値下げが行われています。

## 脱原油の物流とは

原油依存の物流構造からの脱却としては、①鉄道輸送の活用②燃料エネルギーの開発があげられます。①の鉄道輸送の活用は先にも述べたようにコストダウンメリットのあるエリアからその利用度は高まっていますが、対応できる機関がほぼＪＲに限られていること、納品までのトラック運賃の加算、輸送ロットの制限などの課題があります。②の燃料エネルギーの開発は補助金などの政府の後押しが必要な時期にまだありますが、天然ガス車、ハイブリッド車、バイオエタノール車への切り替えがすでに始まっており、今後はエネルギーステーションなどのインフラ整備と更なる政府の介入が代替燃料普及の鍵となります。このように原油からの脱却の一歩を踏み出した段階ですが太陽光発電など次の資源を求めていく必要があり、そのための課題も多く残されています。

原油に代わる燃料が求められている

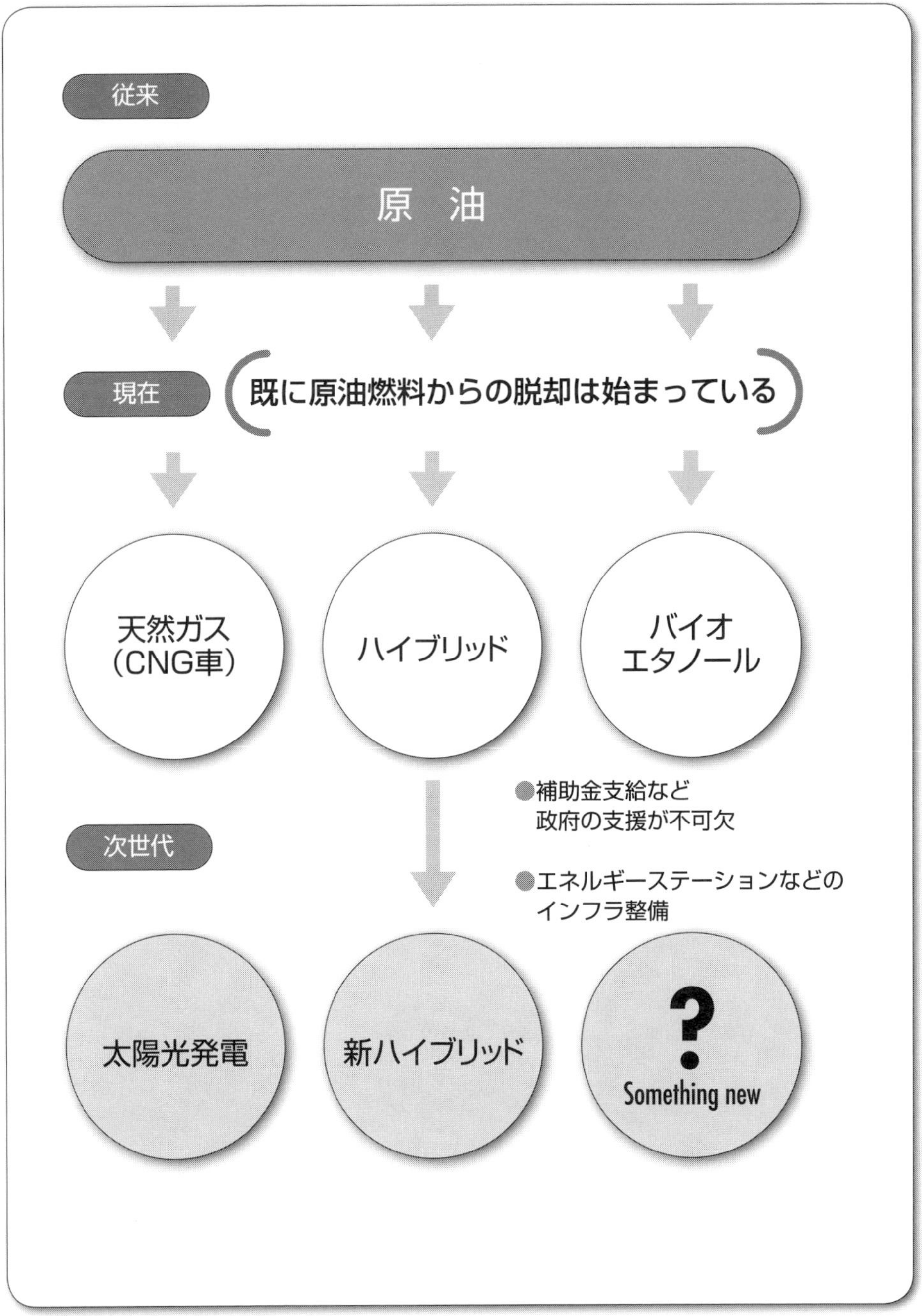

## 3 急がれるエネルギー開発

### 原油資源の限界

石炭から鉄鉱石、そして原油と物流を支えた資源開発はその限界と共に進んできました。ガス、電力、風力、原子力、太陽光などエネルギー全体では様々な開発が行われていますが、こと物流となると転用できるエネルギー資源は限られてしまいます。脱原油を目指す代替燃料の開発が急がれていますが、ひとつの天然資源をエネルギー源とすれば資源発掘がいつまで可能であるのかという問題があり、限りある資源を燃料とすると価格の高騰や投機の対象となり物流そのものにも不安定性を与えます。現在、市場に投入されている天然ガス車は初期導入コストが大きいことや、気体燃料による備蓄、輸送面の課題なども加えて考えると将来性が懸念されます。実際、80年頃にオランダでは政府からの補助金による日本と同様の普及が行われましたが少数に留まっています。

### ハイブリッドへの期待

化石燃料と電気をエネルギーとするハイブリッド車が商業車両にも投入されるようになりましたが、「ハイブリッド」とは元々、2つ以上の異なるエネルギー源のことを指します。従来のひとつのエネルギー源では燃費、馬力、コスト、エネルギーステーションのインフラなどの課題が発生しますが、それを〝組み合わせる〟ことでそれぞれの弱点を補えるというメリットがあります。このことからエネルギー源の〝組み合わせ〟というハイブリッド車両への期待が高まっています。

### エコエネルギーへの期待

トラック車両の燃料としてバイオエタノールを導入している企業が見られるようになりましたが、これは植物を原料とするものや食用の廃油を燃料へ再利用するというものがあります。一度、使用したモノ、廃棄するモノをエネルギー源に変えるというリサイクルは最も環境に対する配慮となり、エネルギー循環につながります。また精製コストは高くなく、燃費、馬力とも軽油燃量と大差がありませんが、燃料に必要な量の廃油確保に課題があります。しかし、エネルギー転換とエコを両立することができるこの分野への期待は大きいものです。

## 廃油の再利用によるエネルギー開発

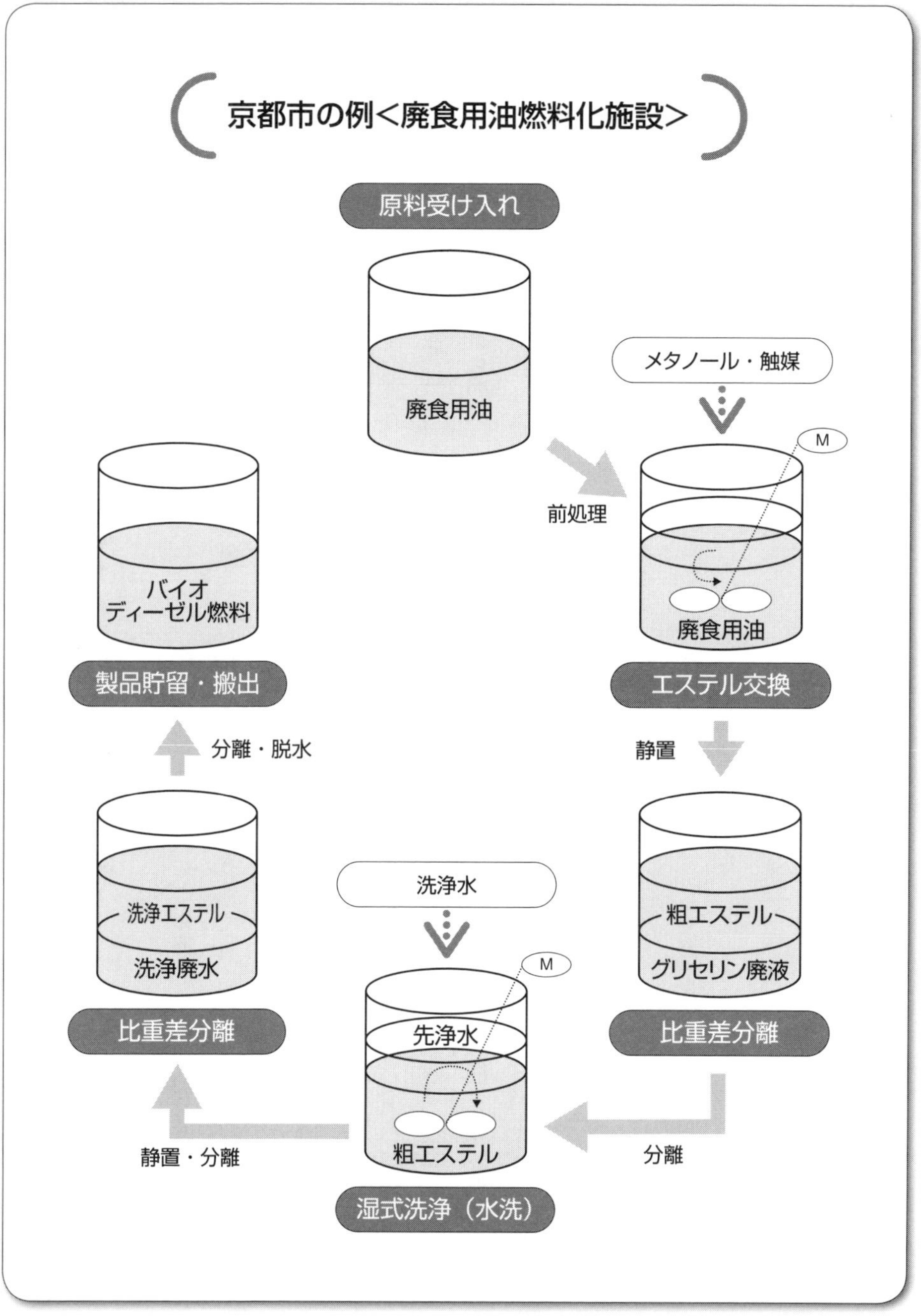

# 4 トラック輸送の温暖化対策

### 温室効果ガス削減における行政の動き

地球温暖化の原因とされているオゾン、二酸化炭素、メタンなどの温室効果ガスの削減が求められています。環境モデル都市である京都市などではトラック１００台以上を所有する大規模輸送事業者に対して３ヶ年の排出量削減計画と報告を義務づけており、その内容を市のホームページに掲載し公表しています。

### $CO_2$排出量の20％強が運輸によるもの

国土交通省の調べでは、全産業における$CO_2$排出量の約20％強が自家用乗用車を含めた輸送によるものであり、更にそのうちの約40％強が自家用トラックを含む物流となっています。排出量の多い輸送手段を見るとトラック、船舶、航空、鉄道の順となっています。

### 温暖化対策に向けた取り組み

トラック輸送における温暖化対策に向けた取り組みとして次のようなものがあげられます。①$CO_2$排出量の少ない船舶、鉄道輸送へのシフト（モーダルシフト）②代替燃料車両の投入③低燃費走行（エコドライブ）の推進④共同配送システムの導入などがあります。①は鉄道輸送へのシフトが中心となっていますが、鉄鋼や大型輸送機などの重量のあるモノ、鉄道コンテナでは収まらない大きなモノ、リードタイムの余裕があるモノなどは船舶輸送へシフトさせる動きがあります。②は前項にもあるようにハイブリッド車、天然ガス車を中心にＬＰＧ車、メタノール車、電気自動車があります。しかし、メタノール車、電気自動車については本格的な投入には至っておらず、まだ開発途上にあります。③の低燃費走行の推進はトラック事業者の燃料費削減にもつながることから業界で広く普及しています。アイドリングストップ、急ブレーキ・急発進の撲滅、タイヤ空気圧のチェック、各関連団体でのコンテストの実施など安全運転につながることも大きなメリットになっています。④の共同配送システムの導入は同業種、異業種による共同配送、商店街への納品などの共同配送などが進められています。これらはいかにコストダウンメリットと合わせて組み立てることができるかが普及のポイントです。

## 温室効果ガス削減に対する取り組み

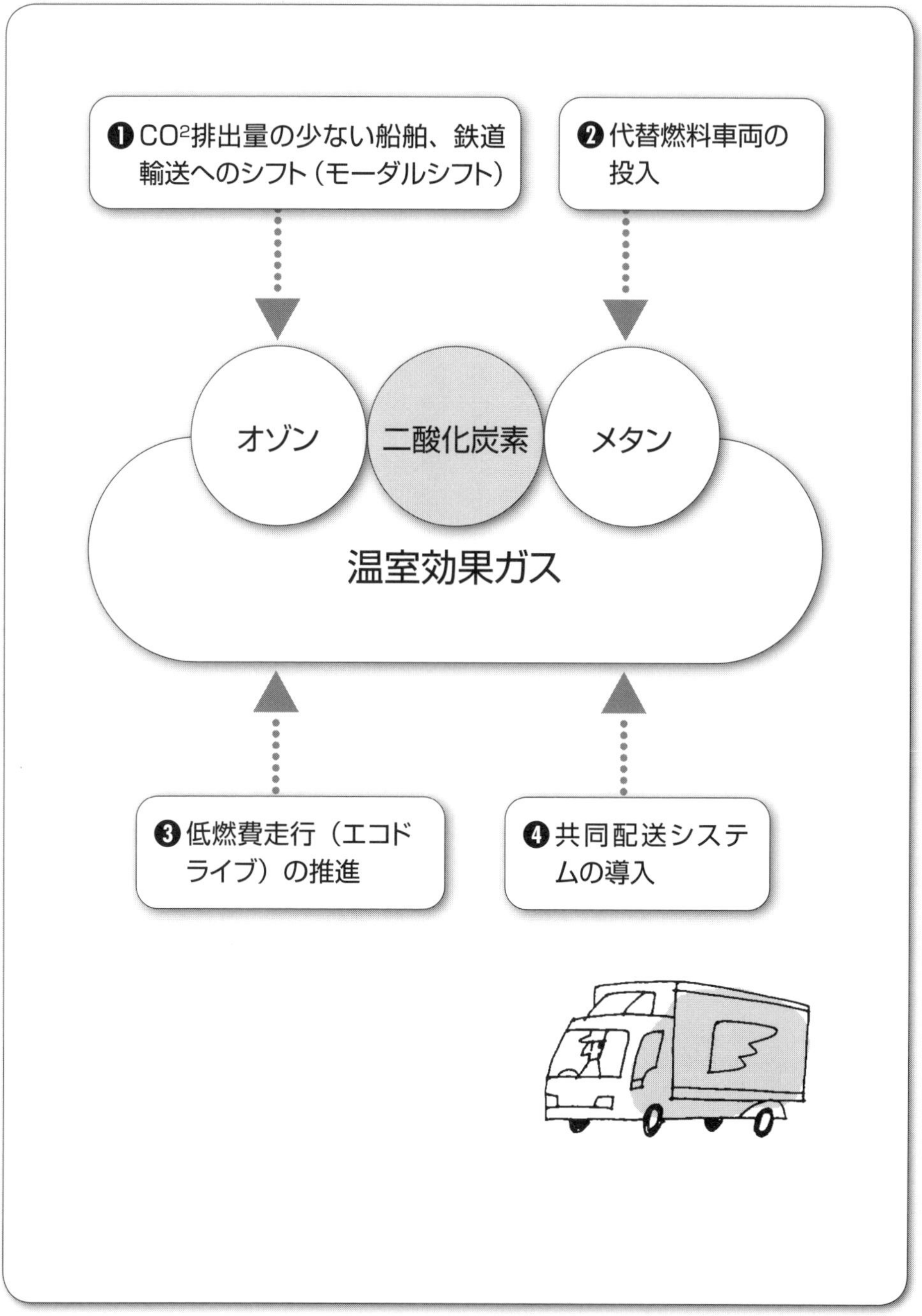
❶ $CO^2$排出量の少ない船舶、鉄道輸送へのシフト（モーダルシフト）
❷ 代替燃料車両の投入
オゾン
二酸化炭素
メタン
温室効果ガス
❸ 低燃費走行（エコドライブ）の推進
❹ 共同配送システムの導入

# 5 鉄道輸送の役割と特徴

## 鉄道輸送の利用が$CO_2$削減を進める

鉄道貨物輸送には大きくコンテナと車扱があり、その機関はＪＲ各社が大半を占めていますが、一部、民間鉄道会社も対応を行っています。$CO_2$削減に大きな役割を果たす鉄道輸送ですが、貨物量（トン）全体では前年比割れの減少傾向にありますが、これに輸送距離を加えた貨物輸送量（トンキロ）では微増ながら増加傾向にあります。またバルクやローリーなどの車扱は減少していますがコンテナでの輸送は増加しています。このように$CO_2$削減に大きな役割を果たす輸送手段でありながらも利用が増えていない理由は、コストメリットの算出、リードタイムの延長などの課題が残されているからです。

## 鉄道輸送におけるメリット、デメリット

鉄道貨物輸送におけるメリットは次のような点があげられます。①ダイヤ通りの正確な運行②約６００ｋｍ以上の輸送であればトラック運賃よりも安価になる③$CO_2$削減を中心とした環境保全、などがあります。一方、デメリットとしては①リードタイムがトラック輸送に比べ、おおよそ1日多くかかる。②トラック、船舶に比べ、輸送力が不足している③近・中距離圏内ではトラック運賃よりも高くなる④コンテナ（12フィート）の積載効率が悪いなどがあります。

## トラック、船舶輸送との連携対応

このように$CO_2$削減への貢献度の高い鉄道輸送は物流力としては用途分けや他の輸送手段との連携を図らなければそのメリットは活かせません。戦後まもなくにできた大型工場などでは工場敷地内に貨物の引込み線がつくられていましたが、今ではトラック輸送に押され活用されなくなりました。最近ではレール＆シー（Rail&Sea）の考えから鉄道、船舶共用のコンテナが導入されたり、デュアル・モード・トレーラーと呼ばれるトラック輸送時のトレーラーをそのまま鉄道レールに積載し、手間をかけずに鉄道輸送に切り替える試験導入なども行われています。これからは複合一環輸送としての利便性追求と陸、海、空の汎用性機器の開発、そして利用者側の使い方の工夫が鉄道輸送の付加価値を高めることになります。

## 鉄道輸送のメリットとデメリット

### メリット

❶ダイヤ通りの正確な運行

❷約600km以上の輸送であればトラック運賃よりも安価になる

❸$CO^2$削減を中心とした環境保全となる

### デメリット

❶リードタイムがトラック輸送に比べ、おおよそ1日多くかかる

❷トラック、船舶に比べ、輸送力が不足している

❸近・中距離圏内ではトラック運賃よりも高くなる

❹コンテナ（12フィート）の積載効率が悪い

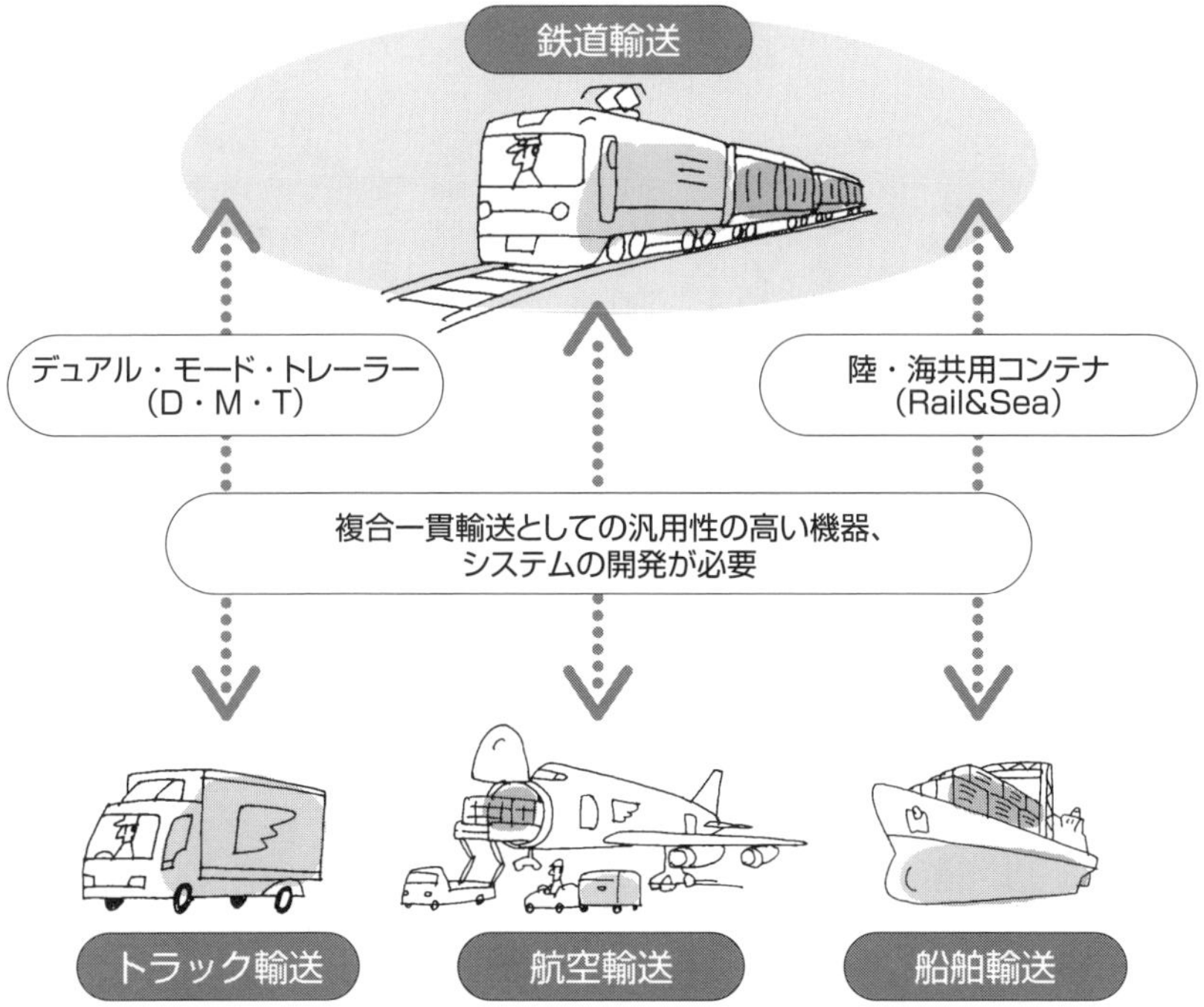

# 6 リサイクルと物流

## 静脈物流の重要性

生産のための物流や販売に向けての物流などを〝動脈物流〟と呼ぶのに対して、エンドユーザーが使い終わった廃棄物や、資源ゴミなどの回収やリサイクルの物流を〝静脈物流〟と呼びます。この静脈物流には大別して2つの特性を持つ物流があります。①回収後、処理、加工を施し、再利用を行うリサイクルのための物流②回収後、焼却や専門的な処理を行う廃棄物輸送です。①では建設資材リサイクル、家電リサイクル、複写機リサイクル、古紙リサイクルなどがあります。②では地震、台風などの災害廃棄物輸送、都市開発、建設などの残土輸送、汚染土壌の回収などがあり、環境保全に対しても物流は大きな役割を担っています。

## オフィスにはリサイクル品がいっぱい

名刺、トナー、紙類をはじめオフィス、家庭には日本人の持つもったいない精神、環境への取り組みなどからリサイクル品が広く普及しています。例えば、企業が使用する多くの書類などは個人情報保護や内部統制、社会的責任が厳しく叫ばれる中、その処分、保管などの取扱いも慎重な対応が求められています。これらの古紙はシュレッダーによる切断処理か溶解処理を行い、一旦、資源ゴミとして出され、それを専門事業者や「産業廃棄物輸送」の許可を持つ一般の物流事業者が回収します。回収された古紙は資源ゴミとして産業廃棄物〝処理〟を行う事業者の元に運ばれます。シュレッダーによる切断処理された紙の多くはトイレットペーパーとして再利用され、溶解処理された紙は再生紙として再利用されます。

## 回収サービスが本格化し始める

エコ社会に入り環境への関心が強まる中、リサイクル技術は進歩し、物流における静脈物流へのニーズは高まっています。今までは一部の事業者が行っていましたが「産業廃棄物〝輸送〟」の許可を取得することで一般の物流事業者でも対応ができることから回収サービスとして物流事業者の新たなメニューに加わるようになりました。大手路線会社では企業に古紙の専用ボックスを配布し、回収するサービスを本格的に行っています。

## 物流事業者による回収サービスが広まっている

### リサイクル物流

- 建設資材リサイクル
- 家電リサイクル
- 複写機リサイクル
- 古紙リサイクル

### 産業廃棄物輸送

- 災害廃棄物輸送
- 都市開発、建設などの残土輸送
- 汚染土壌の回収

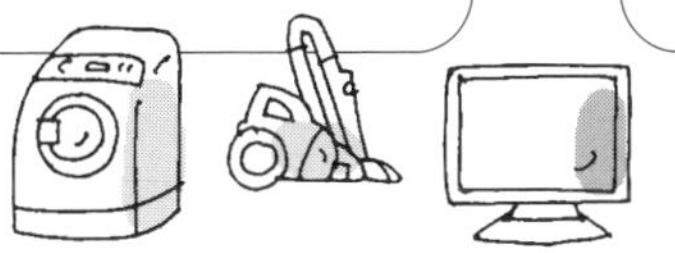

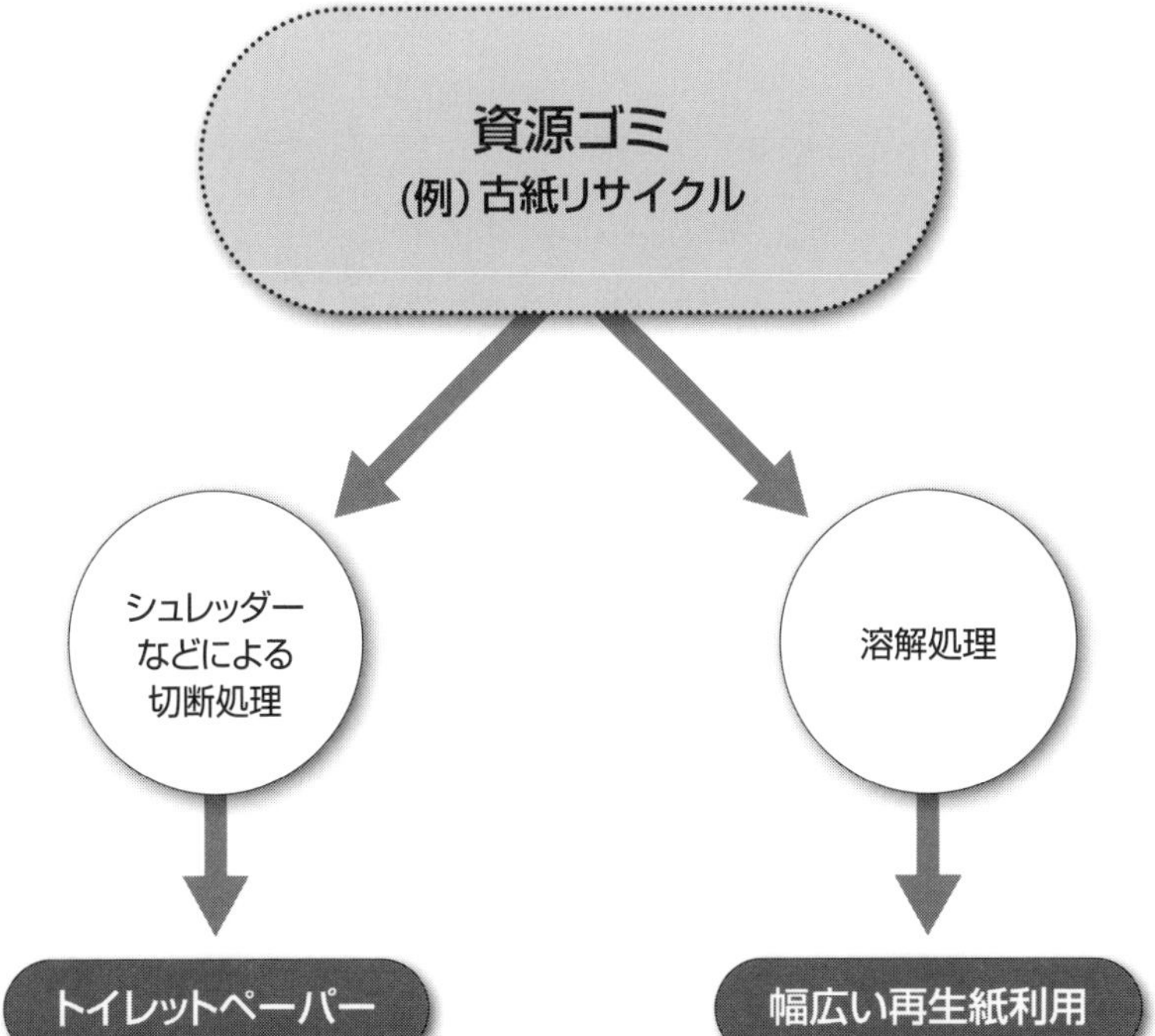

# 7 物流資材と環境問題

### 保冷剤

主に食品、医療分野での輸送に使われる保冷剤、蓄冷剤においても環境対策を考えた製品が開発されています。中身が弱酸性次亜鉛素酸水でできており、除菌、消臭剤として再利用することができ、また無菌水が有機物に触れることで分解して水（$H_2O$）に戻り、廃水処理が可能となる製品が出ています。

### パレット

現場での移動やトラックへの積み込み、積み降しに使用するパレットは、木製パレットからプラスチックパレットへの転換が大きく進んでいます。木製パレットの場合は使用済み時に産業廃棄物として焼却処分され、買い替えのコストがかかりますが、プラスチックパレットは木製に比べ、多くの使用頻度に耐えることができます。またリサイクルによる再利用が可能であるため、広く普及してきています。ただし輸出用のパレットは回収できない一方通行の物流を前提にしているため、安価な木製が主流であり、燻蒸処理の後、諸外国へ輸出されます。

### ストレッチフィルム

パレットに製品を積み重ね、固定し、荷崩れ、濡れ、汚れを防止するためのストレッチフィルムが広く使用されていますが、環境対応として主に2つの方法が用いられています。①一度利用したフィルムを回収し、リサイクル原料のポリエチレンを50%使用した再生フィルムをつくるというもの②フィルムを巻く作業の手間、時間の削減という狙いも加わり、パレット上の製品を太いベルト状のもので固定し、繰り返し使用することができるというものです。

### フォークリフト・物流施設

すでに普及しているフォークリフトのエンジン式からバッテリー式への転換は排気ガス対策、防塵対策だけではなく、コストダウンの利点も加わっています。また物流施設においても取り組みが進んでおり、空調設備の代替フロン不使用や建築資材における塩ビ素材の排除、リサイクル資材の積極的採用、省電力照明の採用などを行っている施設があります。

## 物流資材の環境対策も進んでいる

### 保冷剤

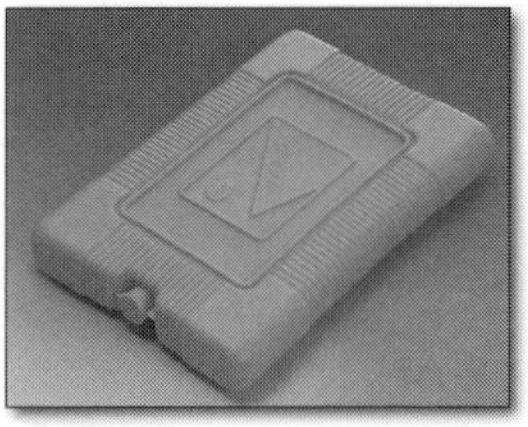

保冷剤
(三重化学工業
「エムアール100」)

### パレット

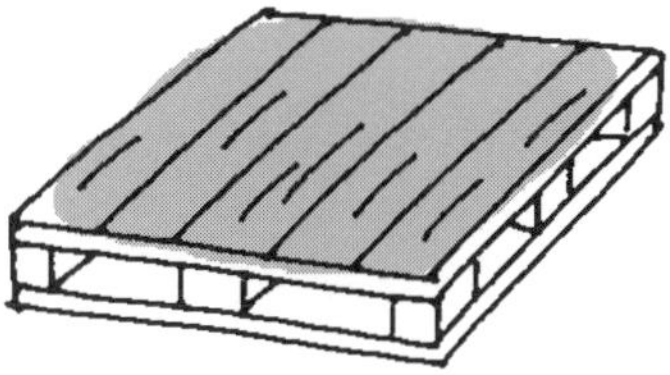

木製パレット

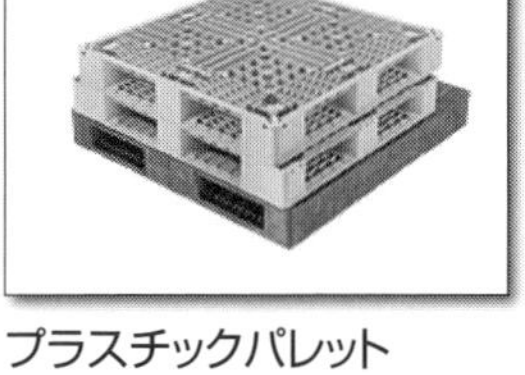

プラスチックパレット
(太陽シールパック
「プラスチックパレット」)

### ストレッチフィルム

ストレッチフィルム

再利用ストレッチフィルム
(アイセロ化学「リサイクルストレッチE」リサイクル原料のポリエチレンを50%使用)

エコバンド
(エコシステム「エコバンド」)

# 8 物流のサービス過剰が環境をダメにする

## 出荷頻度の見直し

物流においてサービスが過剰であったり、ムダを発生させているものに〝出荷する頻度〟があります。月曜から金曜の毎日出荷を当り前のように行っている企業がありますが、それを週3回に変更しても意外と顧客からのクレームはありません。また出荷業務をまとめて行うのでコストダウンにもつながります。特に小規模のネット通販や大量販売しないアパレル、物流センターから店舗への社内間物流などで出荷頻度の見直しは有効です。

## 時間指定の張本人は営業担当者

多くの企業は顧客からの時間指定に頭を痛めています。実は原因の多くは物流コスト意識を持たない自社の営業担当者にあります。その理由は①午前中までに納品できれば問題ないが、もし遅れることがあればクレームが出るので念のため「9時必着」の時間指定をかける②顧客の無理な要望にNOといえない③時間指定に対する要望への代替案を提示できないなどがあります。時間指定は車両の増車やエコドライブの妨げになり、環境に対してマイナスの影響が出てきます。このようなケースでは営業担当者教育が先決かもしれません。

## メーカー系物流子会社の品質過剰

メーカー系物流子会社は親会社の持つ生産管理、品質管理、安全管理のノウハウが物流に活かされています。生産性向上、品質向上に展開され多くのメリットが発揮されている反面、物流ではそこまでは必要としない過剰な管理がしばしば見受けられます。①落下防止、衝突防止のために高さを活かされず、また充分過ぎる通路幅の確保のために保管効率がよくない②検品において余分ともいえるトリプルチェックの実施③輸送品質重視の過剰梱包などが代表的です。これらの過剰な管理は多くのヒトと資材を必要とし、ムダな資源使用につながります。

このように物流での過剰サービスはコストアップにつながるだけではなく、車両増加による$CO_2$排出、資材の大量使用による廃棄物の増大など環境問題にも直結するため、コスト、品質、そして環境に見合ったサービスレベルを設定することが低炭素社会では求められています。

## 環境問題につながる物流の問題点

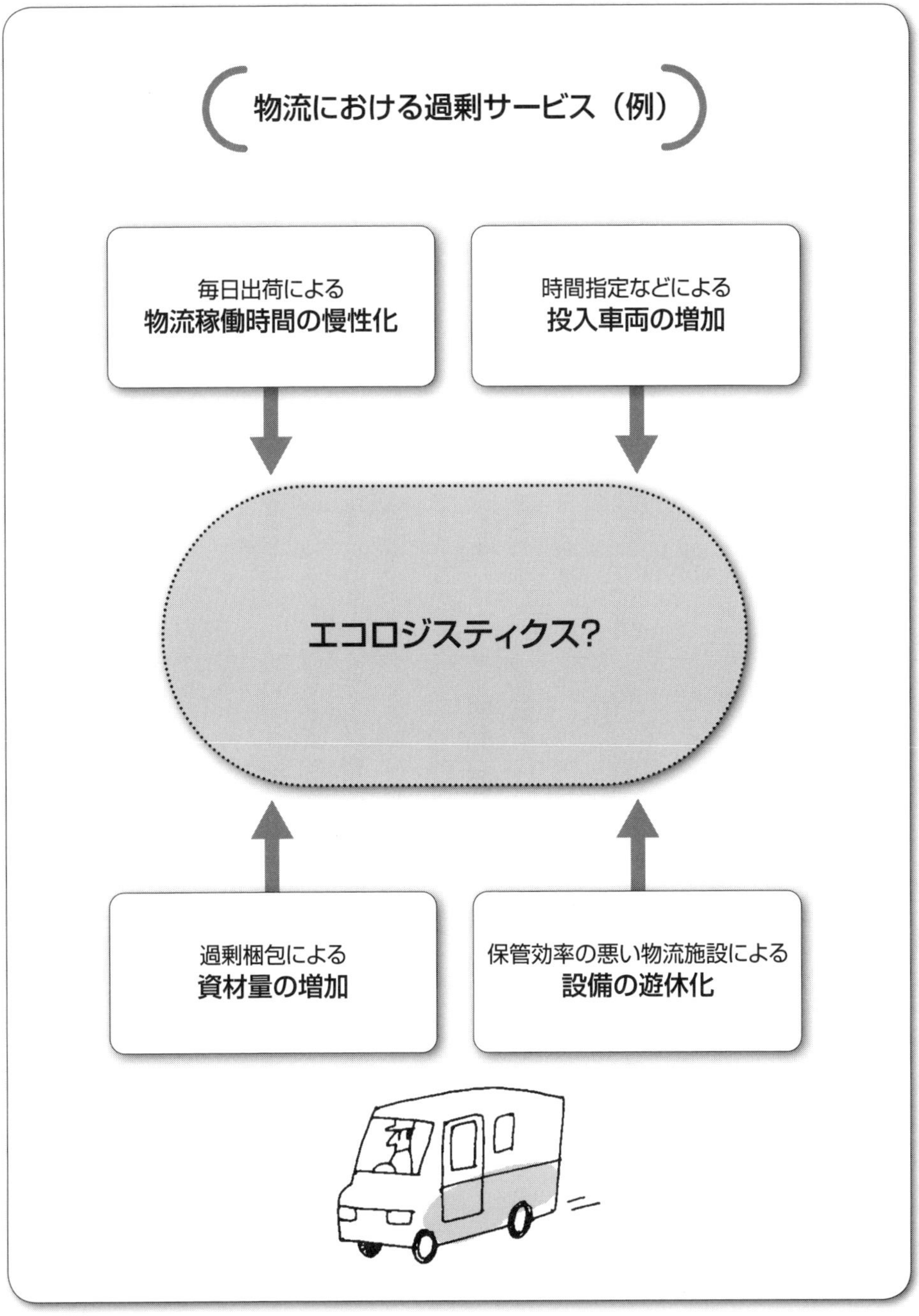

# 9 物流の原点回帰

## 都市圏での自転車物流

東京都内では自転車による物流が行われており、サイクリングスタイルに身を包んだスタッフがバッグを背負い、街を駆け巡っています。首都圏ビジネスであるマスコミや出版などでの原稿、フィルム類、サンプルといったモノを運び、納期の迫った業務に対して、交通渋滞、駐車禁止規制からスムースな物流を提供しています。また大阪などの都心部では昔ながらのリヤカー式自転車によって小口貨物を届けるサービスが定着しています。いずれもパート・アルバイトスタッフが中心であり、コスト抑制と環境にやさしい物流が行われています。

## 鉄道輸送によるリードタイム、在庫の見直し

戦後、日本の物流では鉄道輸送が広く行われ、各地にその業務を専門に担う〝通運〟という事業者がありました。また繊維、鉄鋼などの日本の産業を支えていた大規模工場の中には旧国鉄の引き込み線が通っていたほどです。過去の輸送手段を今度は環境の面から見直すようになっています。また鉄道輸送の復活は企業にはリードタイムが1日延びることになり、よって理屈では1日分の在庫を持つことになります。またジャスト・イン・タイムに対する間違った解釈が多頻度輸送のための大量の車両を必要としてきました。このような在庫をよしとしない考えは物流が止まることを前提にしていない平和な日本では特に過熱気味です。環境面を考えるとある程度の企業の在庫〝義務〟（負担）が望ましいといえます。

## ノー検品、簡易梱包輸送

店舗納品におけるノー検品は今では主流となっていますが、以前は店舗スタッフが立合い検品を行っていました。中には1日の仕事の内30％弱が検品を含む物流を行っている店員がいましたが、今ではセンターの出荷精度が高まるにつれ、このような光景は少なくなりました。また簡易梱包輸送では中身が見えることで積み降し作業を当事者がより慎重に対応するために商品事故が発生せず、資材も不要、開梱作業も簡単になるという逆発想による輸送も行われています。これらはいずれも省力化の視点でムダな作業を取り止めている点が共通点です。

## 環境にやさしい物流の見直しが必要

### 首都圏高密度エリアで活躍する自転車物流

- 交通渋滞の影響がない
- ローコスト
- 環境にやさしい

### エコ社会では一定の在庫を持つことが大切

鉄道輸送の利用 → リードタイムが1日延びる → 在庫に余力が必要

### エコ・省力化で原点回帰

- ノー検品
- 簡易梱包輸送

# 10 今後の課題

## 環境保全とコストメリットの両立

これまで物流における様々な環境への取り組みを紹介してきましたが、広く普及しているテーマについてはいずれも共通点がありました。それは環境保全への貢献と導入企業としてのコストメリットが両立しているという点です。現状では大手の一部を除き、企業として環境保全のみに取り組むというケースは稀で、コストダウンなどの導入メリットが加わることで$CO_2$削減を中心に環境保全の取り組みは広く浸透していくと思われます。

## 環境・エコ技術の進捗と政府の更なる支援、補助

更に環境保全への取り組み、普及に向けてはそのエコ技術における進捗も不可欠であるといえます。リサイクル、リユース、代替化技術の更なる進化によるローコスト化、高品質の両面をクリアさせることが企業の積極導入に向けての大きな課題といえるでしょう。

環境問題に対する国による補助、助成事業には次のようなものがあります。「グリーン物流パートナーシップ会議」を通じた事業費の支援（国土交通省、経済産業省）「都市内物流の効率化支援」（国土交通省）「物流効率化総合効率化に基づく支援」（同）「３ＰＬ事業の総合支援」（同）「モーダルシフトの推進」などが支援事業として打ち出されています。これらは京都議定書での目標達成に向けた地球温暖化対策への取り組みとして具体的な施策をまとめた国土交通省の「環境行動計画２００８」が基となっています。グリーン物流パートナーシップモデル事業費補助金は応募事業10社に対して総計4億1千万円が経済産業省から支援されています。地方では四日市港管理組合がコンテナ貨物船舶輸送に伴う$CO_2$排出を四日市港の活用によって低減しようとする荷主企業の支援事業を行い25件が認定を受けました。このように各省庁が中心となり、自治体などが支援、補助に乗り出しています。今後の課題としては①各支援、補助事業内容の告知強化②優良事業の継続した予算化③事業成果の公開④対策事業の拡充⑤優遇税制、低利融資の強化などの更なる政府、自治体の支援、補助と規制が環境にやさしい物流へとつながっていくものと思われます。

# 国による支援、補助

## グリーン物流パートナーシップ会議

## モーダルシフトの推進

国土交通省では、鉄道・内航海運等のより環境負荷の小さい輸送モードの活用（「モーダルシフト」）による環境負荷軽減への取り組みを行っています。具体的には、鉄道・海運に関するインフラ整備や、「グリーン物流パートナーシップ会議」の枠組みを利用した補助金等による事業者への支援等を行っています。

## 3PL事業の総合支援

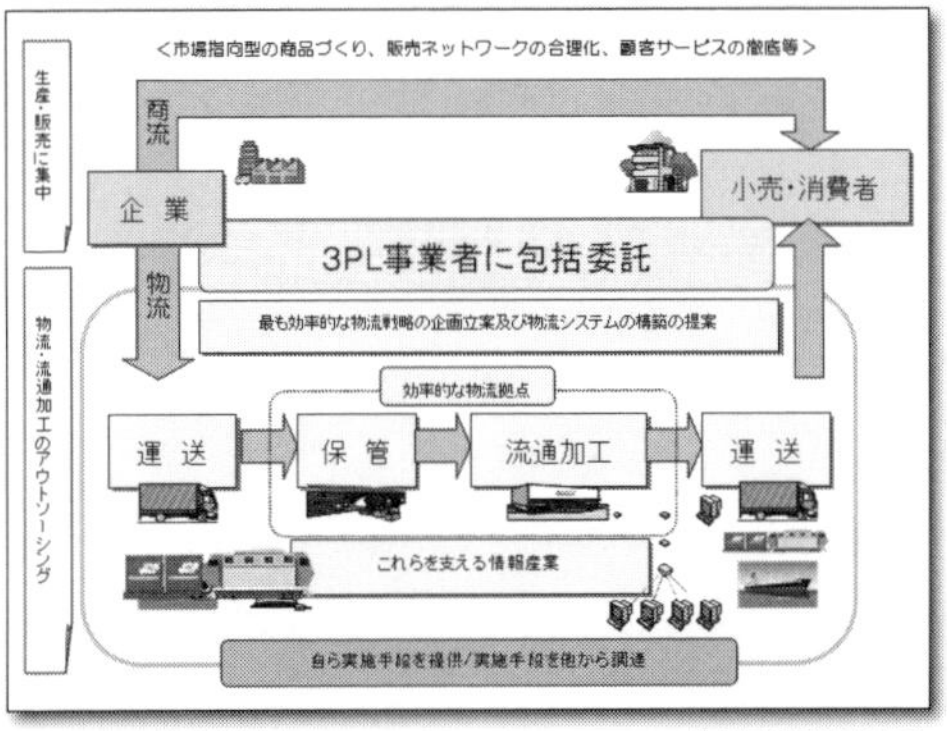


〈国土交通省HPより〉

# 9章

# 情報で変わる物流

# 1 情物一致の基本ルール

### 情報とモノを照合する

情報とモノを基本的に一致（情物一致）、照合させていくことで物流の正確さが成立します。照合の方法はＩＴＦコード、二次元コードによるＩＴ対応と人のチェックによるアナログ対応がありますが、モノの流れの節目となる業務では必ず照合・チェックが基本となります。入荷時、格納時、ピッキング時、検品時、出荷時、車両への積み込み時、エンドユーザーへの納品時といった具合に作業、時間、担当者（会社）、場所などが変更する毎に伝票またはバーコードスキャンによる照合を行っています。これには次のような意味合いがあります。①作業内容の確認②数量のカウント③作業ミスの発見④作業の完了報告⑤荷物データの蓄積⑥荷物履歴の確認⑦作業完了の証明などです。したがって、いかに情報とモノを一致させていくかが正確な現場運営の鍵となります。

### どのような情報と一致（照合）させるか

情報とは、センターや倉庫などに入荷される物量、時間、内容名、送り元、物流会社、トラックのサイズ、仕様などを知らせる入荷予定表（情報）、どのような製品を誰にいくつ出荷するのかを知らせるピッキングリストまたは出荷伝票（情報）、どのような便でどの所在地に届けるのかを知らせ、かつ受領証明となる納品伝票（送り状）などがあります。これらは必ず発生する情報であり、納品伝票（送り状）は出荷の多いところでは一日数千件にも及びます。その他では実在庫とＣＰ在庫を照合する棚卸し時に使用する在庫表（情報）、滞留している在庫を知らせる不動在庫リスト（情報）、赤伝と呼ばれる返品伝票（情報）、などがあります。また直接、モノと照合しませんが、現場を確認する情報として欠品リスト（情報）や商品事故報告書などがあります。このように物流は多くの情報が各工程で照合・チェックされ、一つひとつきめ細かな確認作業を積み重ねていくことで成り立ちます。物流の精度が上がらない、現場作業のミスが多い企業は物流の基本となる情物一致の状況を確認し、物流と情報のフローのどこにミスマッチやタイムラグが発生しているかを発見し、対策を打つ必要があります。

# モノと一致させる情報とは

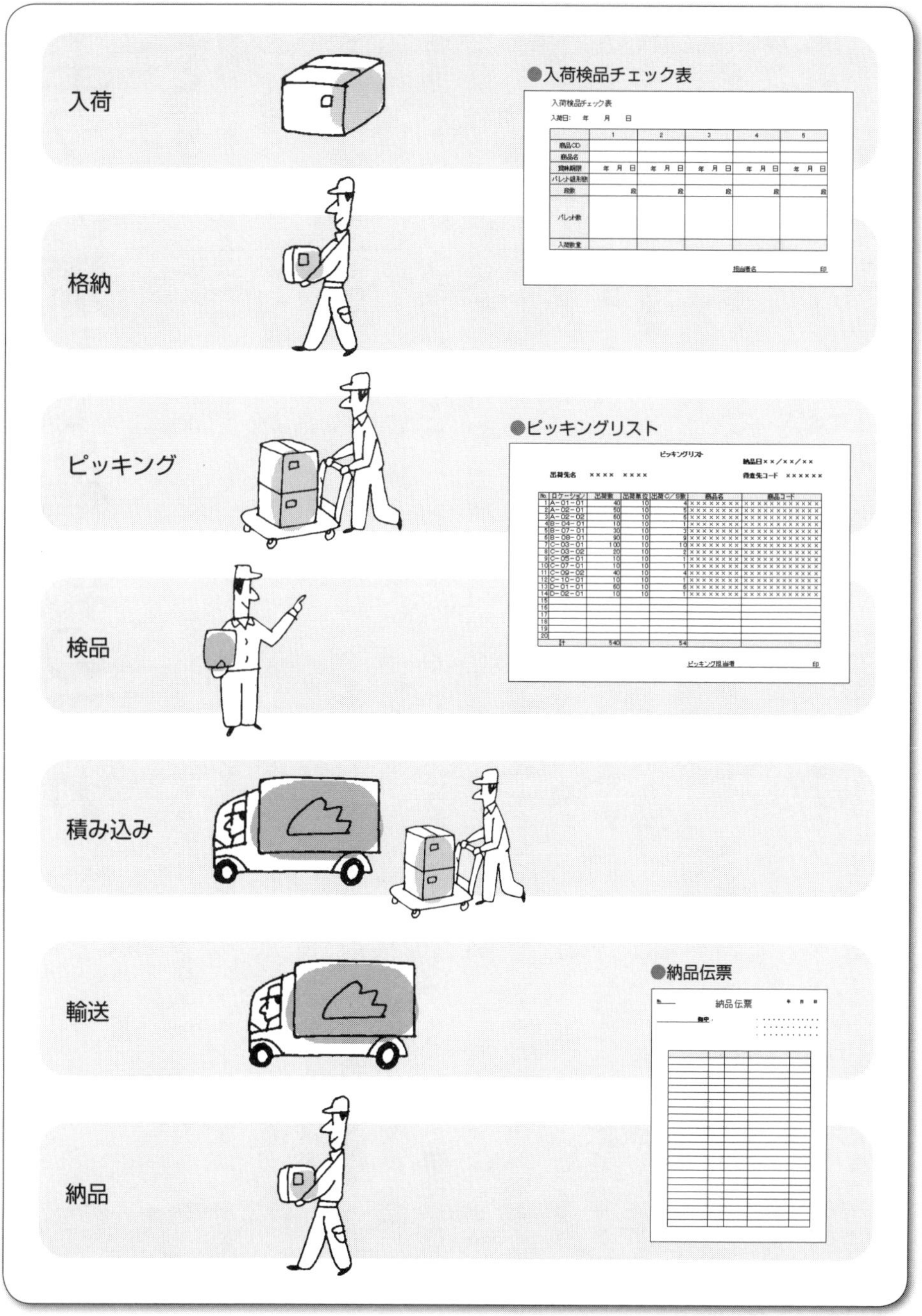

## 2 モノの流れと情報の流れ

### モノの流れ（物流フロー）

モノの流れはどこからどこまでを対象とするのか、どこを起点にするかによって同一の製品の物流でも異なるフローが出来上がってきます。サプライチェーン全体を見ているのか、保管からの出荷と納品までを見ているのかでそのフローの長さや経由する拠点の数が違ってきます。物流の実態を把握し、改善に留まることなく改革までを目指す場合は、自社の出荷拠点を中心に調達、仕入では二次サプライヤーからのモノの流れ、販売ではエンドユーザーまでの納品とそこからの回収、返品の流れまでを抑えておく必要があります。また拠点間、店舗間の横持ち（輸送）の流れは重要な情報のひとつとなります。このように自社で関与している物流領域を1枚の紙にまとめることが現状認識として非常に大切な取り組みです。

### 情報の流れ（情報フロー）

情報の流れもどこを対象とするのかで大きな違いが出てきますが、物流の情報として少なくとも抑えておかなければならないのは発注、入荷、受注、在庫引当て、出荷指示、配車または物流会社手配、伝票発行、納品、返品、売上計上、請求書発行のフローの把握は不可欠であり、それが情物一致の基本に対してどの部分がボトルネックになっているかを発見するのに役立ちます。

### タイムスケジュールで2つのフローを合致させる

物流フローと情報フローを合致させ、業務を追いかけることで入荷情報（オーダーエントリー）の精度が低い、在庫管理が十分でないといった照合、チェックポイントの強弱、作業手順の見直し、ムダな作業内容などを発見できます。更に合致したフローにタイムスケジュールを入れることで前倒ししなければならない作業、残業をなくすための作業優先順位の決定、納品時間を厳守するための配送ルートの見直しといった具体的な問題点が浮き上がります。このように物流と情報それぞれの流れを合致させることで全体の可視化ができ情報システムの見直しにつながります。また部分最適な改善や運営ルールの設定も対象とする物流領域を一旦、広く把握することで全体最適な改革や改善が実現するようになります。

**モノと情報の流れを一致させる**

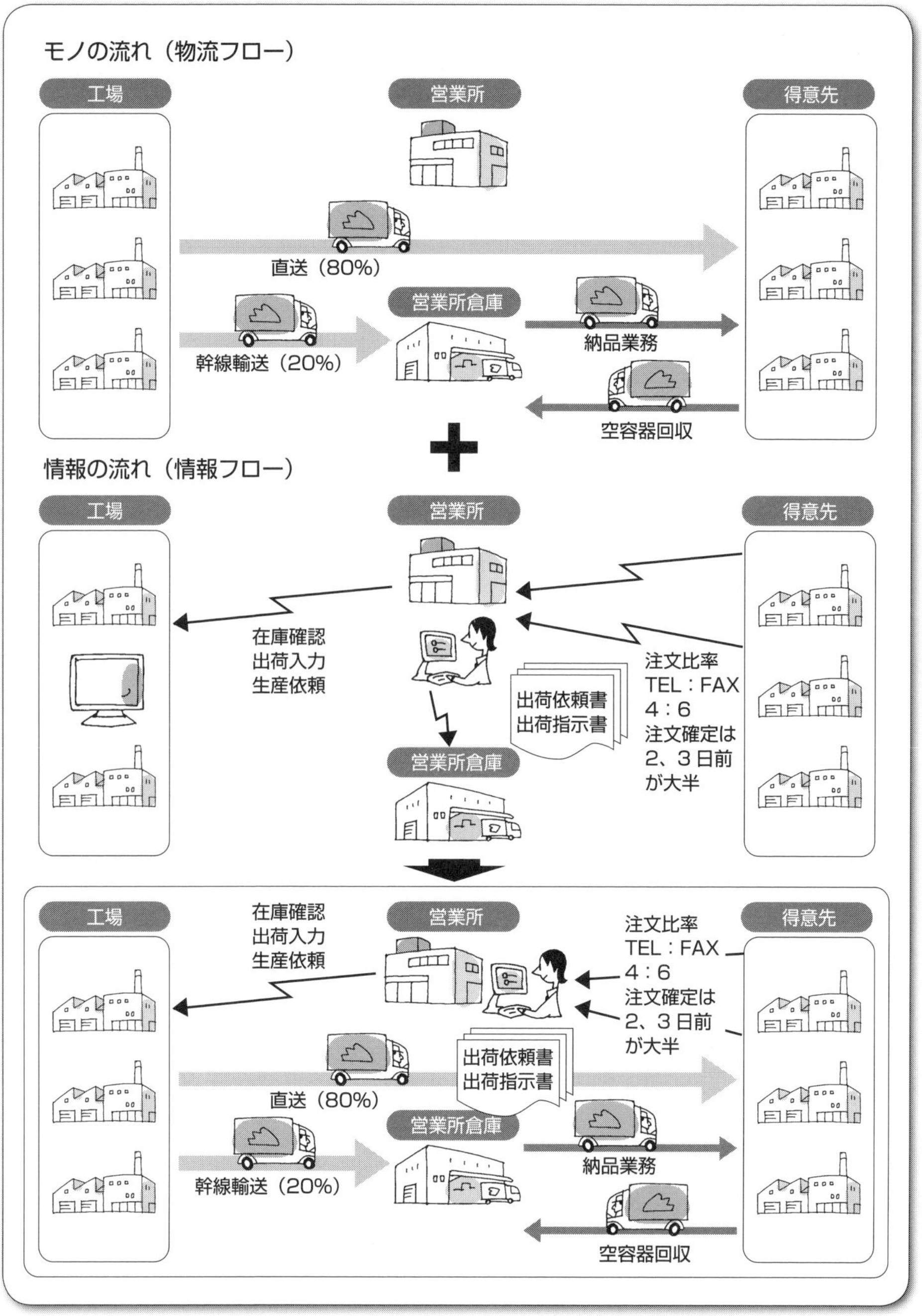

# 3 物流情報をフィードバックする

### 強い会社は物流情報を活かす

企業体質の強い会社は物流を後処理ではなく、後方支援機能と位置づけています。それは物流における情報を営業や生産部門にフィードバックもしくは共有化することで会社全体での利益化を図っています。

### 営業へのフィードバック

物流での情報を営業へフィードバックさせるものとして①方面別、得意先別物流コスト②時間外受注、緊急出荷先とその件数（月間ベース）、それに伴うコストアップ額③伝票1枚当りや時間指定におけるコスト④月末などの集中出荷先とそのコストアップ額⑤物流部門や物流会社に届いたクレームや要望などです。これにより売上金額は多いが物流コストを含め、利益が出ていない顧客の見直しや代理店経由の納品、運賃別途請求の有無といったかたちで営業側が顧客との関係のバランスを取りながら、条件設定や交渉を行います。

### 生産へのフィードバック

物流情報を生産へフィードバックさせるものとして①製品別物流コスト②重量・容積当り物流コスト③商品事故報告④返品情報⑤製品クレームや要望などです。これにより物流コストのかからないパッケージサイズの選定やケース入り数の決定、軽量短小化の製品開発、衝撃に耐える梱包設計などに活かされます。食品、化学分野でのパッケージの最小化を図った濃縮製品などがこれに当ります。在庫情報は管理する専門部署がない企業では営業・生産の両方にフィードバックされる場合が多く見られます。このように経営活動の最終アンカーの役割を果たす物流は他部門に関係する多くの有益情報を持ちますが、物流の重要性を強く認識しない企業ではこのような情報を整理することもままならない状況です。反対に企業体質の強い会社では物流の情報を有益に分析、活用しそれぞれの部門貢献に役立てています。このような企業は総じて物流部門が社長直轄組織や社内の有能スタッフを投入し、一定の権限を持たせています。営業、生産において次の一手を検索している企業では「眠れる情報資産」である物流情報に着眼することもひとつです。

## 物流情報のフィードバックが利益につながる

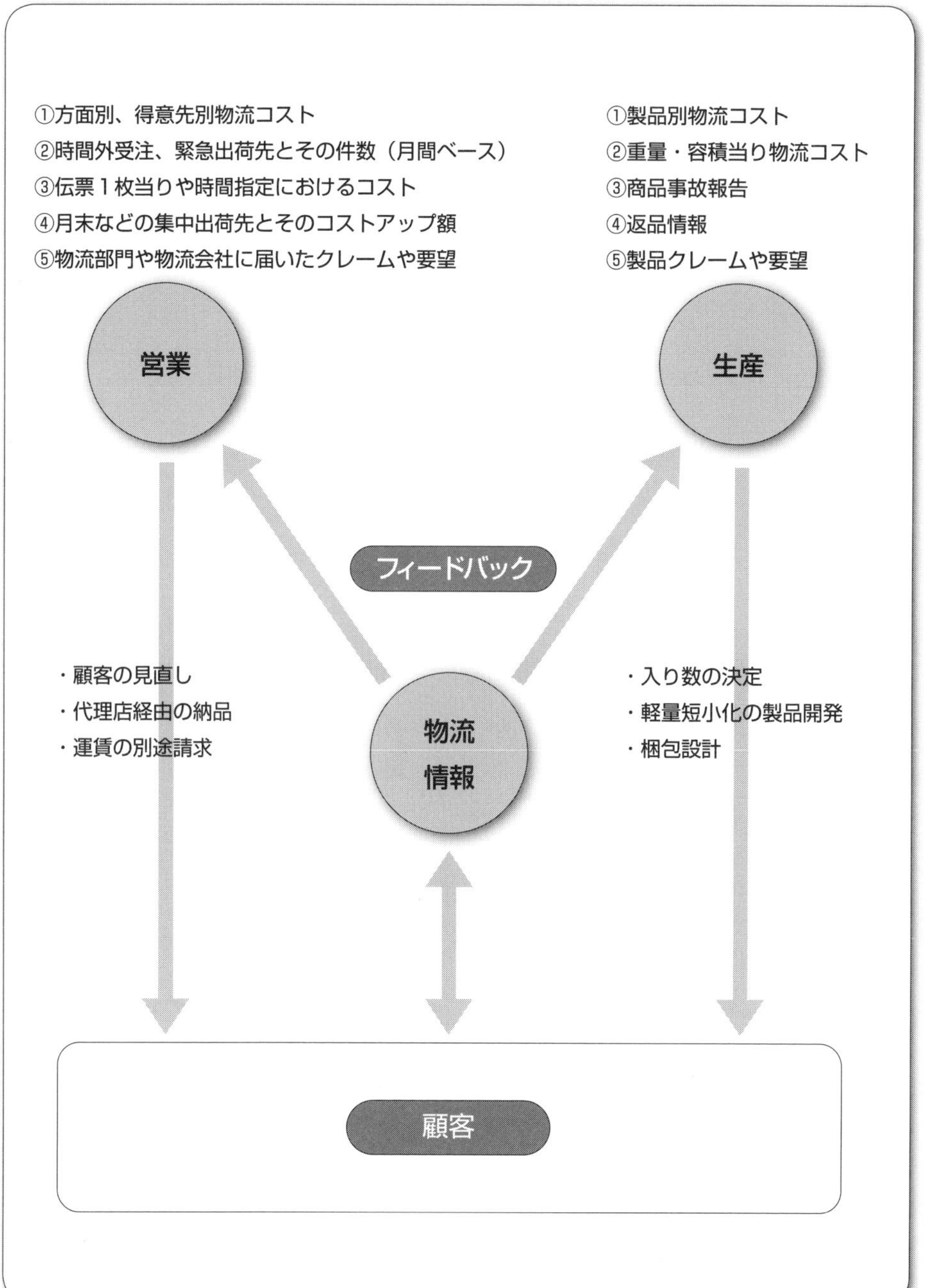
①方面別、得意先別物流コスト
②時間外受注、緊急出荷先とその件数（月間ベース）
③伝票１枚当りや時間指定におけるコスト
④月末などの集中出荷先とそのコストアップ額
⑤物流部門や物流会社に届いたクレームや要望
①製品別物流コスト
②重量・容積当り物流コスト
③商品事故報告
④返品情報
⑤製品クレームや要望
営業
生産
フィードバック
・顧客の見直し
・代理店経由の納品
・運賃の別途請求
物流
情報
・入り数の決定
・軽量短小化の製品開発
・梱包設計
顧客

# 4 在庫情報の落とし穴

## 経営を左右する重要情報

物流と情報の関係において、在庫情報は経営を左右する重要な情報のひとつです。在庫はお金ですので在庫が滞留することは資金が滞留することと同じであるため、在庫数量や金額、在庫の回転数を正確に管理しなければなりません。在庫情報には次のような注意点がありますので注意が必要です。

## ＰＣ在庫と実棚卸の差異と修正

ＰＣ上の在庫数と実際に棚卸を行った実数とが同数になることが目的のひとつである在庫管理ですが、差異が発生しないという会社は皆無です。理由として次の３つがあります。①スキャンミスまたは読み間違い②棚卸方法の不具合③入出荷時の数量検品ミスによる数量間違いなどですが、大きな落とし穴となるのが後の修正作業です。本来は差異報告を行い補填などによって修正しますが、目が行き届いていない現場ではＰＣ上の数字を変更することで差異ゼロをつくっている場合があります。

## 欠品

小売業での店頭在庫の管理やそれに伴う発注、需要予測において欠品は物流情報を大きく狂わせてしまいます。欠品を発生させると店頭でのＰＯＳデータはその代替品となるものをスキャンし、データは本部に送られてしまいます。発注のサブシステムがあればその誤情報を修正することができますが、ない場合は普段は売れるはずのない代替品の出荷がかかり、同時に発注点を下回った在庫商品として発注がかかることになり、ミスが悪循環となり不動在庫の山となってしまう場合があります。

## 在庫引当て

一般的に在庫管理や販売システムでは受注後、在庫の有無を確認し、出荷指示がかかります。その際、二重に引当てが発生したり、在庫有りと表示されたモノが現場にはないということがあります。他には同時に複数の引当てがかかった際、在庫切れ表示が出てしまうという場合などもあります。これは受注処理方法とスピード、リアル（タイム）に機能しないシステムの不具合が主な理由となっています。

注意すべき在庫情報

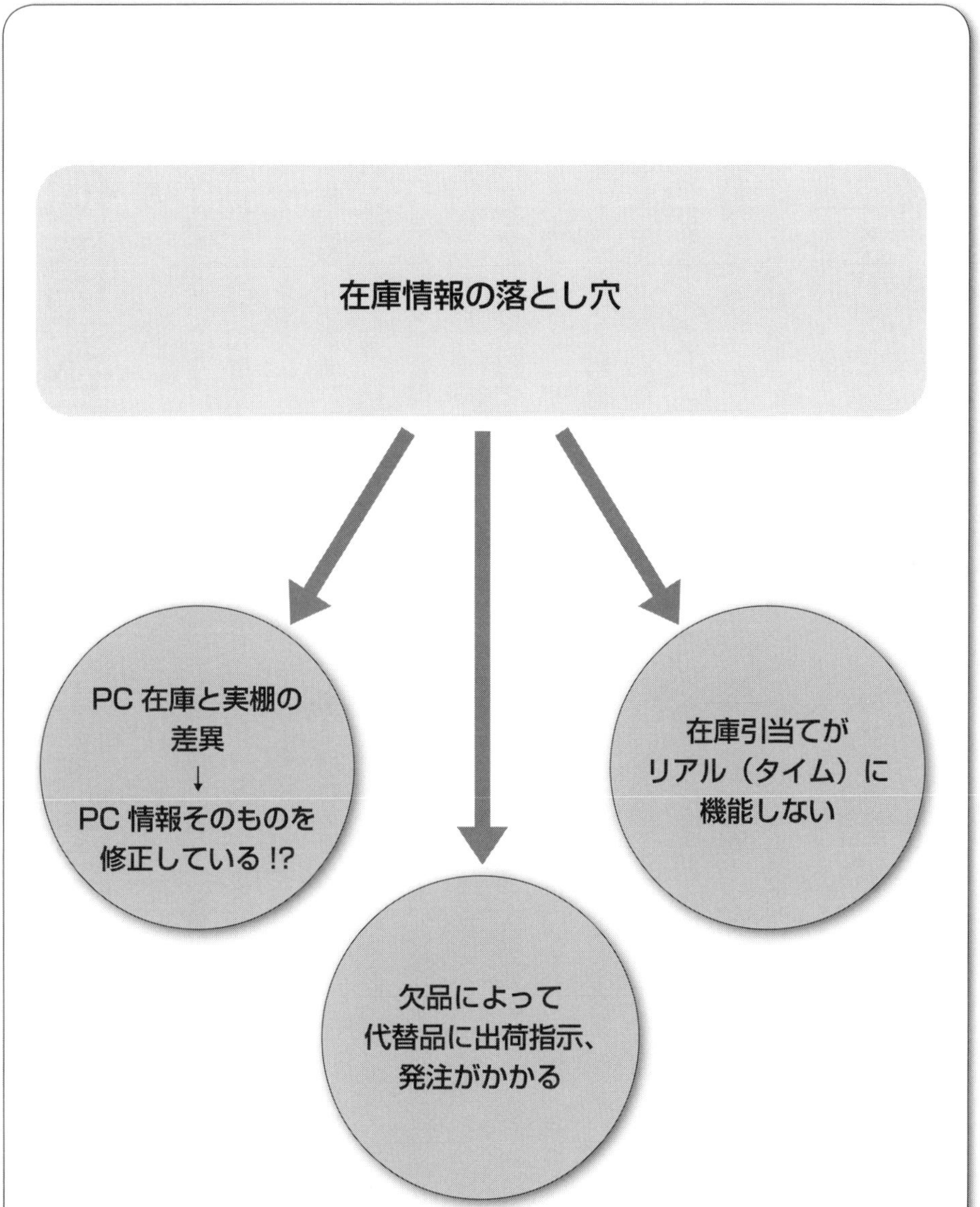
在庫情報の落とし穴
PC 在庫と実棚の差異
↓
PC 情報そのものを修正している !?
欠品によって代替品に出荷指示、発注がかかる
在庫引当てがリアル（タイム）に機能しない

## 5 入荷情報でセンター運営が変わる

### 問題は後工程ではなく前工程にある

物流センターの運営において〝精度を上げる〟ということになると、主なテーマとして①ピッキングの精度②在庫の精度③出荷の精度の3つがあげられます。更にこれら3つの精度の向上には入荷業務の精度が不可欠です。多くの企業はピッキング及び在庫管理の後工程に注力します。これは決して間違いではないのですが「入を制するは出を制する」の考えから前工程である入荷検品、入荷情報入力（オーダーエントリー）を正確に行っていないと、いくらピッキング、在庫、出荷のそれぞれの業務で管理、チェックを強化しても〝入り〟の段階で間違いが発生していては後工程の労も報われないのです。

### 輸入品の入荷には注意を払う

世界の工場といわれる中国を中心としたアジア、発展途上国からの入荷品質は国内仕入先よりも劣る現状があり、特にコンテナによる入荷時には注意を払う必要があります。目視できるケース数量は合っていても中身の入り数に過不足があるということがしばしば起こっています。数量検品、品質検品とも全数を検品することは困難ですので、抜き取り検品で対応します。また国内においても素材や印刷分野などでは生産時の端数も余分に入荷する場合がありますので、入荷時の数量検品がセンター全体の運営に影響することになります。

### 入荷～格納までの作業にも細心の注意を払う

前工程の中で入荷時の数量検品の次に注意を払うべく業務に入荷検品、入力が終了し、棚に入荷した製品を保管する〝格納〟についても同様に重要な業務です。定められた場所にある定められた棚やパレットに製品を納めていくわけですが、ここでは次のような注意が必要となります。①入荷した製品と格納する定められた棚やパレットに相違がない②入荷した数量を正確に格納する③当日出荷品と格納(在庫)品を間違わないなどがあります。入荷管理シートによる入荷チェックと管理者によるダブルチェックが基本となります。このように後工程の改善だけでなく前工程、特に入荷業務の精度向上を加えることでセンター全体の精度向上につながります。

## 入を制すれば出を制す

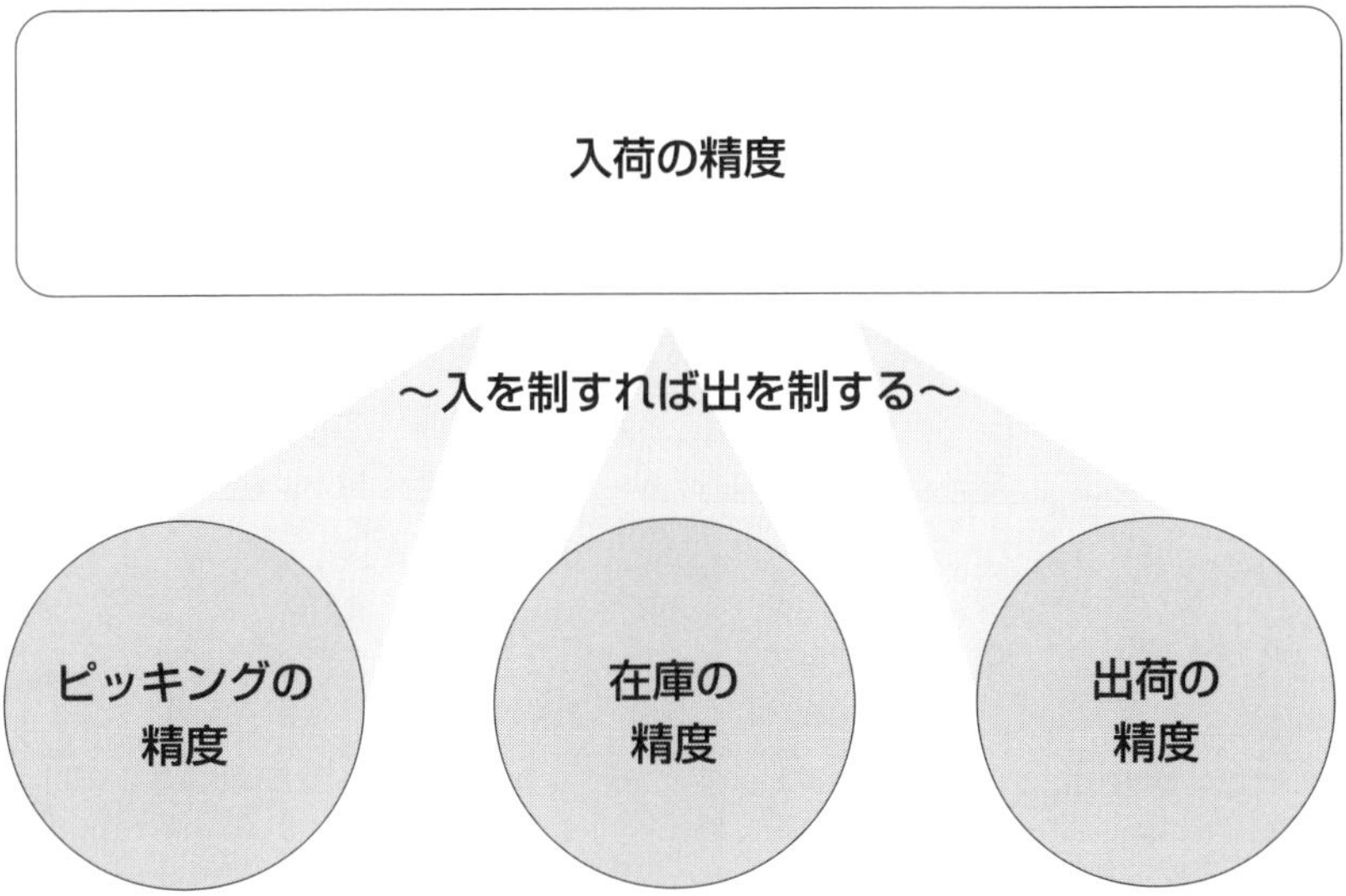


### <入荷管理シート>

**入荷検品チェック表**

入荷日：　　年　　月　　日

| | 1 | 2 | 3 | 4 | 5 |
|---|---|---|---|---|---|
| 商品 CD | | | | | |
| 商品名 | | | | | |
| 賞味期限 | 年　月　日 | 年　月　日 | 年　月　日 | 年　月　日 | 年　月　日 |
| パレット組形態 | | | | | |
| 段数 | 段 | 段 | 段 | 段 | 段 |
| パレット数 | | | | | |
| 入荷数量 | | | | | |

担当者名　　　　　　　　　　印

# 6 ハンディターミナルとバーコード

## ハンディターミナル

ハンディターミナルはＨＨＴ（ハンド・ヘルド・ターミナル）とも略され、製品や梱包資材に印刷または貼付されたコードをスキャンするデータ収集端末機器です。用途としては棚卸業務、入出荷業務、作業指示、トレーサビリティ管理などに使われ、機能としては①バーコードなどのスキャニング②キー入力③画面表示④データの出入力⑤パソコンとのデータ送受信などがあり、機能性が高いものには音やバイブレーションによるアラーム機能がついたものもあります。基本は無線方式になっており、価格は購入ロットと機能にもよりますが、1台20～30万円で販売されています。対象となる情報媒体はバーコードの他、二次元コード、ＯＣＲ（光学式文字読取装置）、ＲＦＩＤ（ＩＣタグ）なども含まれます。

## 固定リーダーで作業改善

バーコードリーダーにはハンディ式の他に固定式があり、一定の場所に固定させバーコードのついた製品側をバーコードリーダーにかざしスキャンする方法で、両手が常に空いた状況になるため、軽量品に有効であり、作業性が高くなることが特徴です。

## バーコード

バーコードは数種類の直線の太さによって数字や文字を表す識別媒体のことであり、バーコードリーダーが読み取るデジタル情報の出入力が可能になっています。バーコードには一次元の他に多くの情報を入れることができる二次元コードが広く普及しています。物流の用途として使われるコードとしてはＩＴＦコードを中心にＣＯＤＥ３９、１２８、ＮＷ―７などが使われています。

## 複数のバーコードの正体は

製品によってはバーコードが3つまたは2つつけられていることがよくあります。これは①日本におけるＪＡＮメーカーコード②物流によるＩＴＦコード③その店舗や団体が任意に添付するインストアコードであり、用途や目的、収集する情報によってそれぞれ設けられています。物流ではＲＦＩＤにおけるＩＣタグへの研究が進んでいます。

## 製品管理に不可欠なバーコード

### コードリーダー

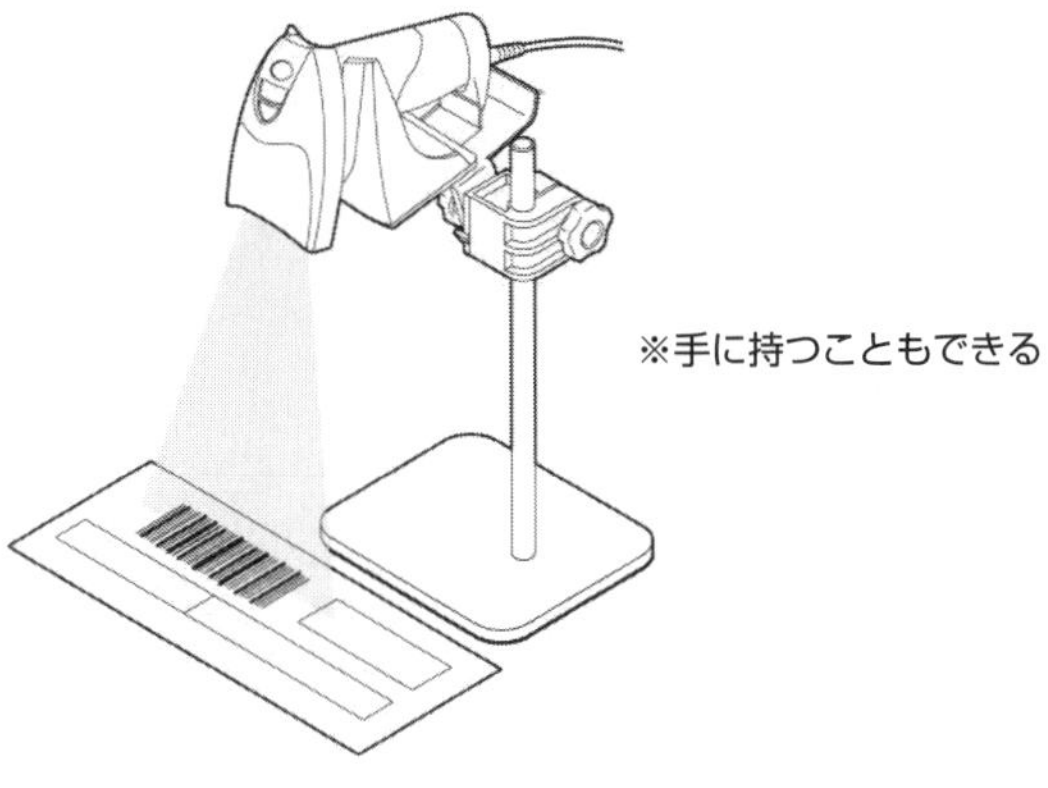


### バーコード、二次元コード、OCR、RFID

バーコード（一次元）

二次元コード

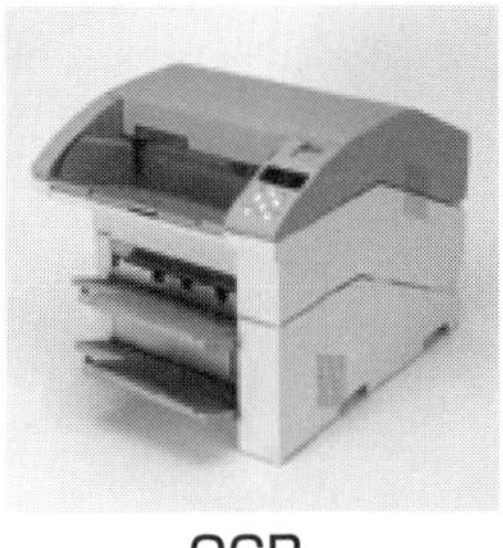

**OCR**
（NEC「汎用 OCR」）

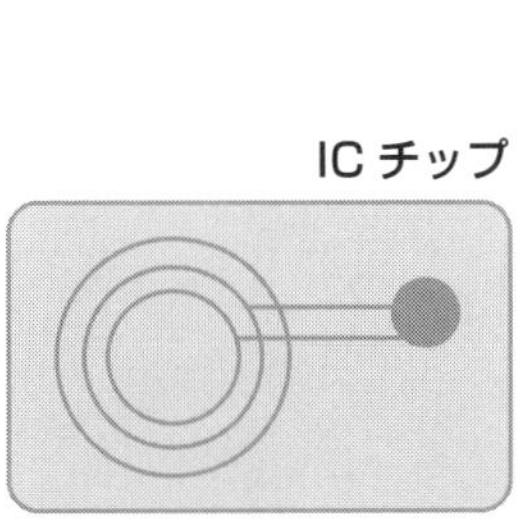


**RFID**
（IC タグ）

# 7 ＲＦＩＤへの期待

## 物流ＩＴ化の主役

ＲＦＩＤとはRadio Frequency Identificationの略で、電波による個体識別を意味し、ＩＤ情報を埋め込んだタグから無線通信によって情報をやりとりするものです。幅広い分野での導入が研究されていますが、物流ではこれをＩＣタグとして用い、位置やモノの流れをリアルタイムで追跡する機能を有効活用する方向で普及しています。バーコードでは人によるスキャニング作業が発生しますが、ＩＣタグはその技術からＩＤの読み取りが自動化されるためスキャンミスが発生しません。物流での導入、研究されている分野としてＳＣＭにおける貨物追跡や食品分野などによるトレーサビリティなどがあります。

## バーコードとの違い

バーコードとの違いとして次のことがあげられます。①スキャニングの範囲が大きい②一度に大量のタグ情報を取り込むことができる③印刷物ではないため書き込みによる情報修正が可能なものがある④電波による認識を行うため現物が見えなくてもスキャニングができるなどがあります。

## 幅広い導入、研究分野

米国のウォルマートが在庫管理にＲＦＩＤを導入したことが普及への火つけ役となりましたが、他ではスターバックスが日本国内での副資材の在庫管理に導入したり、日通が国際航空輸送においてサプライチェーン可視化の一環として貨物追跡システムを導入し、その際にＲＦＩＤが採用されています。また、実証実験としてあるタイヤメーカーではトラックのタイヤ内にタグを入れ貨物追跡を実施するなどの例があります。

## 普及に向けた課題

ＲＦＩＤへの注目と期待が集まる中、次のような課題が残されています。①1枚当り20～30円するコストを数円まで下げる②一度に大量処理するスキャニング精度を上げる③不正使用時のプライバシーの保護などがあげられます。このようにまだ開発途上にありますが、センサー管理機能なども持ち合わせており、物流分野で活躍の期待は大きいといえます。

## 導入が始まっているRFIDへの期待

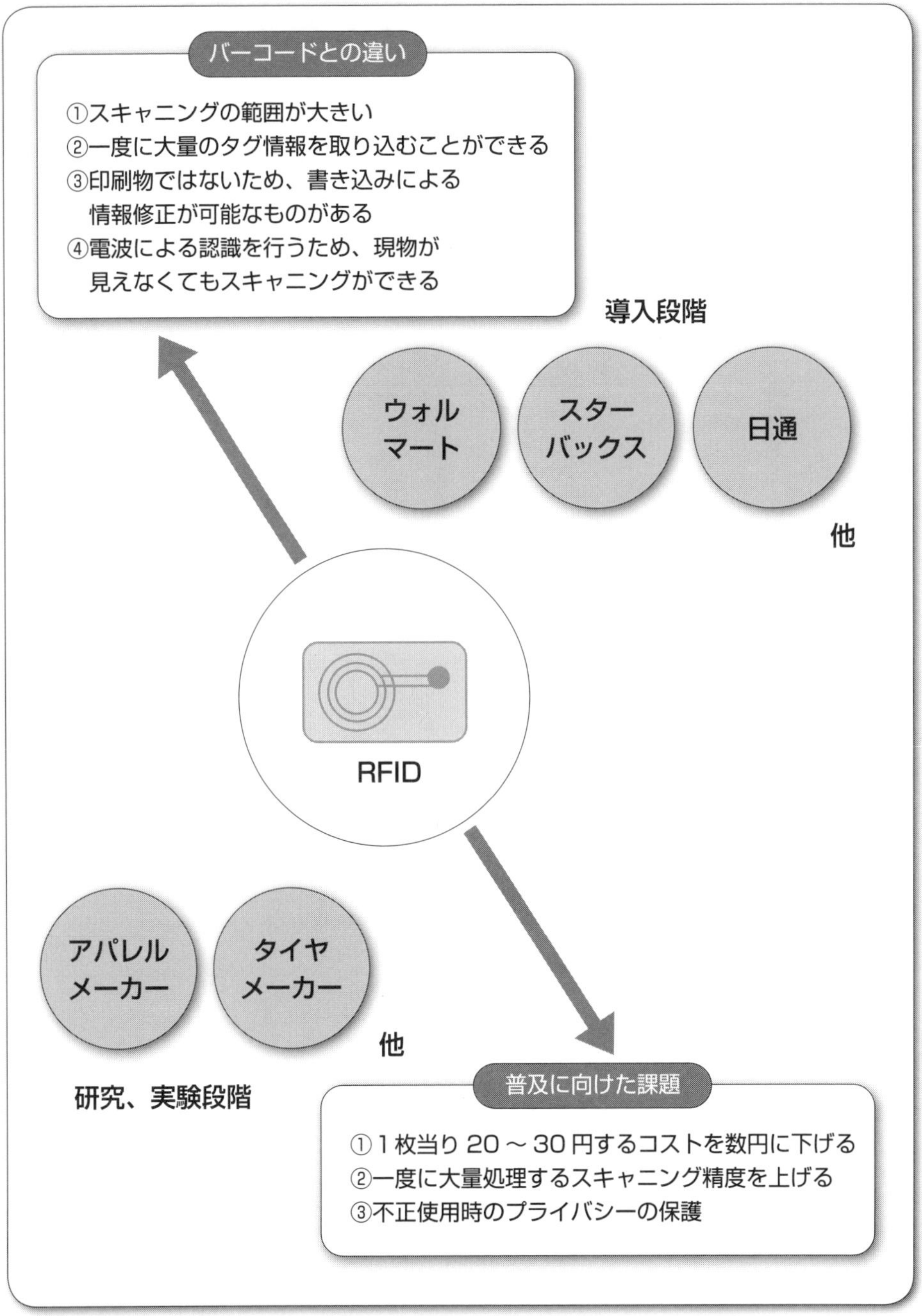
バーコードとの違い
①スキャニングの範囲が大きい
②一度に大量のタグ情報を取り込むことができる
③印刷物ではないため、書き込みによる
情報修正が可能なものがある
④電波による認識を行うため、現物が
見えなくてもスキャニングができる
導入段階
ウォル
マート
スター
バックス
日通
他
RFID
アパレル
メーカー
タイヤ
メーカー
他
研究、実験段階
普及に向けた課題
①１枚当り 20 ～ 30 円するコストを数円に下げる
②一度に大量処理するスキャニング精度を上げる
③不正使用時のプライバシーの保護

# 8 物流ＥＤＩ

## 物流版ＥＤＩとは

ＥＤＩとはElectronic Data Interchangeの略で、電子データ交換により企業間における商取引のためのデータを、標準化されたフォーマットやルールにしたがってオンラインによる情報伝達を行うものです。このような取り組みは70年代にチェーンストアにおける発注業務の効率化を目的として導入されたことから流通業を起点に普及しており、物流においても同様に展開されています。物流ＥＤＩ推進委員会が管理、運営する国内の物流ＥＤＩ標準としてＪＴＲＮ（ジェイトラン）があり、運送業務に関する依頼や完了報告、標準データ項目などが定義されています。

## 物流ＥＤＩの範囲

物流ＥＤＩは、狭義には流通業における受発注、出荷指示、店別ピッキング、検品、出荷、店舗納品までの流れにおいてメーカー、卸と小売業との中で、ＳＣＭラベルや入荷予定データ（ＡＳＮ）のやりとりを行うということと、前述のＪＴＲＮ（ジェイトラン）を示していますが、広義には各情報システム会社が開発、提供しているＷｅｂ－ＥＤＩや帳票管理システム、自動認識システムなど物流に関わるデータ交換システム全般を示しています。また物流ＥＤＩの標準化については他業界でのＥＤＩ標準との互換性が求められることになります。

## 流通業で活躍する物流ＥＤＩ

各店舗からの発注を本部で集約し、メーカーや卸に発注データを送信します。そしてメーカー、卸はそのデータに基づき物流センターに出荷指示を出し、店別ピッキングを行い、オリコンやケースにＳＣＭラベルまたはＩＴＦコードを貼付し出荷します。このＳＣＭラベルには店舗や卸、物流センターにおいて製品名やメーカーなどの明細を識別できる情報が入っています。また発注したものがＡＳＮとして事前にメーカーや卸から本部に送られ、小売業の物流センターに転送されます。このデータを元に入荷されたＳＣＭラベルつきのオリコンやケースと照合を行います。このようにＳＣＭラベルやＡＳＮは店舗側での〝ノー検品〟に大きな役割を果たしています。

## 物流EDIで情報伝達を行う

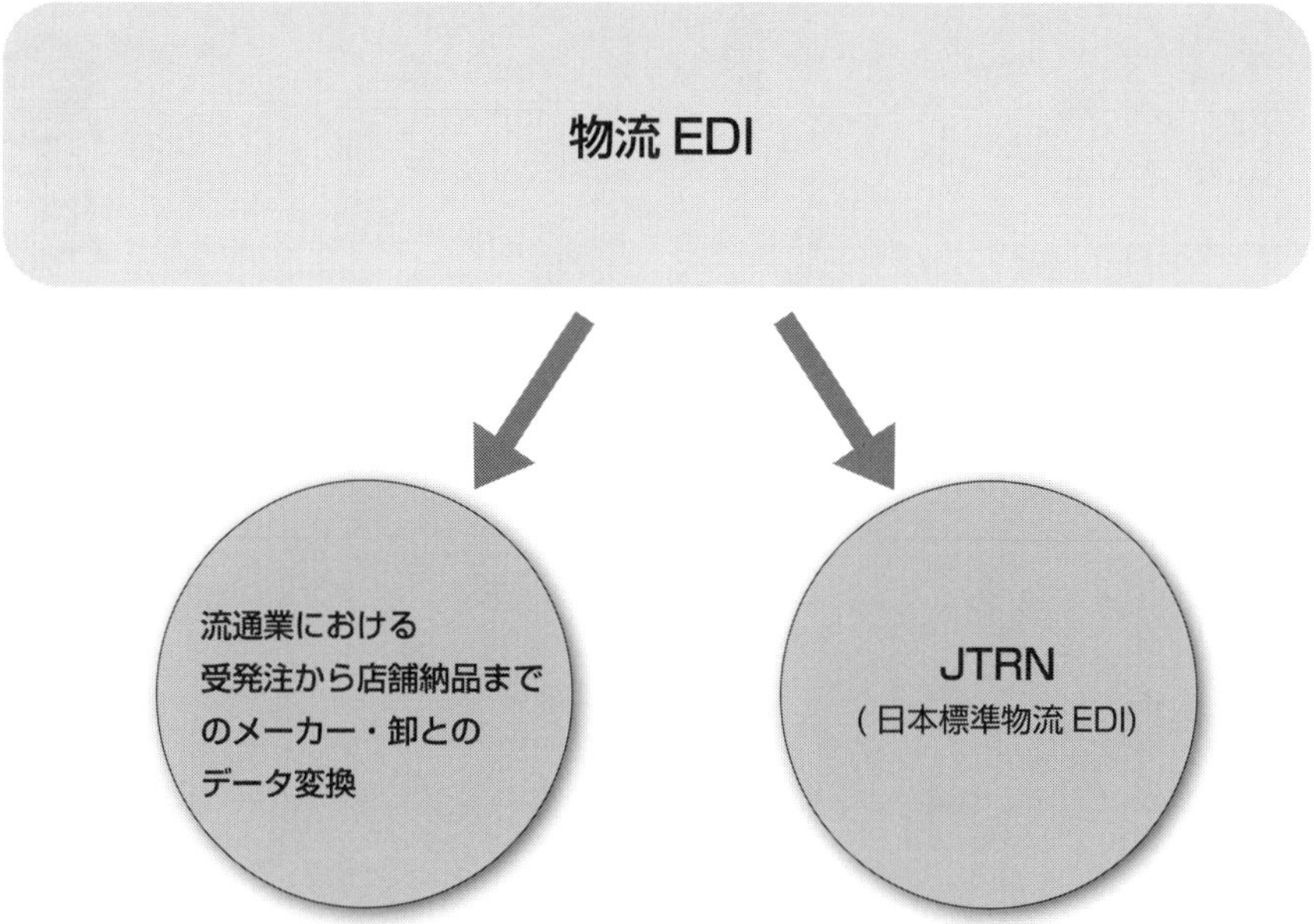


### SCM ラベル

※ SCM ラベルは Shipping Carton Marking Label の略。
サプライ・チェーン・マネジメント・ラベルと
勘違いしている人も多いのではないでしょうか。

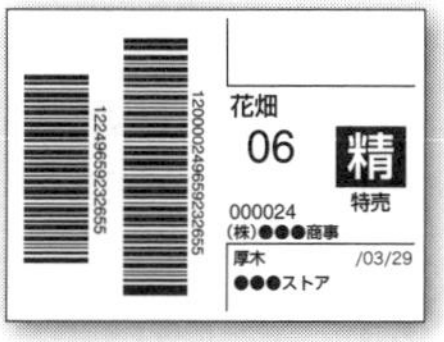


### ITF コード

0 491234567890 0

### 入荷予定データ (ASN)

〈入荷予定一覧表〉

2009 年 8 月 5 日

入荷予定日 2009 年 9 月 1 日 1/1 ページ

| No. | 仕入先 | 伝票 No. | アイテム数 | 検品 | |
|---|---|---|---|---|---|
| 1 | 株式会社 A | 12354-134 | 3 | | |
| 2 | B 株式会社 | 38561-456 | 2 | | |
| 3 | C 株式会社 | 46825-435 | 13 | | |
| 4 | 株式会社 D | 1351-231 | | | |
| 5 | …… | | | | |
| 6 | …… | | | | |
| 7 | …… | | | | |
| 8 | | | | | |
| 9 | | | | | |
| 10 | | | | | |

# 9 倉庫管理システム（WMS）

## ＷＭＳとは

ＷＭＳとはWarehouse Management Systemの略で、狭義には在庫管理システムを示しますが、広義には入荷から格納、ピッキング、検品、梱包、出荷までの物流センター内の一連の業務においての労務管理、製品のロケーション管理、入出荷、在庫、作業工程などの管理に必要な情報を一元管理し、業務の効率化を図る総合管理システムを示しています。

## ＷＭＳの機能

ＷＭＳはサプライチェーンマネジメントの一環として現場運営をよりローコストかつ高品質なものにしていくためには欠かせないシステムであり、多くの企業（荷主・物流事業者）が導入しています。活用の範囲は広く、バーコード管理によるトレーサビリティ、先入れ先出しによる賞味期間管理などもカバーし、物流センターの品質向上に貢献しています。システムの機能としては、①入出荷検品②入庫指示③ピッキング④入荷ラベル発行⑤ＳＣＭラベル発行⑥返品⑦棚卸⑧ＡＳＮ（入荷予定）データ作成⑨作業進捗管理⑩ホストシステム連携⑪作業生産性データ収集などがあり、デジタルピッキングなどの自動化機器との接続が可能になっています。

## ＷＭＳの展開

展開例としては、①日別在庫管理の実現②ハンディターミナル、無線機器、ＩＣタグ導入による積み込み作業の削減③食品、医療分野におけるトレーサビリティ管理④外部倉庫、自社倉庫を含めた複数拠点での在庫の一元管理⑤二次元コードによる在庫情報の詳細管理⑥製品容積管理による保管棚の自動割付の実現⑦物流ＥＤＩ化による在庫管理の精度向上⑧複数クライアント、販売ルートに対する出荷精度の向上などがあります。システム活用による現場管理職業務の明確化などの見直しが必要となりますが、ＷＭＳは着実に普及していくと見られており、ＡＳＰでの活用による導入コストの低減も急ピッチで進められています。このように人海戦術やセンター長の能力に頼っていたセンター運営も数値化、システム化により一層高度な運営が可能になってきています。

## 物流センター内でのWMS

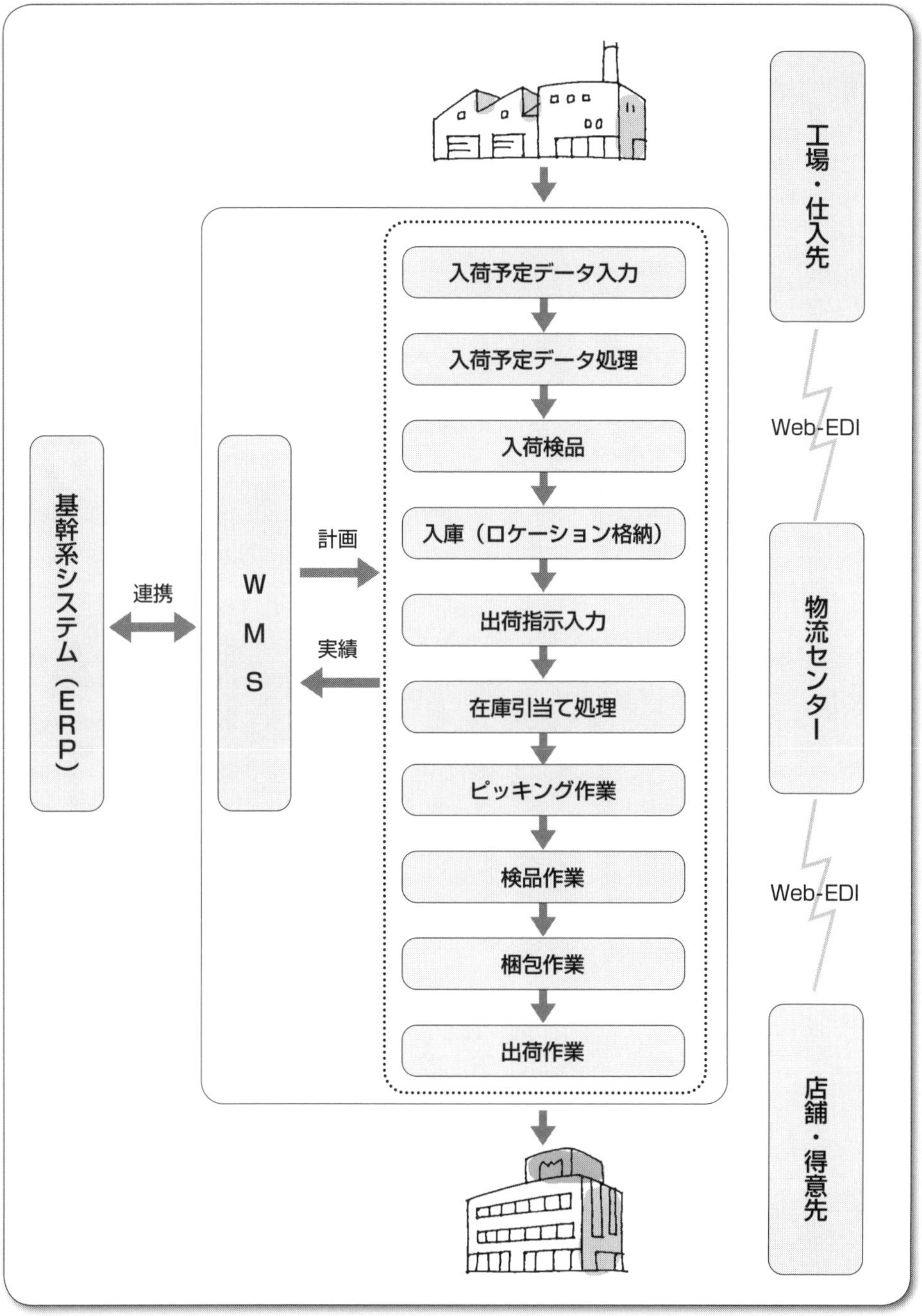
工場・仕入先
Web-EDI
物流センター
Web-EDI
店舗・得意先
基幹系システム（ERP）
連携
WMS
計画
実績
入荷予定データ入力
入荷予定データ処理
入荷検品
入庫（ロケーション格納）
出荷指示入力
在庫引当て処理
ピッキング作業
検品作業
梱包作業
出荷作業

# 10 輸配送管理システム（ＴＭＳ）

## ＴＭＳとは

ＴＭＳとはTransport Management Systemの略で、輸配送における配車管理、車両運行管理、運行動態管理、輸配送集計管理の４つに大別され、車両に限らず船舶の配船計画を支援するシステムもあります。ＴＭＳはＷＭＳの後工程として輸配送を統合管理するシステムです。配車業務の効率化や1台当り売上、実車率、積載率の算出によるムダの排除、コスト削減を図ることができます。

## ＴＭＳの機能

ＴＭＳには次のような機能があります。①送り状情報と合わせて行い、ＷＭＳと連動させることができる画面配車②車両台数の見直し、最適配送ルートの設定を行う配車計画づくり③貨物が現在どこに位置し、到着時間を知るなどの貨物追跡④計画と実績を管理し、その差異を改善するための運行管理などがあります。輸配送集計管理の機能としては①受注入力（運送依頼）②配車入力③日報入力④運賃計算⑤請求書作成⑥支払計上⑦実績管理などがあり、車両別損益や得意先損益のチェック、人件費総額、傭車量、金額などの管理で利益化を図ります。

## ＴＭＳの展開

物流センター運営、輸配送業務は物流のひとつの流れとしてあるため、ＷＭＳとＴＭＳの連動も同様に有機的なつながりを持たせることが不可欠です。また物流センターという概念を持たないメーカーや必要としないＴＣ（通過型センター）の企業では物流における輸配送の割合、重要性が高いため、ＴＭＳ単独での導入も多く見受けられます。分野としては繊維、鉄鋼、食品などのメーカーや資材メーカーでの導入が盛んです。また業務の特性から物流事業者での導入が多く、荷主ニーズ、コストダウン要請への対応、社内の業務改善という狙いがあります。多種多様の物流事業者との取引が発生する大手メーカーや３ＰＬ事業者には有効なツールでもあります。一方で配車を計画的に組めない卸や即納サービスが武器の企業ではＴＭＳの活用が難しく、計画配車に対して随時配車が基本となっているため、帰り便の確保も含めて配車マンがこの業務を担うことになります。

## TMSの活用で輸配送を管理する

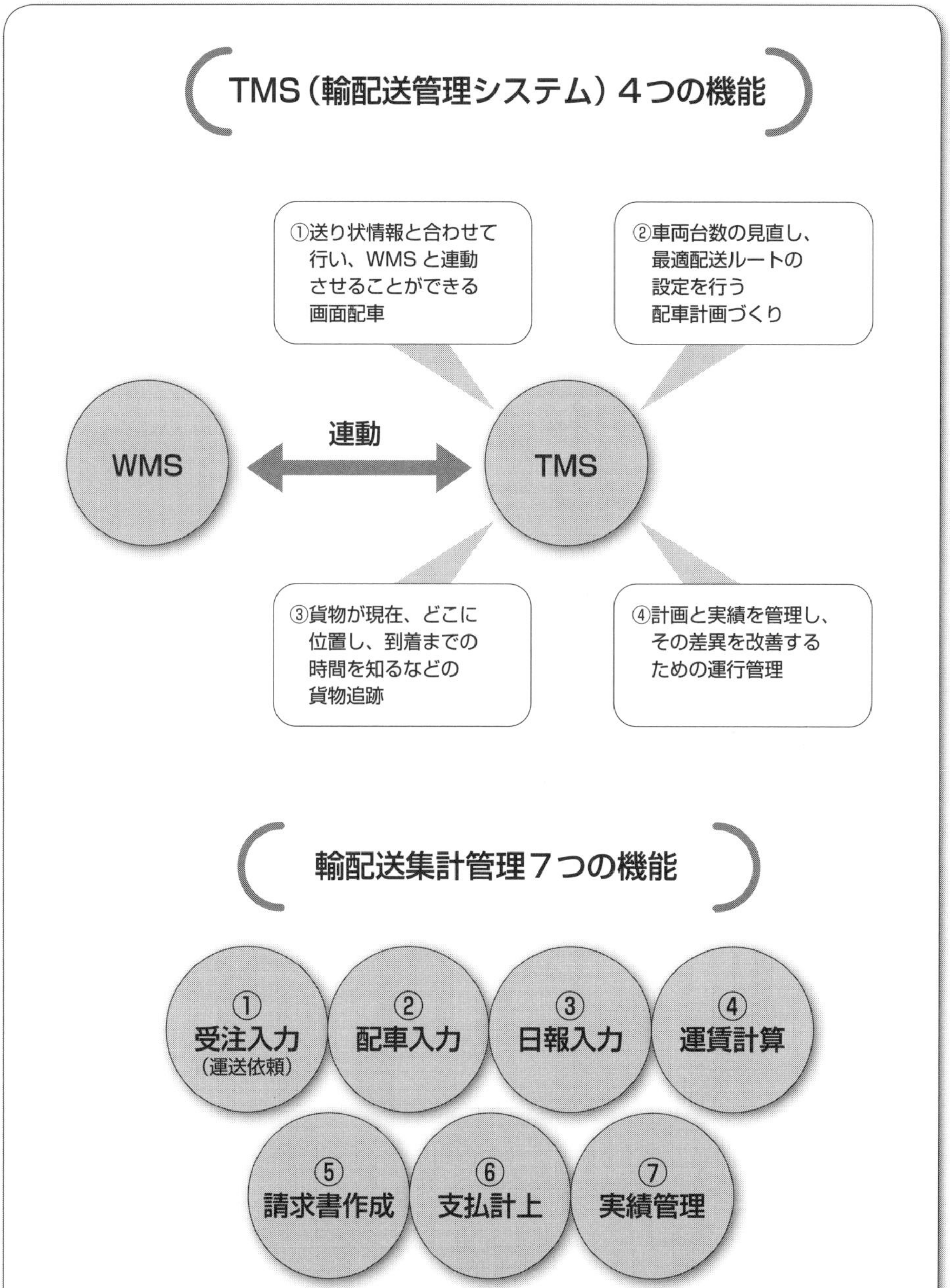
TMS（輸配送管理システム）４つの機能
①送り状情報と合わせて行い、WMS と連動させることができる画面配車
②車両台数の見直し、最適配送ルートの設定を行う配車計画づくり
WMS
連動
TMS
③貨物が現在、どこに位置し、到着までの時間を知るなどの貨物追跡
④計画と実績を管理し、その差異を改善するための運行管理
輸配送集計管理７つの機能
①受注入力（運送依頼）
②配車入力
③日報入力
④運賃計算
⑤請求書作成
⑥支払計上
⑦実績管理

# 10章

# グローバル化で変わる物流

1

# インランドデポの活用

## インランドデポとは

　インランドデポは、港湾や空港以外の工業地帯などの内陸部にて保税蔵置を行い、通関やコンテナへの積み込み、開梱業務が認められている場所のことで、内陸貿易港とも呼ばれています。このように港湾や空港での業務を自社工場や物流拠点のある内陸部において事前に業務ができ、着港後すぐに輸送をすることができますのでリードタイムの短縮につながります。それ以外にも港からインランドデポの間の輸送は保税輸送となるため、消費税がかからないことや港での通関待ちの混雑回避というメリットもあります。機能として関税や消費税未納の輸入貨物や輸出許可済みの輸出貨物の長期蔵置が可能（原則2年間）であり、輸出入通関と保税の機能を持っています。現在、宇都宮、浜松などの生産拠点となっている関東、中部地区を中心に全国に16ヶ所あります。

　インランドデポではその他、次のようなことが実施できるようになっています。①外国貨物の状態で仕分けや値づけなどの簡単な流通加工ができる②見本として一時持ち出しができる③破損などで製品や商品の価値がなくなった場合、関税、消費税とも未納で廃棄処分ができる④法規制の変更や諸事情により輸入貨物が引き取れなくなった際、外国貨物のままで積み戻しができる⑤デポの敷地内に海外から持ち込まれる展示会などの出展物、資材などは関税、消費税とも未納のまま展示、使用ができるなどがあります。

## グローバル化に期待されるインランドデポ

　従来は民間企業が許可申請を行う際、そのエリアにおける通関件数の大小による税関派出所設置の検討や申請手続などが面倒でしたが、07年10月から「特定保税承認制度」が導入され、コンプライアンスに優れた特定申請事業者には税関への「届出制」で認められるようになりました。これによってインランドデポ開発への期待は高まり、東北の国際物流拠点として躍進する仙台港を起点とした促進協議会の発足やＳＣＭの一環として第三セクター新潟国際貿易センターでの認定など地方への波及も見られ、グローバル化に向けた対応が進んでいます。

## メリットの多いインランドデポ

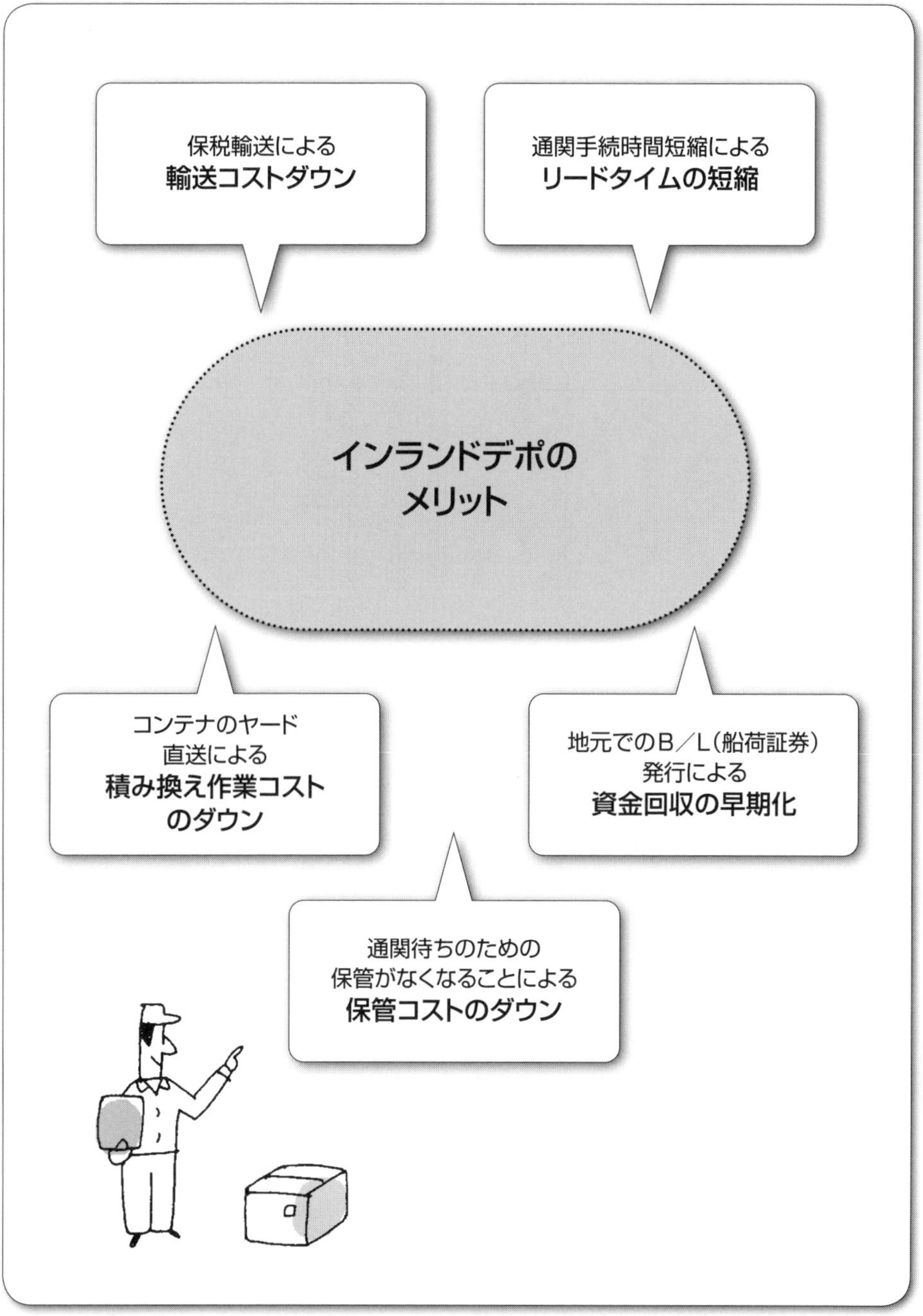

# 2 外資企業の物流の特徴

## 外資企業は3PLがお好き

日本に参入している外資企業には様々な特徴がありますが、共通する点は次のようなことです。①3PL企業に対する一括発注する場合が多い②本国との基幹システム（SAPなど）との連動性を重視する③ロジスティクスマネージャーのような物流専門の明確な責任者が設置されており、国内のロジスティクスにおける権限を持っている④日本を含め世界レベルで契約している数社のフォワーダーの絞り込みによる指定取引⑤前述④のことから航空運賃は大幅なボリュームディスカウントが成されている⑥3PL事業者へはアウトソーシングというよりもむしろ丸投げ状態となっている⑦コンペ方式で物流パートナーを選定するが国内の物流事業者との進め方、コスト構造、物流事業者間レートの存在、言葉などの違いによってこの方式がうまく機能しない場合が多い。

## 遅れている外資企業の物流インフラ構築

更に知名度のある大手路線会社（特積会社）を中心に輸配送インフラを構築する傾向が高いため、広域地場の物流事業者の持つルート配送や、きめ細かなノウハウを活用しきれていません。また中小物流事業者との商習慣の違いや、物流事業者の探し方と選定の目を持ち得ていないことなど、日本の物流を支えている優良中小物流事業者のノウハウの恩恵を受けられずにいます。このようなことから日本市場に参入したものの物流インフラが構築できない、よい物流パートナーとめぐり会えていない、物流コストが高いといったことをよく耳にします。

## 郷に入れば郷に従え

本社主導のロジスティクス戦略はもちろんのこと、システム重視、現場軽視の傾向は日本の物流には不向きといえるでしょう。やはり日本固有の物流文化、習慣、コスト構造をとらえ、日本仕様のロジスティクスを構築していく考えが必要です。このことからロジスティクスの責任者を日本人スタッフに任せている外資系企業が多く見られるようになりましたが、多くは外資系企業を渡り歩いてきたスタッフで、なかなか日本仕様に組み替えることができない状態にある物流をよく見受けます。

## 日本企業と違う外資企業の物流

**外資企業**

**特徴 1**
3PL 企業に対する一括発注する場合が多い

**特徴 2**
本国の基幹システム (SAP など ) との連動性を重視する

**特徴 3**
ロジスティクスマネージャーのような物流専門の明確な責任者が設置されており、国内のロジスティクスにおける権限を持っている

**特徴 4**
日本を含め世界レベルで契約している数社のフォワーダー絞り込みによる指定取引

**特徴 5**
〈特徴 4〉のことから航空運賃は大幅なボリュームディスカウントが成されている

**特徴 6**
3PL 事業者へはアウトソーシングというよりもむしろ丸投げ状態となっている

**特徴 7**
コンペ方式で物流パートナーを選定するが、国内物流事業者との進め方、コスト構造、物流事業者間レートの存在、言葉などの違いによってこの方式がうまく機能しない場合が多い

# ３ 日本に進出する外資系物流関連事業者

### 物流不動産

プロロジス、ＡＭＢプロパティジャパン、ラサールなどは日本においても物流施設を専門とした用地の取得、開発、建設、賃貸、運営、管理を行っています。これら３社合計で国内の約90物件に携わっており、いずれも延床面積３万〜10万㎡クラスの大規模施設です。これらの開発資金は不動産投資信託（ＲＥＩＴ）によるものが多く、不動産ファンドとも呼ばれています。これに対して国内倉庫事業者も一部でＲＥＩＴを組成する動きもあり、地場優良企業を中心に外資勢に応戦しています。

### 航空フォワーダー

日本には米国系のフェデックス、ＵＰＳ、スイス系のキューネ&ナーゲル、パナルピナ、国営系のドイツポスト、ＴＮＴ（オランダ）などが進出していますが、このような動きは中堅フォワーダーにも広がり、日本市場への参入を進めています。これは寡占状態の中にあってもアメリカ、ヨーロッパ、アジアの三極での貨物の獲得は不可欠であるとの判断で経済大国日本にも参入している状況です。またフェデックス、ＵＰＳとドイツポストグループにあるＤＨＬは今までトラック輸送に関しては日本国内物流事業者とのタイアップ戦略に重点をおいてきましたが、最近では自社便による配送、集荷エリアを定めており、ドア・ツー・ドアのサービスを展開しています。

### 情報システム・トラックメーカー

ＷＭＳシステムＳＣＭはその発祥の地である米国からの進出が目立ちます。マンハッタン・アソシエイツ、ｉ２テクノロジーズなどが代表例です。言語対応の拡大やコストセーブによって日本企業への導入事例も多く見られます。またトラック車両も大型車両（10ｔ車以上）を中心とした外資企業の進出があります。ベンツ、ボルボといったメーカーはトラック車両分野でもブランド力を持ち、国内シェアこそ高くはないものの、根強いファンがいます。このように物流関連事業者としての外資の参入が見られますが、きめ細かな日本の物流サービスにいかに対応していくか、日本固有の物流商習慣をどのようにカスタマイズしていくかが重要な課題といえます。

## 世界の物流事業者が日本に参入している

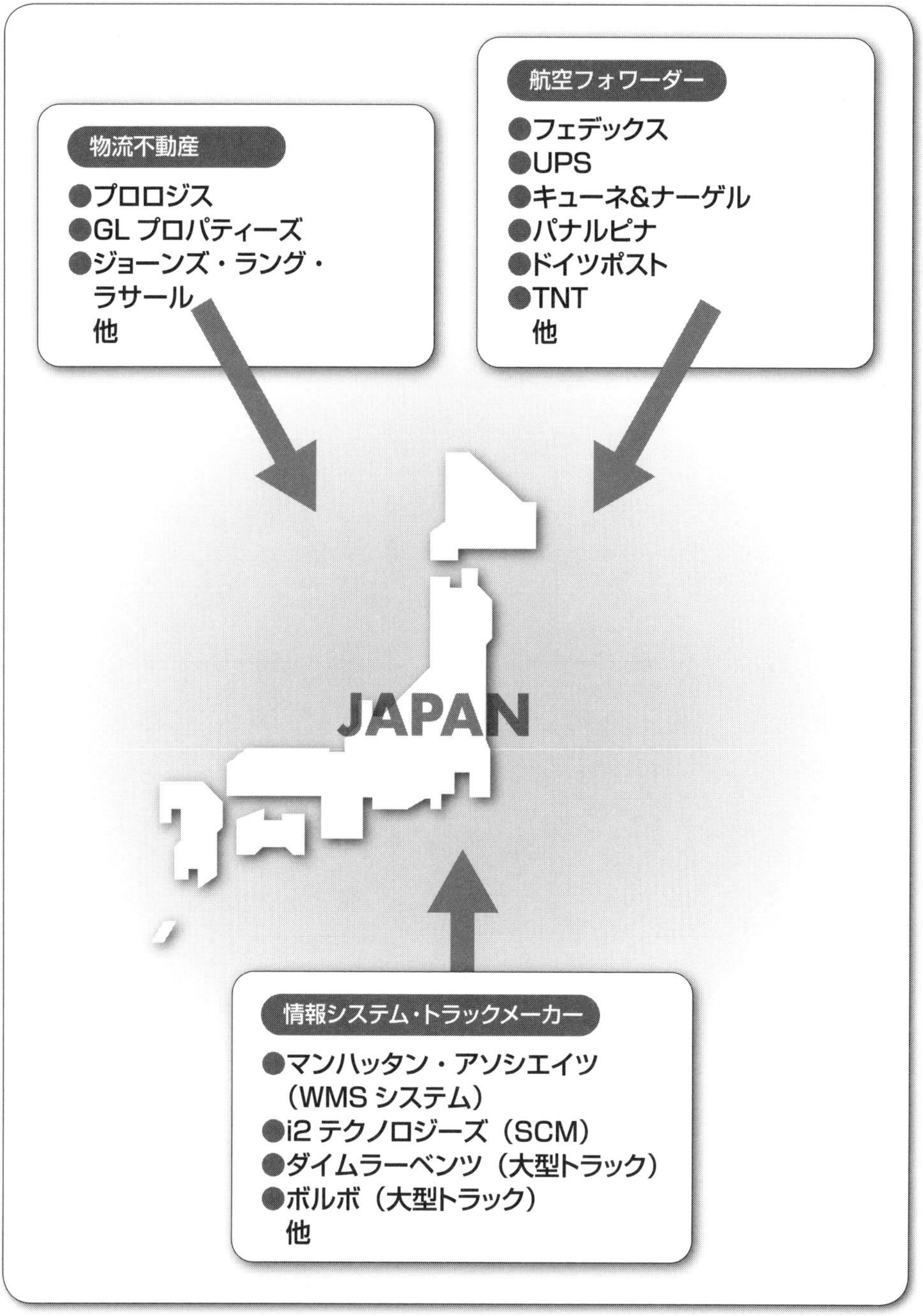

# 4 グローバル化で活躍するフォワーダーとキャリア

## フォワーダーの役割

フォワーダーとは貨物利用運送事業者のうち国際輸送を取扱う業者のことであり、船舶系と航空系に分かれますが、複合一貫輸送が顧客の強いニーズとしてあるために、両方に対応する場合が大半となっています。国際航空貨物の取扱量は年間１３０万ｔ強、市場規模にして約５０００億円といわれています。日本通運、近鉄エクスプレス、郵船航空サービスなどが国内大手となっており、3社におけるマーケットシェアは約50%を占めています。船舶系フォワーダーであるＮＶＯＣＣ(非船舶運行業者)の国内大手では日本通運、山九、日新などがあります。

## 外資系フォワーダーの台頭

外資系フォワーダーについては欧州系企業はユーロ統一によって輸出入業務自体が大きく減少したために、多くの企業がＭ＆Ａによる統合を余儀なくされました。ダンザス、ＤＨＬ、エアボーンがドイツポストの傘下に入ったことなどは代表例です。こうして大手航空フォワーダーはフェデックス、ＵＰＳの米国系、キューネ＆ナーゲル、パナルピナのスイス系、ドイツポスト、オランダＴＮＴの国営系に大別されるようになりました。

## 実輸送を行うキャリア

キャリアとはフォワーダーが集めてきた貨物を実際に輸送する航空会社や船会社のことです。航空会社のノースウエスト航空やシンガポール航空などは旅客事業と兼業で貨物輸送を行っています。またフォワーダーでもあり自社でキャリアまで行うフェデックス、ＴＮＴのようなタイプもあります。また船会社ではＮＳＣ(ドイツ)、エバーグリーン（台湾）、マースク（デンマーク）、ＯＯＣＬ（香港）、コスコ（中国）などが代表的です。国内の航空貨物専門のキャリアは日本貨物航空（親会社・日本郵船）とＡＮＡ＆ＪＰエクスプレス（親会社・全日本空輸）の2社があります。フォワーダーとキャリアは密接で、通関業務を含め大手航空フォワーダーが船舶フォワーダー(ＮＶＯＣＣ)の役割を果たす場合も多くあり、また中小のＮＶＯＣＣ事業者は船舶輸送に特化しています。

## 世界の主なフォワーダーとキャリア

### 主要フォワーダー

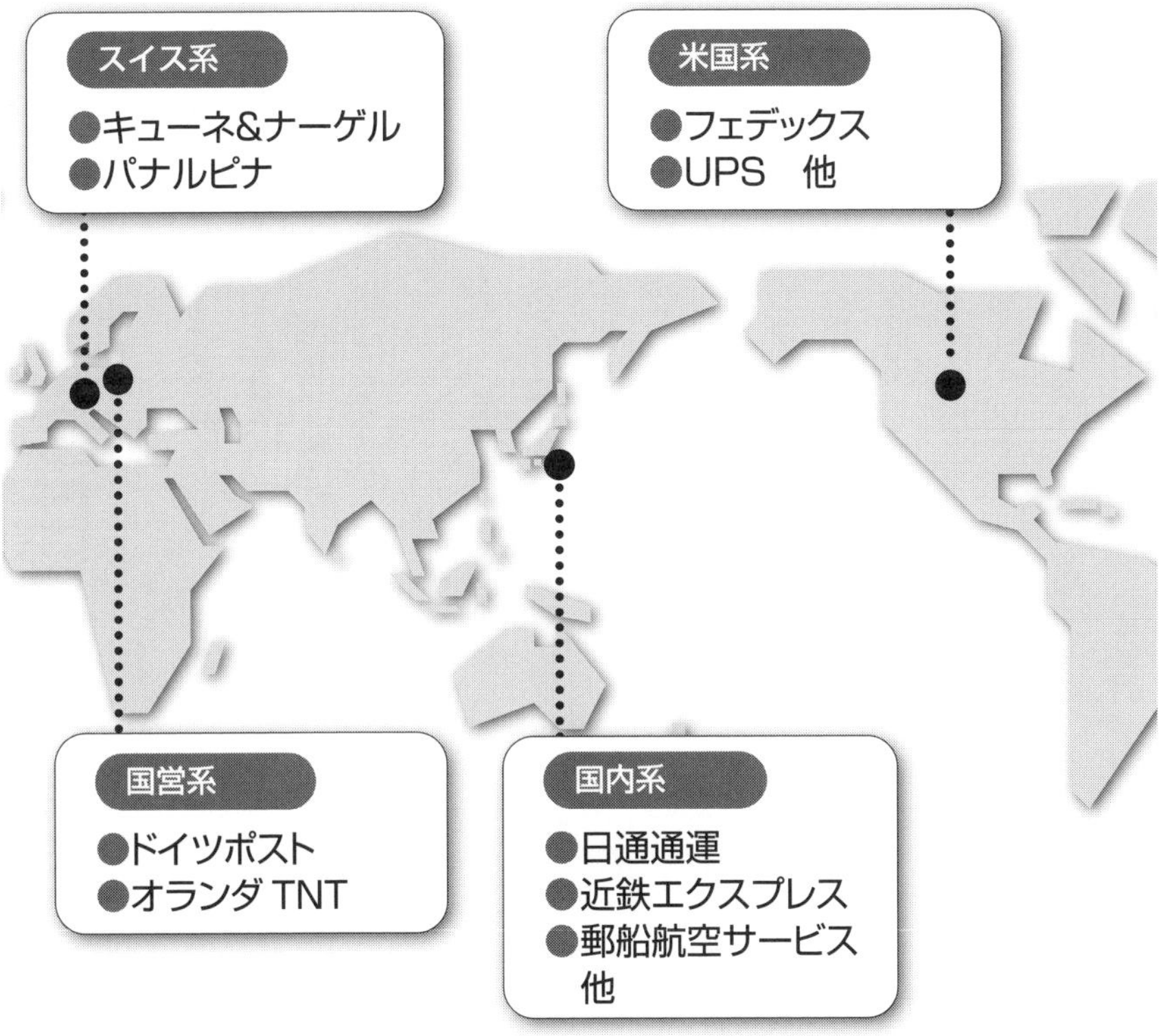


### 主要キャリア

| | 航空 | 船舶 |
|---|---|---|
| 外資 | 旅客兼業<br>●ノースウエスト航空<br>●シンガポール航空　他<br>貨物専門<br>●フェデックス（アメリカ）<br>●TNT（オランダ）　他 | ●NSC（ドイツ）<br>●エバーグリーン（台湾）<br>●マースク（デンマーク）<br>●OOCL（香港）<br>●コスコ（中国）<br>他 |
| 日本 | ●日本貨物航空<br>●ANA&JP エクスプレス<br>他 | ●日本郵船<br>●商船三井<br>●川崎汽船　他 |

# 5 アジア主要国の荷動き

## 「世界の工場」中国を起点とする物流

世界の工場といわれる中国からはその名の通り、輸出を中心とした物流があります。国別では①アメリカ②香港③日本の順に輸出が多く、品目別では①工業製品②機械輸送設備③雑製品の順になっています。輸送手段としてはリードタイムが長くてもよい、重量物である、製品単価が安価なモノ、潮風に影響を受けないといったモノは船舶輸送による物流を行い、早く届ける必要がある、軽量物である、製品単価が比較的高いモノは航空輸送による物流を行います。

また輸送途中にある製品及び商品は〝流通在庫〟として位置づけられますので、換金化を早めたり、在庫の回転を高めるために物流コストは高くなるが、敢えて航空輸送の手段を採るという企業も多くあります。また日本との物流では上海港と博多港を結ぶ高速船輸送があり、リードタイムも翌日着が可能であるため、鉄道輸送との組み合わせ（Rail&Sea）による利用なども行われています。

## 韓国、ベトナム、タイの輸出入

韓国における「輸出」は国別に①中国②アメリカ③日本の順に多く、品目別では①石油製品②半導体③自動車の順となっています。また「輸入」では国別に①中国②日本③アメリカとなっており、品目別では①原油②半導体③鉄鋼製品となっています。

ベトナムにおける「輸出」は国別に①アメリカ②日本③中国の順に多く、品目別では①縫製品②電話機・同部品③原油の順となっています。また「輸入」では国別に①中国②韓国③日本となっており、品目別では①機械設備・同部品②コンピューター電子製品・同部品③石油製品となっています。

タイにおける「輸出」は国別に①中国②日本③アメリカの順に多く、品目別では①自動車・同部品②コンピュータ・同部品③宝石・宝飾品の順になっています。また「輸入」では国別に①日本②中国③アメリカになっており、品目別では①原油②機械・同部品③電気機械・同部品、以上のような各国の輸出入状況となっています。

## 中国とアジア主要国の輸出入

### 「世界の工場」中国からの輸出

| | 輸出 | |
|---|---|---|
| | 国別 | 品目別 |
| 1位 | アメリカ | 機械輸送設備 |
| 2位 | 香港 | 雑製品 |
| 3位 | 日本 | 紡績製品、ゴム製品、鉱産物製品 |

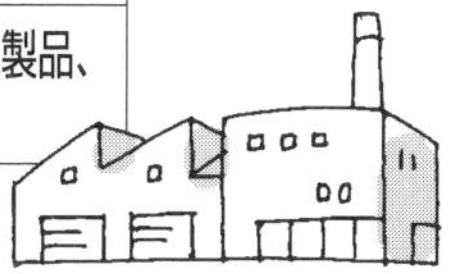

### その他アジア主要国の輸出入

| | | 韓国 | | ベトナム | | タイ | |
|---|---|---|---|---|---|---|---|
| | | 国別 | 品目別 | 国別 | 品目別 | 国別 | 品目別 |
| 輸出 | 1位 | 中国 | 石油製品 | アメリカ | 縫製品 | 中国 | 自動車・同部品 |
| 輸出 | 2位 | アメリカ | 半導体 | 日本 | 電話機・同部品 | 日本 | コンピュータ・同部品 |
| 輸出 | 3位 | 日本 | 自動車 | 中国 | 原油 | アメリカ | 宝石・宝飾品 |
| 輸入 | 1位 | 中国 | 原油 | 中国 | 機械設備・同部品 | 日本 | 原油 |
| 輸入 | 2位 | 日本 | 半導体 | 韓国 | コンピューター電子製品・同部品 | 中国 | 機械・同部品 |
| 輸入 | 3位 | アメリカ | 鉄鋼製品 | 日本 | 石油製品 | アメリカ | 電気機械・同部品 |

〈2012年度／日本貿易振興機構（ジェトロ）HP参照〉

# 6 アジア輸出入港の主役

## 輸出入港の概要

国内における輸出、輸入の主要な港として、関東圏では東京港、横浜港、関西圏では大阪港、神戸港、中京圏では名古屋港があり、空港では成田空港、関西国際空港、中部国際空港があります。これらの周辺には輸出入に伴う倉庫群があり、関連した機能を持つ倉庫や施設などが隣接しています。例えば燻蒸施設や保税倉庫、コンテナヤード、出張税務署などがあります。港湾ではバース、空港では滑走路などの大型の輸送機が数多く着けられる設備が整っていなければ、輸送機が立ち寄ることができないため、そのための投資が必要となります。しかし日本ではその投資が各地に分散してしまったため、海外から魅力のある港を整備しきれていない状況にあります。

## アジアのハブ港は釜山へ

国内外の輸送事業者や企業にとって魅力のある港とは次のような条件があります。①停泊料及び空港使用料が安価なこと②24時間使用可能であること③待機時間が少ないこと④港湾での荷役作業が早く終了すること⑤税金がかからない（TaxFree）ことなどがあげられます。①については用地確保から建設に伴う近隣住民の和解などにかかったコストが料金に反映され、日本の料金は世界の中でも高いとされています。②については24時間を稼動させるための労働力の確保が不可欠であり、港湾、輸送での労働組合との調整が必要となってきますが、国内では清水港が24時間稼動を行っています。③と④については大型輸送機を受け入れることのできる施設、設備の問題があり、大型船舶が入港できる10m以上のバースがあり、コンテナを積み降しするレーンがどれくらいあるのか、空港では滑走路を貨物専用機にどれぐらいの割合であてることができるかなどに関わってきます。アジアのハブ港となった釜山港は更に拡張を図っており、従来の横浜、神戸などの直行便主力港は釜山港に次いで準主力港となりつつあります。世界経済における外為レート、生産シフトなどの変化により港での取扱量の優劣が変化し、更に国の港湾政策によってモノの流れが世界レベルで変化します。

## 国内の主な輸出入港

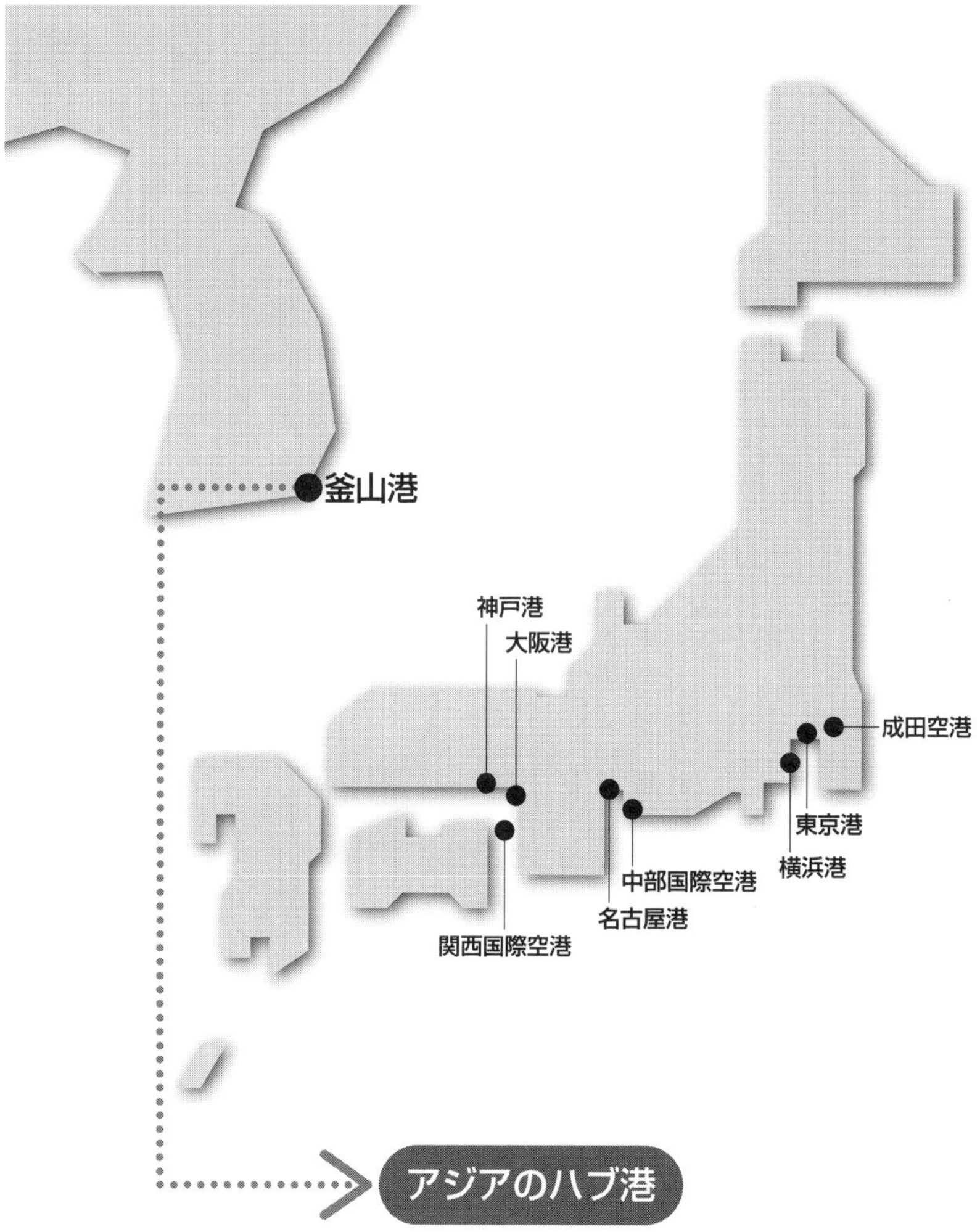


①停泊料及び空港使用量が安価なこと
②24 時間使用可能であること
③待機時間が少ないこと
④港湾での荷役作業が早く終了すること
⑤税金がかからないこと（Tax Free）

# 7 中国物流

## 中国の物流概要

中国には上海、北京、青島《チンタオ》、香港、深圳《シンセン》、武漢《ブカン》、広《コウ》州《シュウ》といった物流拠点があります。中国本土にはWTO（世界貿易機関）加盟などの市場開放政策を受け、世界から物流事業者やメーカーなどが現地法人をつくっています。米国のフェデックス、UPS、ドイツポスト、デンマークのマースクなどの外資企業が中国の国際物流マーケットの約80％を占めています。また中国国内での輸送手段を見ると船舶が50％強、鉄道が30％強、トラックは10％強と日本やドイツがトラックによる輸送が50％を超えていることに対して、船舶、鉄道による割合が高くなっています。これは石炭や鉄鋼などの重量物資源を輸送する割合が高いこと、道路網整備がまだ十分でないことが理由としてあげられます。

## 品質よりコストでのお付き合い

中国の物流は安価なコストが魅力といえます。日本への輸出物流を見てもコストダウンを優先し、日系現地法人の物流事業者よりも中国現地企業に業務を委託する場合が多くあります。アパレル、食品分野などにおいては人手のかかるラベル貼りや仕分け、検品の一部などの流通加工は賃金の安価な中国へシフトしている状況で、現地法人をつくって対応する場合が多く見られます。

## 中国物流の課題と今後の方向性

中国物流における課題として次のようなことがあります。①荷扱い、時間管理、梱包（資材含む）作業などの品質向上②物流人材、人手の確保③物流知識、ノウハウの習得④中国政府からの規則・条件への対応などがあげられます。また今後の方向性として①膨大な需要を持つ中国国内における物流インフラの構築②他の貨物との混載、流通加工が可能な「物流圏区」の有効活用などがあります。このように安価なコストはメリットが大きいですが、物流の品質に対する不満も多く、また中国政府の制約が多岐にわたり、それをクリアしていかなければならないこと、外資物流事業者と国内物流事業者の過当競争により、低価格化が進み、品質向上の障害となる恐れがあることなど、多くの課題も残されています。

## 中国物流の特徴と課題

**国内の物流手段**

| | |
|---|---|
| ●船舶 | 50%強 |
| ●鉄道 | 30%強 |
| ●トラック | 10%強 |

▶ トラック輸送の割合が少ない

**台頭する外資物流事業者**

- ●アメリカ（フェデックス、UPS）
- ●ドイツ（ドイツポスト）
- ●デンマーク（マースク）
- ●日本（日通、近鉄エクスプレス）
- ●その他諸国

▶ 国際物流マーケットの 80%が外国勢で占めている

**課題**

①荷扱い、積み込み、時間管理、梱包（資材含む）作業などの品質向上

②物流人材、人手の確保

③物流知識、ノウハウの習得

④中国政府からの規制・条件への対応など

**これからの動き**

①膨大な需要を持つ中国国内における物流インフラ構築

②保税エリアと違い他の貨物との混載、流通加工が可能な「物流圏区」の有効活用

# 8 新興国に布石を打つ日本の物流事業者

## 中国、ベトナム、ロシア、インドの需要を取り込む

国内の物流事業者は大きな潜在需要のある新興国への対応を強化しています。陸、海、空の国内大手物流事業者は中国、ベトナム、ロシア、インドなどの新興国での新たな需要獲得に向けて大型施設の建設、物流インフラ網の構築などの布石を打っています。対象となっている主な分野は自動車、電機、精密などの日本から輸出される完成品や部品などです。このような動きはグローバル企業にとって3カ国物流（貿易）を更に加速させるきっかけにもなっています。中国では日本通運と大手商社が上海を中心とした主要物流拠点においてトラックでの輸配送インフラを構築したり、福山通運が中国最大手の誠通集団と全面的な提携を結んでいます。ベトナムではハノイ近郊にて日本郵船が延床面積約1万4000㎡、日本通運が約1万㎡の大型倉庫を建設し、日本からの輸入品ではなく、中国やタイ国内での生産部品を保管し、完成品メーカーへ供給する仕組み（VMI）をつくっています。また、ロシアでは近鉄エクスプレスがシベリア鉄道を使い、極東からモスクワ方面まで鉄道輸送するという複合一貫輸送(Sea&Rail)のサービスを行っています。インドでは日本郵船がベトナム同様に大型倉庫を建設し、日本通運がインド国内の物流事業者を買収したり、主要都市を結ぶトラック輸配送インフラを構築しています。これらは一部の動きですが、このように大手の特積会社(路線会社)、フォワーダー、船会社などが大手商社や現地大手物流事業者と手を結び進出しています。

## 新興国進出の課題

新興国進出には主に次のような課題があります。①政治情勢の安定化②金融、為替レートの安定化③現地提携企業との利害の一致④現地提携企業との戦略、方針の同一化⑤現地の日本人派遣スタッフの治安及び安全対策⑥現地スタッフとのコミュニケーション⑦保護主義政策転換などによる法規制の対応⑧現地業務の品質向上⑨品質向上に向けた教育、訓練プログラムの作成⑩自動車、電機、精密分野などに偏らない物流分野の開拓などがあげられます。

## 新興国に進出する日本の物流事業者

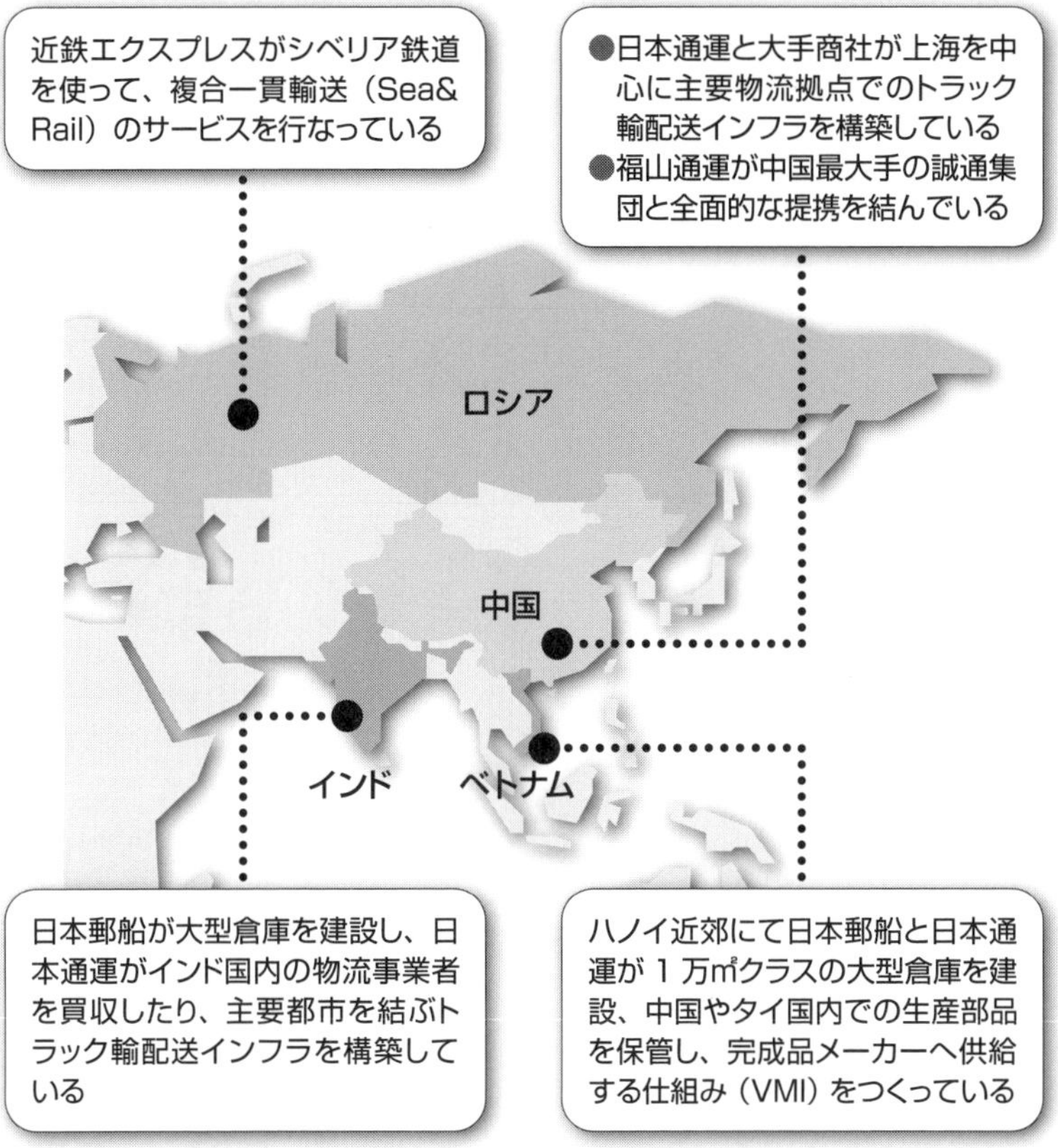
近鉄エクスプレスがシベリア鉄道を使って、複合一貫輸送（Sea&Rail）のサービスを行なっている
●日本通運と大手商社が上海を中心に主要物流拠点でのトラック輸配送インフラを構築している
●福山通運が中国最大手の誠通集団と全面的な提携を結んでいる
ロシア
中国
インド
ベトナム
日本郵船が大型倉庫を建設し、日本通運がインド国内の物流事業者を買収したり、主要都市を結ぶトラック輸配送インフラを構築している
ハノイ近郊にて日本郵船と日本通運が１万㎡クラスの大型倉庫を建設、中国やタイ国内での生産部品を保管し、完成品メーカーへ供給する仕組み（VMI）をつくっている

### 新興国進出における10の課題

①政治情勢の安定化
②金融、為替レートの安定化
③現地提携企業との利害の一致
④現地提携企業との戦略、方針の同一化
⑤日本人派遣スタッフの治安及び安全対策
⑥現地スタッフとのコミュニケーション
⑦保護主義政策転換などによる法規制の対応
⑧現地業務の品質向上
⑨品質向上に向けた教育・訓練プログラムの作成
⑩自動車、電機、精密分野などに偏らない物流分野の開拓

# 9 グローバル化におけるコンプライアンス

### 国際物流におけるコンプライアンス

01年9月の米国同時多発テロ以降、国際物流に伴うセキュリティ及びコンプライアンスへの取り組みが強化されています。特に関税法の見直しによる通関手続に対する簡素化や国際海上コンテナにおけるセキュリティ対策などがあります。通関手続に対する簡素化のひとつに簡易申告制度の改善があります。これには過去の一定期間に関税・国税関係を含む法令違反がないこと、法令遵守規則を定めること、電子情報処理組織により特例申告等を行えることなどの適正な業務遂行能力の保持が必要になりました。もうひとつ、特定輸出申告制度の改善もあります。これは従来、輸出する貨物が置かれている管轄の税関のみの申告でしたが、外国船などに積み込む予定のある港、空港の管轄税関に対しても申告が可能になり、輸送途中でも申告業務ができるようになるというものです。また通関事業者の中でもコンプライアンスが確立している優良事業者（ＡＥＯ）には優先して通関処理を行うなどのメリットがあり、実際に港湾事業者やフォワーダーでも企業によって通関手続期間に差が出るようになり、顧客に影響を与えています。国際海上コンテナにおけるセキュリティ対策では積荷目録（マニフェスト）情報を船積24時間前までに提出するように求められており、その他セキュリティ強化責任者に対するインセンティブなどが進められています。

### その他の取り組み

米国同様、テロの被害を受けたＥＵなどでも優良事業者（ＡＥＯ）の認定を08年1月より開始しました。またその他の取り組みとして物流セキュリティガイドラインの作成、シングルウィンドウと呼ばれる関係する各省庁が協力し、港湾ＥＤＩシステム、通関情報処理システム（ＮＡＣＣＳ）などを活用した輸出入・港湾関連手続のワンストップサービスの構築、船舶保安国際コード（ＩＳＰＳコード）による船舶、港湾施設の国際保安規則の策定などがあります。このように米国同時多発テロは国際物流に対するコンプライアンス及びセキュリティ強化の大きなきっかけとなりました。

## セキュリティ強化に伴うシステム

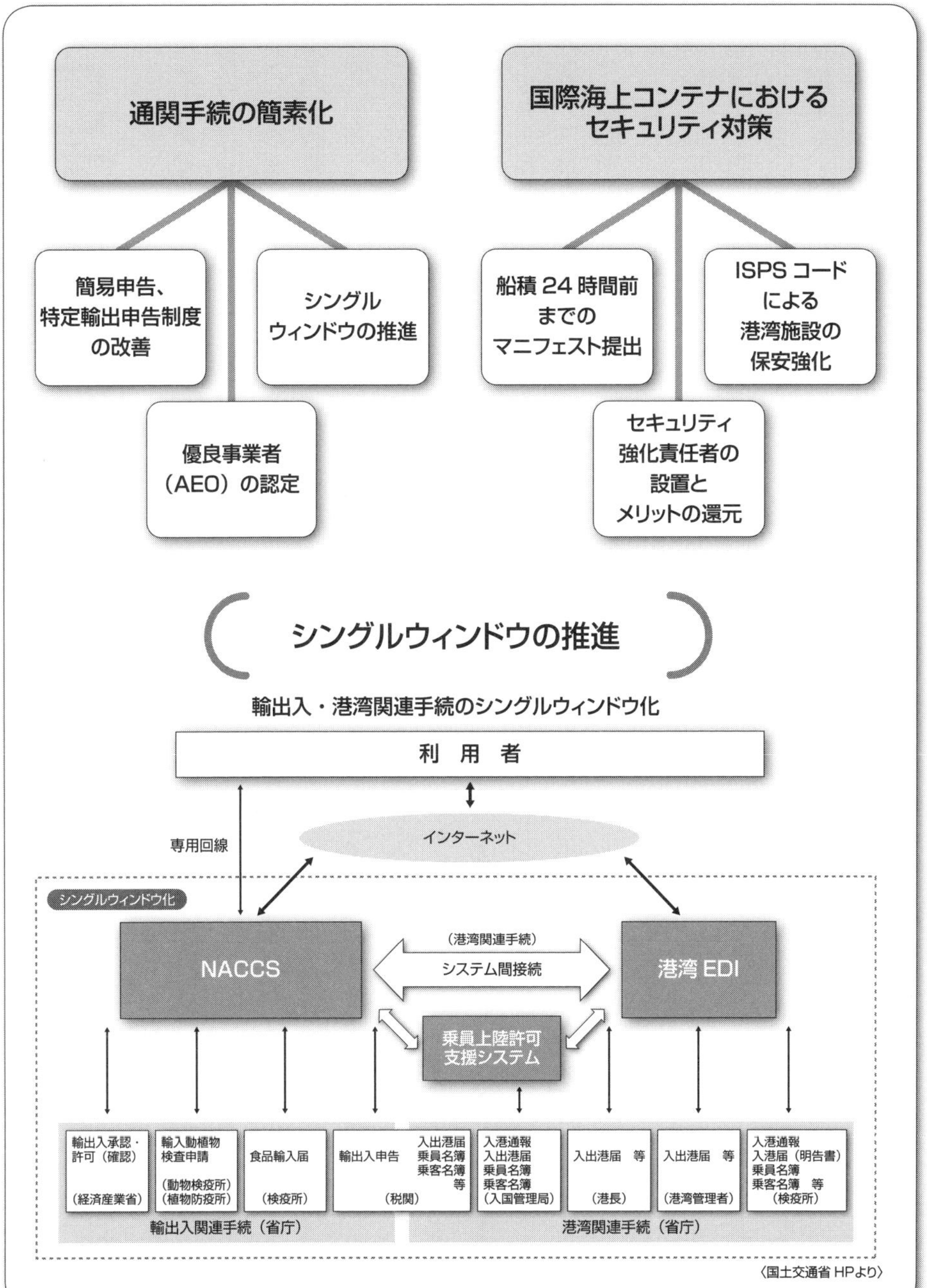
通関手続の簡素化
簡易申告、特定輸出申告制度の改善
シングルウィンドウの推進
優良事業者（AEO）の認定
国際海上コンテナにおけるセキュリティ対策
船積24時間前までのマニフェスト提出
ISPSコードによる港湾施設の保安強化
セキュリティ強化責任者の設置とメリットの還元
シングルウィンドウの推進
輸出入・港湾関連手続のシングルウィンドウ化
利用者
専用回線
インターネット
シングルウィンドウ化
NACCS
（港湾関連手続）
システム間接続
港湾EDI
乗員上陸許可支援システム
輸出入承認・許可（確認）（経済産業省）
輸入動植物検査申請（動物検疫所）（植物防疫所）
食品輸入届（検疫所）
輸出入申告 入出港届 乗員名簿 乗客名簿 等（税関）
入港通報 入出港届 乗員名簿 乗客名簿（入国管理局）
入出港届 等（港長）
入出港届 等（港湾管理者）
入港通報 入港届（明告書） 乗員名簿 乗客名簿 等（検疫所）
輸出入関連手続（省庁）
港湾関連手続（省庁）

〈国土交通省HPより〉

# 10 日本の物流はトップレベル

## 物流においても高い技術力の日本

過去、日本の流通業において、米国のチェーンストア理論を学び、5年後の姿が米国で実践されていると多くの流通業者が視察に渡米しました。フェデックス24時間体制の運営と航空によるハブ&スポークのインフラ構築、ウォルマートの物流と情報システム、SCMなどの概念形成、国際物流におけるコンプライアンスの仕組みなどは米国発といえるでしょう。一方で、現場運営における物流品質ではきめ細かさ、顧客が求める要求レベルへの対応などはむしろ日本は世界のトップレベルにあるといえます。特に物流物流センター内におけるピッキング、ラベル貼り、値づけ、検品などの正確性を求められる作業技術は非常に高いものです。それは次のような背景があげられます。①世界に誇るモノづくり技術の流れを物流分野においても一部取り込まれている②日本人の持つ器用さ、几帳面さが物流の運営にも反映されている③仕事への責任感が薄いとされる日雇い労働者が作業を行うことがほとんどない④顧客の要求レベルが高い⑤狭い国土と天候にあまり影響を受けないトラック輸送が主体のため「届いて当り前」という意識があるなどです。

## 本当に日本の物流レベルは高い?

次のような現象にも日本の物流レベルが表われています。①米国などでは人的作業の品質に限界があるため自動機器やシステム導入を重視するが、日本ではヒトの管理と教育、コミュニケーション、カイゼンなどから人的作業を重視する②日本には卸という特有の中間業態が流通において重要な役割を果たし、取扱い品目がメーカーの10倍以上、また売り先も多数に渡るため、ピッキング、在庫管理、小口仕分けなどにおいて高度なオペレーションが求められる③流通業での店舗納品時間の厳守は基本サービスであり、±15分レベルから外れるとクレームとなる④製品の外形梱包は製品の一部として位置づけられており、へこみや傷レベルのダメージでも返品される場合が多いなどがあります。このように運営レベルのきめ細かさや顧客ニーズへの適応力は日本は世界のトップクラスのレベルにあるといえるでしょう。

## 物流レベルが高い日本の背景

**背景**

①世界に誇るモノづくり技術の流れを物流分野においても一部取り込まれている

②日本人の持つ器用さ、几帳面さが物流の運営にも反映されている

③仕事への責任感が薄いとされる日雇い労働者が作業を行うことがほとんどない

④顧客の要求レベルが高い

⑤狭い国土と天候にあまり影響を受けないトラック輸送が主体という点から「届いて当り前」という意識がある

↓

**現象(例)**

①米国などでは人的作業の品質に限界があるため自動機器やシステム導入を重視するが、日本ではヒトの管理と教育、コミュニケーション、カイゼンなどから人的作業を重視する

②日本には卸という特有の中間業態が流通において重要な役割を果たし、取扱い品目がメーカーの10倍以上、また売り先も多数に渡るため、ピッキング、在庫管理、小口仕分けなどにおいて高度なオペレーションが求められる

③流通業での店舗納品時間の厳守は基本サービスであり、±15分レベルから外れるとクレームとなる

④製品の外形梱包は製品の一部として位置づけられており、へこみや傷レベルのダメージでも返品される場合が多い

↓

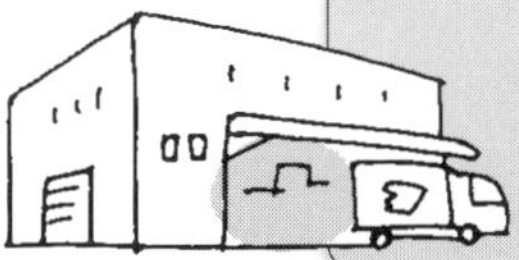

**世界トップレベルの物流運営力**
**顧客ニーズへの適応力**

## 著者略歴

**青木正一** (あおき しょういち)

1964年大阪府出身。京都産業大学経済学部卒業。

学生時代に数々のベンチャービジネスを行い、卒業後、ドライバーとして大阪佐川急便入社。

その後1989年に株式会社船井総合研究所入社。物流開発チーム・トラックチームチーフを経て、コンサルティングでは対応できない顧客からの要望を事業化するという主旨で1996年“荷主企業と物流企業の温度差をなくす物流バンク”をコンセプトに、物流新業態企業「日本ロジファクトリー」を設立。

主な事業内容として「現場改善実務コンサルティング」「物流専門人材紹介（ロジキャリアバンク）」を行っており、2006年には物流のプロ育成を主旨に「物流実務カレッジ（LPC）」を開始させている。また、物流業界におけるコンサルタントの養成、人材の採用、育成、M&Aといったプロデュース業務も手掛け、産業再生機構からの要請を受けるなど、「物流再生」に力を入れている。行政から民間企業まで「物流改善」に関する講師依頼多数あり。著書に『経営のテコ入れは物流改善から』（明日香出版社）がある。


株式会社日本ロジファクトリー　http://www.nlf.co.jp/

ビジュアル図解
**物流のしくみ**

---

平成21年 7 月29日 初版発行
平成27年 7 月 7 日 5刷発行

---

著　者 ―― 青木正一

発行者 ―― 中島治久

発行所 ―― 同文舘出版株式会社

東京都千代田区神田神保町1-41 〒101-0051
電話 営業03(3294)1801　編集 03(3294)1803
振替0010-8-42935
http://www.dobunkan.co.jp

---

©S.Aoki　ISBN978-4-495-58481-8
印刷／製本：萩原印刷　printed in Japan 2009

---